塞拉斯哲学综观

A Synoptic View Of

Wilfrid Sellars' Philosophy

王 玮 著

复旦大学出版社

国家社科基金后期资助项目出版说明

后期资助项目是国家社科基金设立的一类重要项目,旨在鼓励广大社科研究者潜心治学,支持基础研究多出优秀成果。它是经过严格评审,从接近完成的科研成果中遴选立项的。为扩大后期资助项目的影响,更好地推动学术发展,促进成果转化,全国哲学社会科学工作办公室按照"统一设计、统一标识、统一版式、形成系列"的总体要求,组织出版国家社科基金后期资助项目成果。

全国哲学社会科学工作办公室

献给我的奶奶付双菊女士

序　言

陈亚军

　　第一次听说塞拉斯这个名字，至少是三十多年前了。确切的时间已经忘却，但当时的印象是，他是科学实在论的代表人物之一，似乎没有什么特别了不起的学术贡献，难以在教科书上留下属于他的一章。我想，我的这个印象应该来自当时学术界对他的基本判断。后来，这个印象被彻底颠覆了。先是受到罗蒂的冲击。罗蒂独具慧眼，在《哲学和自然之镜》中将塞拉斯与奎因相提并论，认为他对所予神话的瓦解是摧毁传统基础主义哲学的致命一击。在罗蒂看来，如果说奎因的《论经验主义的两个教条》摧毁了知识的先天基础的话，那么塞拉斯的《经验主义与心灵哲学》便摧毁了知识的经验基础，从此之后，基础主义哲学再无立足之地。在罗蒂的影响下，当代匹兹堡学派的主要代表人物布兰顿和麦克道威尔奉塞拉斯为师，借助塞拉斯对所予神话的批判，分别推进了理性主义与经验主义的思想路线。而另一批著名哲学家如米利肯、丘奇兰德、丹尼尔·丹尼特等人更从不同于罗蒂的角度即自然主义角度继承和光大了塞拉斯的思想。塞拉斯哲学宛如一座思想宝藏，人们对其探赜索隐，以期获得不同的启迪。赞誉塞拉斯的声音越来越响，他已从一个不为人们特别关注的边缘人物被推为美国有史以来最伟大的哲学家之一。罗蒂甚至认为，分析哲学如果不是承接奎因往下走而是折向塞拉斯所开辟的道路的话，今天当有一番截然不同的景象。

　　然而发掘这座思想宝藏并不容易。困难主要来自几个方面：首先，塞拉斯哲学是一个整体，其组成部分具有高度相关性，欲把握其一往往需要对其他有基本的了解，而他的论述又散见于不同时期的不同文本中，这便给研究者带来极大的困难。其次，塞拉斯阐发自己思想的能力令人沮丧。他的洛克讲座曾门可罗雀，及至晚年，他仍为此耿耿于怀；而他的写作方式也饱受诟病，35 岁前甚至没能发表一篇学术文章①。他的著述诘屈聱牙，研读它们近乎一种智力折磨。再次，塞拉斯的开阔视野和细致的分析功夫对他的读者提出了过高的要求。熟悉分析哲学传统的读者难以追随他对哲学史尤其是德国古典哲学的深入解析，而熟悉哲学史的读者又往往不能忍受他条分缕析的细致论证。

说到这里，我不禁想到了塞拉斯的前辈皮尔士。皮尔士同样具有上面三个特征，也同样因此而长期没有在学术界得到应有的重视，但今天人们意识到，皮尔士是美国最杰出的哲学家之一。如果必须在美国哲学史上推举两位最优秀代表人物的话，皮尔士和塞拉斯恐怕是不二人选，就像布兰顿所说的："塞拉斯是自皮尔士以来最伟大的美国哲学家。"他们的博大、深刻，乃至他们的艰涩、散乱都是那样的相像，以至于我们不妨将塞拉斯看作 20 世纪的皮尔士。就像研究皮尔士是值得的但也是有风险的一样，研究塞拉斯同样是值得的，也同样是充满挑战的。

前不久王玮告诉我，他的塞拉斯研究成果即将出版，想邀我写个序，我欣然应允。这不仅因为他曾经是我的学生，更因为我对这一成果期待已久。据我所知，多年以来，王玮在塞拉斯研究上下了很大功夫，全神贯注，孜孜矻矻。他阅读了塞拉斯的几乎全部著述，翻译了其中的绝大部分。一些翻译已经出版，其他还将陆续问世。塞拉斯的东西十分庞杂，要在大量散乱文本中理出一个具有内在线索的有机整体，这工作对任何研究者来说都是令人生畏的。王玮出色完成了这一工作，值得庆贺。他的塞拉斯解读在很多地方令人耳目一新，无论在深度和广度上都对我国的塞拉斯研究有实质的推进。就我个人的兴趣而言，最让我印象深刻的是王玮对塞拉斯所予神话论与他的科学实在论之间关系的探究。受罗蒂、布兰顿的影响，长期以来，我一直对塞拉斯的科学实在论不感兴趣，认为它与所予神话论并不融贯，是塞拉斯哲学不必要的累赘。但在王玮的解读下，二者之间具有内在关联，不仅不相互龃龉而且相互成全。他的解读有文本依据，为我对这个话题的再思考提供了很好的帮助。

可以想见，王玮的研究会有不少有待改进的地方，如何评价他的这一研究成果，一定是见仁见智的事情。我这里特别想说的是，我赞赏他这种做学

---

① Robert B. Brandom, *From Empiricism to Expressivism: Brandom Reads Sellars*, Cambridge, Massachusetts: Harvard University Press, 2015, pp. 18 - 19.

术的精神。这是一种专业精神、工匠精神,今天的学术界需要这样的精神。只有弘扬这种精神,才会有各个研究方向的专家的诞生;只有涌现出一大批这样的专家,学术才会有真正的繁荣。这些年来,我们见过不少口若悬河的高谈阔论,无根无据的自以为是,热闹煞是热闹,但往往如沙滩上的大厦,潮水过去,踪迹全无。相比之下,王玮的这本书是"坚硬的",它就像塞拉斯研究之路上的一颗坚硬的铺路石,人们可以批评它,超越它,但不能忽视它。

是为序。

陈亚军

2024年2月28日

于杭州良渚文化村柳映坊

目 录

注释说明 ·· 1

引言 ·· 1

第一章 知识与所予 ·· 26
  第一节 知识的对象 ······································ 26
    一、感知对象 ·· 29
    二、现象主义 ·· 31
    三、感觉内容 ·· 36
  第二节 所予神话:分类觉知 ································ 38
    一、感觉材料论 ······································ 40
    二、古典经验主义 ···································· 42
    三、显象论 ·· 45
  第三节 所予神话:经验知识 ································ 57
    一、基础与融贯 ······································ 57
    二、感知所予的结构 ·································· 60
    三、权威性的来源 ···································· 64

第二章 语言与意指 ·· 69
  第一节 意义与真 ·· 69
    一、分配单数词项 ···································· 70
    二、意指的逻辑 ······································ 75
    三、真势概念 ·· 79
  第二节 谓述与实存 ······································ 84
    一、量化语境与实存 ·································· 85
    二、可有可无的谓词 ·································· 92

三、逻辑图画 ……………………………………………… 100
第三节　语词与推论 ………………………………………… 103
一、先天综合 ……………………………………………… 103
二、概念经验主义 ………………………………………… 108
三、推论规则 ……………………………………………… 113

第三章　科学与心灵 …………………………………………………… 119
第一节　科学实在论 ………………………………………… 123
一、理论的构成 …………………………………………… 123
二、理论框架的身份 ……………………………………… 126
三、显见意象与科学意象 ………………………………… 131
第二节　语言与规则 ………………………………………… 140
一、服从规则的无限倒退 ………………………………… 141
二、模式支配的行为 ……………………………………… 143
三、批判规则与行动规则 ………………………………… 148
第三节　思想与感知 ………………………………………… 155
一、言语行为主义 ………………………………………… 156
二、内在片断：思想 ……………………………………… 160
三、内在片断：感官印象 ………………………………… 165

第四章　理性与实践 …………………………………………………… 178
第一节　实践推理 …………………………………………… 178
一、意向的框架 …………………………………………… 178
二、意向的逻辑 …………………………………………… 188
三、欲望与倾向意向 ……………………………………… 193
第二节　行动与自由 ………………………………………… 196
一、行动与原因 …………………………………………… 196
二、因果性与可预言性 …………………………………… 200
三、经典相容性 …………………………………………… 201
第三节　道德视角 …………………………………………… 204
一、将要与应当 …………………………………………… 204
二、个人与共同体 ………………………………………… 212
第四节　求真至善 …………………………………………… 219
一、盖然论证 ……………………………………………… 219

二、样式及其关联 ·················· 225
　　三、归纳论证 ···················· 229

参考文献 ························ 232
　　一、中文参考文献 ················· 237
　　二、外文参考文献 ················· 251

塞拉斯的哲学著述 ···················· 253

后记 ··························· 254

注释说明

塞拉斯(Wilfrid Stalker Sellars)的著述目录可以从安德鲁·克鲁奇(Andrew Chrucky)建立的网站"来自威尔弗里德·塞拉斯的问题"(PROBLEMS FROM WILFRID SELLARS)查阅,网站内容包括塞拉斯各方面的材料,这帮助塞拉斯哲学的研究者节省了大量工作。塞拉斯逝世之后的档案(包括大量手稿)存于匹兹堡大学希尔曼图书馆(Hillman Library)特藏部的科学哲学档案室。这些档案在罗伯特·布兰顿(Robert Brandom)和约翰·麦克道威尔(John McDowell)的安德鲁·梅隆基金会杰出成就奖的资助下数字化,许多塞拉斯著作的手稿或打字稿(有已发表的也有未发表的)可以在线查阅。塞拉斯哲学研究学者(加州州立大学北岭分校荣休教授)杰弗里·斯查(Jeffrey F. Sicha)经营里奇维尤出版公司(Ridgeview Publishing Company),以实惠的价格出售塞拉斯的著作以及一些相关的研究著作。

克鲁奇和斯查的工作创建了塞拉斯著述的公共缩写标准。本书在最后"塞拉斯的哲学著述"中列出了这些著述的目录,包括论文、书籍、哲学信件、传阅的文章和讲授。这个目录标明了这些缩写,也在前人总结的基础上进行了修订和注释。因为塞拉斯的大部分著述在每一段或每一小节都做了数字编码,所以本书的塞拉斯著述引用注释采取了一种便捷形式。比如 EPM, VII, §36 或 SM, Ch. I, ¶1,其中罗马数字用来标注章节,"§"表示小节,"¶"表示段落。其余没有编号的著述引用将采取页码注释,比如 AR, P283,其中"P"表示页码。这样,即使文章来自不同文集或同一文集的不同版次,也可以找到相关的引文。塞拉斯著述之外的参考文献将列出全部信息。

目录中有些不是塞拉斯本人执笔的著述。《认识论的形而上学:威尔弗里德·塞拉斯的讲授》(ME)和《康德与前康德主题:威尔弗里德·塞拉斯的讲授》(KPT)由塞拉斯在匹兹堡大学的最后一名助教佩德罗·阿马拉尔(Pedro V. Amaral)编辑出版。ME 以塞拉斯 1975 年秋的形而上学和认识论课程为基础编辑成书,KPT 以塞拉斯 1975 年至 1976 年系列讨论课的部分讲课为基础编辑成书。众所周知,塞拉斯的正式著述十分晦涩,而 ME 和 KPT 相对而言要简单清楚得多,非常有助于读者了解塞拉斯的思想。尽管如此,它们终究不是塞拉斯自己的正式著述,而且塞拉斯本人也不太支持这样出版这些讲课。《威尔弗里德·塞拉斯 1969～1986 圣母讲授》(WSNDL)也是一本非常有益于塞拉斯哲学研究者的书籍,但它不是塞拉斯的正式著述,而是在一些录音的基础上整理成书。《塞拉斯的恩斯特·卡西尔讲座笔记》(CLN)也不是塞拉斯自己的正式著述,它的基础是塞拉斯的卡西尔讲座手稿笔记,原稿篇幅简短又缺言少字,斯查对其做了整理和大量补充。

引　言

　　1956 年 3 月,在明尼苏达大学执教的塞拉斯到伦敦大学做一期讲座,A. J. 艾耶尔(A. J. Ayer)主持,题为"所予神话:关于经验主义与心灵哲学的三次讲座",讲座内容同年发表在《明尼苏达科学哲学研究》第 I 卷,题目是《经验主义与心灵哲学》①。这是塞拉斯最著名的作品,罗蒂(Richard Rorty)将它与蒯因(Willard Orman Quine)的《经验主义的两个教条》(1951 年)、维特根斯坦(Ludwig Wittgenstein)的《哲学研究》(1954 年)并称为"对分析哲学从前期转向后期有巨大影响的三本著作"②。罗蒂对塞拉斯的评价很高,他把塞拉斯与蒯因、戴维森(Donald Davidson)、布兰顿(Robert Brandom)并称为"美国哲学四大家"③。而其中的布兰顿给予了塞拉斯更高的评价④,他曾在 1989 年塞拉斯逝世的悼念仪式上说:

　　　　威尔弗里德·塞拉斯是自查尔斯·桑德尔·皮尔士以来最伟大的美国哲学家。他是 20 世纪最深邃、最系统的认识论思想家。当睿智的史学家回顾哲学的历程,我们的世纪看起来是,在 350 年之后,我们终于看穿笛卡尔。就是在我们的时代,很多围绕笛卡尔式身心二元论的困惑和难题,变为关联现在看起来更基础的事实和规范的休谟-康德式二元

---

① Wilfrid Sellars, "Empiricism and the Philosophy of Mind", in Herbert Feigl & Michael Scriven (eds.), *Minnesota Studies in the Philosophy of Science*, Vol. I, University of Minnesota Press, 1956, pp. 253~329.
② 〔美〕理查德·罗蒂:"引言",载于《经验主义与心灵哲学》,王玮译,上海:复旦大学出版社,2017 年,第 2 页。
③ Eduardo Mendieta (ed.), *Take Care of Freedom and Truth Will Take Care of Itself: Interviews with Richard Rorty*, Stanford, California: Stanford University Press, 2006, p. 151.
④ 除此之外还有其他哲学家的高度评价。比如,彼得·米切姆(Peter Machamer)说塞拉斯是"哲学家中的哲学家",凯斯·雷尔(Keith Lehrer)——他曾是塞拉斯在明尼苏达大学时期的学生——说:"塞拉斯是本世纪(或许是任何一个世纪)最重要的哲学著者之一,他也是本世纪(或许是任何一个世纪)最杰出的哲学编者之一。"

论的困惑和难题……在使概念发生彻底转变的人中,领衔的是维特根斯坦和塞拉斯。我们的世纪看起来还将语言置于思想的种种范畴曾经占据的语义舞台的中心。从关注观念到关注意指和语句。在使问题发生转换的人中,领衔的是维特根斯坦、达米特、蒯因和塞拉斯。在这些杰出的人中,只有塞拉斯不允许自己畏缩笛卡尔的心灵模型而逼迫自己和行为主义一样敌视内在片断本身——他始终重视这个事实:"没有人的内在是神秘的。"在过去的一百年,形式逻辑得到空前发展。当史学家回顾一些针对形式逻辑用语扮演的表达角色,和它之于理解科学事业及其成果的结构的教益作出的关键哲学评论时,其中领衔的是弗雷格、罗素、卡尔纳普和塞拉斯。我还可以继续……

布兰顿的话不但给塞拉斯哲学极高的评价,而且在一定程度上勾画了塞拉斯哲学的主要轮廓。不难想到,这样高的评价必然会引起争议。尽管布兰顿承认,比塞拉斯有影响力的美国哲学家还有很多,比如蒯因毫无疑问是其中最杰出的一位,但他也指出,一位哲学家的遗赠也是评判标准。就此而言,塞拉斯的著述,和皮尔士(Charles Sanders Peirce)的著述一样,尽管有时让读者感到灰心和沮丧,却是一座宝库,其中的大量想法在当今非常富有生命力,越来越多的人从中得到启发,将他的思想作进一步的借鉴和发展,提出了令人瞩目的观点和学说。因此,布兰顿在十多年后仍认为,"塞拉斯是20世纪中期最伟大的美国哲学家。他哲学思想的深度、原创性和视野使他和早先一代最伟大的美国哲学家查尔斯·桑德尔·皮尔士不分伯仲"[①]。

关于塞拉斯对他之后的哲学所带来的影响,杰伊·罗森伯格(Jay F. Rosenberg)[②]给出了较为总体的评价,他说:

[①] Robert B. Brandom, *From Empiricism to Expressivism: Brandom Reads Sellars*, Cambridge, Massachusetts: Harvard University Press, 2015, p. 1.

[②] 罗森伯格(Jay F. Rosenberg, 1942—2008)一生执教于北卡罗莱纳大学教堂山分校,是康德(Immanuel Kant)哲学研究专家,也是塞拉斯哲学研究专家。1963年,塞拉斯从耶鲁大学转到匹兹堡大学出任大学教授(University Professor),罗森伯格同年进入匹兹堡大学学习,成为塞拉斯在匹兹堡大学执教时期的第一位博士研究生,在其指导下于1966年完成博士论文。在匹兹堡大学的三年中,罗森伯格参加了塞拉斯开设的一多半研讨课,基本上阅读了塞拉斯的一切著述。在毕业之后的40多年中,塞拉斯哲学一直是他哲学研究的重要部分。他是公认最早的也是非常卓越的塞拉斯哲学研究的领军人物,连塞拉斯自己也建议自己的读者参考罗森伯格的文章来理解自己的观点(James R. O'Shea & Eric M. Rubenstein (eds.), *Self, Language, and World: Problems from Kant, Sellars, and Rosenberg*, Atascadero, California: Ridgeview, 2010, p. 11)。

引 言

在20世纪后半叶建立和塑造英语世界哲学的英语哲学家中,威尔弗里德·塞拉斯可能留有最为深刻和持久的影响。他的公认杰作《经验主义与心灵哲学》,50多年前发表,现吸引着第三代读者,其中的各个中心论点仍是热烈讨论的焦点。他积极对话的同辈——W. V. O. 蒯因、纳尔逊·古德曼(Nelson Goodman)、古斯塔夫·贝格曼(Gustav Bergmann)、罗德里克·齐硕姆(Roderick M. Chisholm)——他们的著作正在淡出人们的视野,而塞拉斯的著述却引起前所未有的浓厚兴趣。对他作品的新的系统介绍新近出版①,而且表示受益于那些作品的有影响的哲学家也越来越多。[例如,理查德·罗蒂、丹尼尔·丹尼特(Daniel Dennett)、保罗·丘奇兰德(Paul M. Churchland)、迈克尔·威廉姆斯(Michael Williams)、罗伯特·布兰顿、约翰·麦克道威尔等。]②

* * *

威尔弗里德·斯托克·塞拉斯③1912年5月20日出生于美国密歇根州的安娜堡,1989年7月2日逝世于宾夕法尼亚州的匹兹堡④。他的父亲是著名哲学家罗伊·伍德·塞拉斯(Roy Wood Sellars, 1880~1973)⑤,一生执教于密歇根大学。他的父亲给他带来了良好的教育环境,也与他进行了四十多年的哲学对话⑥。在塞拉斯3岁时,他的父亲教他阅读,使之伴随一生。他9

---

① 罗森伯格这里指威廉·德弗里斯(Willem A. deVries)的《威尔弗里德·塞拉斯》(Willem A. deVries, *Wilfrid Sellars*, Bucks: Acumen, 2005)和詹姆斯·奥谢(James R. O'Shea)的《威尔弗里德·塞拉斯:规范转向的自然主义》(James R. O'Shea, *Wilfrid Sellars: Naturalism with a Normative Turn*, Cambridge: Polity Press, 2007)。德弗里斯是塞拉斯的博士研究生,1981年毕业于匹兹堡大学。奥谢是罗森伯格和西蒙·布莱克本(Simon Blackburn)的博士研究生,1992年毕业于北卡罗来纳大学教堂山分校。他们也是塞拉斯哲学研究专家。
② Jay F. Rosenberg, *Wilfrid Sellars: Fusing the Images*, New York: Oxford University Press, 2007, p. 1.
③ 塞拉斯一生只写过一篇自传回忆,即 AR,本部分的内容主要参考这篇文献,其中参考此文的内容将不再注释,而参考其他文献的内容将另作注释。
④ 在1989年塞拉斯的悼念仪式上,他的第二任妻子苏珊娜·费尔德·唐尼(Susanna Felder Downie)说,塞拉斯并非高龄逝世,而是长期酗酒带来很多疾病所致,因为塞拉斯的父亲92岁才逝世。
⑤ 塞拉斯的父母都是加拿大人,他的母亲是海伦·莫德·塞拉斯(Helen Maud Sellars),与他的父亲是近亲婚配。此外,塞拉斯还有一个小他一岁的妹妹,名叫塞西莉(Cecily)。
⑥ 塞拉斯基本每周都会和他的父亲通信来进行哲学对话(Robert B. Brandom, *From Empiricism to Expressivism: Brandom Reads Sellars*, Cambridge, Massachusetts: Harvard University Press, 2015, p. 13)。关于两人的哲学观点,塞拉斯说(PR, in PP, P185):"敏锐的哲学研究者,熟悉大塞拉斯的著作,碰巧读到小塞拉斯,而且没有被用语和着重(转下页)

岁时第一次离开安娜堡到普罗维登斯和波士顿的学校，10岁时到巴黎的蒙田中学(Lycée Montaigne)，其间有几个月在英格兰的牛津，再之后回到安娜堡的公立学校读书，大约两年后进入密歇根大学教育学院办的中学学习。因为他是教职工的子女，所以与老师们的关系十分融洽，学习也变得轻松，使他有些沾沾自喜。1929年，塞拉斯高中毕业，同年秋天进入巴黎的路易大帝中学(Lycée Louis-le-Grand)学习。塞拉斯在这里"与哲学第一次相遇了"。首先，在这里，他从朋友那里了解到了马克思主义，第一次阅读了哲学文献，主要是马克思、恩格斯、列宁的马克思主义经典文献。其次，在这里，他第一次从课堂上了解到了各种哲学问题，以及法国视角下的一些大哲学家。塞拉斯由此才意识到自己的父亲是一位哲学家。他和父亲的关系一直不错，但也有些距离，因为父亲每天不是在学校就是在书房，而且两人平时很少有什么可谈的。在巴黎，父子两人开始第一次哲学对话，塞拉斯由此对马克思有了新的认识，他很快摆脱了马克思自然哲学的伪黑格尔术语，但马克思历史哲学中的黑格尔意味比较难以摆脱。1930年，塞拉斯到德国慕尼黑大学度过6个月，学习德语，旁听课程。

  1931年，塞拉斯回国进入密歇根大学学习数学、经济学和哲学。在兰福德(C. H. Langford)的课上——这门课讲洛克(John Locke)、贝克莱(George Berkeley)和休谟(David Hume)，也讲G. E. 摩尔和剑桥分析学派——他第一次认真地学习了哲学。在德维特·帕克(DeWitt Parker)的讨论课上，他了解到了麦克塔格特(J. M. E. McTaggart)论时间的非实在性的经典文章，认识到了时间问题的重要性。他和尤先科(A. P. Uschenko)持续争论关于变化的问题。关于变化，塞拉斯支持一种实有主义的存在论。他反对这个看法，即当一个实有S从是Φ变为是Ψ时，S其实是由处于"早于"(earlier than)关系中的一个Φ事件和一个Ψ事件组成的；换言之，常识框架内的基本对象是延续体，不是一连串的同源事件，时间中的事件是根据在变化的实有的实在作出的计量抽象。塞拉斯此时还持有一种经验主义的抽象论，认为范畴是从"所予"抽象出来的，但后来他接受了康德的主张。塞拉斯在这个时期的哲学思考主要是剑桥分析学派的思想。他对新逻辑的清晰、严格、力量印象深刻，但在总体上拒绝了新逻辑的结论。他认为，将哲学概念进行逻辑转写的策略是合理的，然而当时的大部分哲学概念的逻辑转写实践是不合理的。在他看

  (接上页)的(为了适应新环境的)表面改变所迷惑，很快会感到观点基本一致。虽然术语、方法和争论导向的差别掩盖了这一致，但仍然是一致的。说批判实在论、进化自然主义以及它们的全部蕴涵是我父亲的遗传，这很自然，而且，在某种意义上，千真万确。"

来,这个策略需要进一步充实,比如引入逻辑模态和因果模态,这又将塞拉斯引向对共相问题的思索①。1933 年,在获得学士学位毕业之后,塞拉斯入职布法罗大学做助教。在布法罗,最早将现象学引入美国的哲学家马文·法伯(Marvin Farber)带塞拉斯第一次完整阅读了《纯粹理性批判》,也带他了解了胡塞尔(Edmund Gustav Albrecht Husserl)的思想。法伯非常推崇胡塞尔思想的结构,坚信可以给它作出一种自然主义的解释,这对塞拉斯以后的哲学策略有重要的影响。此外,他还沉浸在教学中,将苏格拉底(Socrates)式的对话带到课堂上,尽显辩论才能,但是他却因为没有写作经验而面临写作困境,最终艰难地完成了一篇关于时间问题的硕士论文,获得了硕士学位。

1934 年秋,塞拉斯凭借罗兹奖学金(Rhodes Scholarship)进入牛津大学奥里尔学院再次修习本科,他开始带着批判精神大量阅读原已基本熟悉的内容。这时的塞拉斯已经意识到一个简略的哲学体系,尽管内容不清楚也不明晰。塞拉斯受 G. E. 摩尔(G. E. Moore)的影响,认为清楚和明晰可以依靠表述上的充分做到,例如,布罗德(C. D. Broad)就靠良好的科学背景做到了这一点。塞拉斯也受到普里查德(H. A. Prichard)、库克·威尔逊(Cook Wilson)、托马斯·里德(Thomas Reid)的影响,发现了一条途径,由此可以削弱从笛卡尔(René Descartes)到休谟(David Hume)以至 19 世纪的观念论的辩证发展。此时的塞拉斯对伦理学中的直觉主义和情绪主义也有了一种看法,他觉得两者将最终以某种方式融入一个自然主义框架。他主张逻辑模态、因果模态、道义论模态的实在论,从而已经与传统经验主义彻底决裂了。塞拉斯需要建立一个关于概念的功能理论,其中概念的首要特征是在推论中扮演的角色,而不是它们的经验起源。这一切都得益于康德。在牛津,塞拉斯跟随普赖斯(H. H. Price)阅读《纯粹理性批判》,越来越意识到心理动作的意向性对于理解笛卡尔传统和英国经验主义非常重要。在他看来,康德认为感官印象对于认知不可或缺,但感官印象本身不是认知的。换言之,感官不把握任何事实。这使康德与他之前的经验主义者和理性主义者彻底决裂。然而,塞拉斯仍面临康德的知识结构如何可能以及先验观念论和独断实在论之间的张力问题,很久之后,他才发现关键在于正确解释因果性,并在其中正确定位概念次序。当然,一个合格的自然主义心灵哲学还要面临意向结构相关的经典困惑,比如属性、关系、类别这样的柏拉图(Plato)实体,以及迈农(Alexius

---

① 塞拉斯在这个时期还阅读了维特根斯坦的《逻辑哲学论》,但是效果甚微。不过,在后来,《逻辑哲学论》对塞拉斯的语言哲学有很大影响。比如他在 NS、TC、SM、NAO、ME 等文献中明确指出,他关于谓词身份和逻辑图画的观点源自维特根斯坦的《逻辑哲学论》。塞拉斯称《逻辑哲学论》为"洞见宝盒"(TC, III, ¶ 51; NAO, Ch. 5, VIII, ¶ 93)。

Meinong)的客观命题、可能世界、可能个体、可能共相等。直到多年以后,塞拉斯开始将思想等同于语言,这种在自然主义框架内的系统综合才开始成形。

1936年春,塞拉斯位列 I 等通过毕业考试,获得牛津大学的学士学位。当时美国正处于大萧条时期,牛津大学的学士学位没能使他找到工作。1936年秋,塞拉斯回到牛津攻读哲学博士学位。这一年,他参加了约翰·奥斯汀(John Austin)和以赛亚·伯林(Isaiah Berlin)主持的"C. I. 刘易斯(C. I. Lewis)《心灵与世界次序》"研讨课。虽然他仍充满热情地阅读和讨论,但仍未克服写作障碍。塞拉斯在韦尔登(T. D. Weldon)的指导下准备写作关于康德的博士论文。尽管他有大量的阅读,也有数不清的笔记记录在一张张卡片上,而且他也知道自己的想法,但就是写不出来,既不知道从哪里开始,过程也是杂乱无章。1937年秋,塞拉斯为得到公会卡(trade-union card)来到哈佛大学,参加了普拉尔(D. W. Prall)、C. I. 刘易斯、佩里(R. B. Perry)、史蒂文森(C. L. Stevenson)、蒯因的课程。其中有两个方面让他印象深刻。第一个方面是蒯因课程的核心人物卡尔纳普(Paul Rudolf Carnap)对语言的逻辑句法的探讨孕育着一种行动理论,第二个方面是刘易斯在拯救现象主义的巧妙尝试中给法则模态以实在论的解释。1938年春,塞拉斯通过初试,开始寻找一个合适的论文选题。与此同时,他在赫伯特·费格尔(Herbert Feigl)的帮助下找到一份在爱荷华大学的工作①。他还决定和他在牛津大学相识的约克镇少女玛丽·夏普(Mary Sharp)(第一任妻子)在那年夏天结婚。1938年8月,塞拉斯到爱荷华大学执教后的主要工作内容是哲学史的教学和研究②。自此,塞拉斯再也没有回到牛津大学完成他的博士学位。1940年,他在牛津大学的学士学位转为硕士学位,这是他获得的最终学位。

由于第二次世界大战,塞拉斯申请在海军服役,并于1943年的春天开始担任美国海军军官。他先是任海军少尉,负责空中情报,之后任中尉,在大西洋舰队反潜开发分队,最后他被派到华盛顿的美国海军部,直到1945年战争

---

① 费格尔(Herbert Feigl, 1902—1988)是维也纳学派的一名成员(一位逻辑实证主义者)——他是维也纳学派的创始人莫里茨·石里克(Mortiz Schlick)的学生,也是塞拉斯一生的好友。塞拉斯1931年在安娜堡的西部分会上第一次见到费格尔。当爱荷华大学哲学系有职位空缺时,费格尔邀请塞拉斯来面试(费格尔自1931年起在这里执教),两人一拍即合。1938年8月下旬,塞拉斯和他的妻子搬到爱荷华城,开始了他的教学生涯。塞拉斯和费格尔的哲学观点尽管在细节上有差异,却有相同的目标,即创立科学导向的自然主义实在论来拯救显象。
② 塞拉斯在爱荷华大学负责哲学史教学,对于整个哲学史求知若渴,特别是他之前没有涉及的古希腊和中世纪哲学。在学习整个哲学史之后,他越来越相信这个科目非常重要。甚至,他后来还在他的洛克讲座中模仿康德的口吻说,哲学如果没有哲学史,那么即使不是空的或盲的,至少也是哑的。不过现实的状况是,当时的哲学史文献缺乏真知灼见,人们忽视甚至不屑学习哲学史,更没有人用时下的概念工具对哲学史进行探索。

结束。

第二次世界大战结束后,塞拉斯回到了爱荷华城,每天坚持写作,最多时曾一天写作十小时,最终在一定程度上克服了写作障碍。他的第一篇文章《实在论与新话语》(*RNWW*)经过 3 个月写了 10 稿之后成形,又经过 17 次大的修改才最终发表,此时他已经 35 岁。自此,塞拉斯逐渐建立起自己的哲学事业。1946 年,塞拉斯在费格尔的热心支持下到明尼苏达大学哲学系执教(费格尔已于 1941 年到此执教),1951 年晋升教授,1952~1959 年担任系主任。塞拉斯在 1958~1959 年休假期间访问耶鲁大学,于 1959 年到耶鲁大学执教。1963 年,塞拉斯到匹兹堡大学执教①,一同前来的还有尼埃尔·贝尔纳普(Nuel Belnap)、杰罗姆·施尼温德(Jerome B. Schneewind),翌年艾伦·安德森(Alan Anderson)来到匹兹堡,在任的还有库尔特·拜尔(Kurt Baier)、阿道夫·格伦鲍姆(Adolph Grünbaum)、尼古拉斯·雷舍尔(Nicholas Rescher),再加上当时的一批优秀博士研究生②,匹兹堡大学的哲学事业很快繁荣起来,成为美国顶尖哲学系之一③。塞拉斯在匹兹堡生活一直到他 1989 年逝世。

塞拉斯是一位杰出的导师,他培养了一批优秀的学生。其中很多是当代著名哲学家,比如明尼苏达大学时期的赫克托-内里·卡斯塔尼达(Héctor-

---

① 根据德弗里斯的记述,塞拉斯"……没有在耶鲁待多久:系里派系分立,他感觉这内部的争斗在阻碍他的哲学能力。1963 年,他搬到匹兹堡大学……"(Willem A. deVries, *Wilfrid Sellars*, Bucks: Acumen, 2005, p. 6)。关于塞拉斯搬到匹兹堡大学执教的过程,也有一段有趣的故事。根据布兰顿的记述,"……当 1963 年从耶鲁聘请威尔弗里德时,在他第三次也是最后一次的校园访问中,他最后的会面是与教务长在教务长的办公室。塞拉斯会这样讲这段故事。教务长[匹兹堡大学新哲学系的设计师查尔斯·皮克(Charles Peaker)]说:'塞拉斯教授,现在已经宴请你来聘请你。我希望你知道,说服你来加入我们对我们而言是多么重要。还有什么没有提到的可能会影响你的决定吗?'威尔弗里回答说:'有一点,我难以开口,因为人们应当就关注内心生活。我确实喜欢物质享受,一间好的办公室将很有影响。'教务长说:'我很高兴你提到这一点。我们可以为此做些什么。你觉得什么是一间好的办公室?'威尔弗里德环顾教务长的办公室说:'这是一间非常好的办公室。'皮克毫不犹豫地说:'威尔弗里德,这现在是你的办公室了。'塞拉斯没有感激什么,还一幅大姿态,他(如他所说)当场接受了这个职位"(Robert B. Brandom, *From Empiricism to Expressivism: Brandom Reads Sellars*, Cambridge, Massachusetts: Harvard University Press, 2015, p. 12)。因此,塞拉斯的办公室一直在求知堂(Cathedral of Learning)353 套房,并没有紧邻哲学系其他同事的房间,甚至再早一些时候没有在同一幢建筑中。

② 这些博士研究生包括罗森伯格、布莱恩·斯基尔姆斯(Brian Skyrms)、欧内斯特·索萨(Ernest Sosa)、范·弗拉森(Bas C. van Fraassen)、迈克尔·邓恩(Michael Dunn)、理查德·布里昂(Richard Burian)、路易·戈布尔(Louis Goble)、保罗·丘奇兰德和他未来的妻子帕特里夏·丘奇兰德(Patricia Smith Churchland)等。

③ Jay F. Rosenberg, *Wilfrid Sellars: Fusing the Images*, New York: Oxford University Press, 2007, p. 11.

Neri Castañeda)①，还有匹兹堡大学时期的罗森伯格和丘奇兰德。他的第一位博士研究生罗伯特·特恩布尔（Robert G. Turnbull）曾说，塞拉斯很有学识和洞见，讲课非常清晰，他在1947年春上了塞拉斯的一门课之后便放弃了到芝加哥大学跟随卡尔纳普读研究生的机会。

塞拉斯也是一位杰出的编者。他和费格尔于1950年在明尼苏达大学共同创办分析哲学的专门期刊《哲学研究》（*Philosophical Studies*），和雷尔于1974年共同创办《哲学研究系列丛书》（*Philosophical Studies Series*），而且还参编了一些他那个年代的经典选集《哲学分析读本》《伦理理论读本》《新编哲学分析读本》②。

塞拉斯归根结底是一位杰出的哲学家。他的哲学成果丰硕、内容广泛、视野宽阔、原创深刻、系统连贯、极富启发。严格地讲，塞拉斯没有专著，除近百篇文章外③，现有书籍或是文章编辑出版或是讲座稿修订出版。塞拉斯享有很多学术荣誉，主要有1956年伦敦大学的专题讲座、1965～1966年度牛津大学的约翰·洛克讲座④、1970年担任美国哲学协会东部分会主席、1971年德克萨斯大学的马切特基金会讲座、1974年芝加哥大学的约翰·杜威讲座、美国哲学协会1977～1978年度的卡卢斯讲座、1978年莱斯大学的查诺夫讲座、1979年耶鲁大学的恩斯特·卡西尔讲座等。

塞拉斯哲学的一个突出特征是整体性，或者说是系统性。尽管塞拉斯继承了分析传统，但他还利用综合的方法来着眼整体。塞拉斯哲学涉及的范围

---

① 赫克托-内里·卡斯塔尼达（Héctor-Neri Castañeda，1924～1991），危地马拉人，1948年移民美国，一直在明尼苏达大学跟随塞拉斯学习，1950年获得学士学位，1952年获得硕士学位，1954年获得博士学位。
② Herbert Feigl & Wilfrid Sellars (eds.), *Readings in Philosophical Analysis*, New York: Appleton-Century-Crofts, 1949; Wilfrid Sellars & John Hospers (eds.), *Readings in Ethical Theory*, New York: Appleton-Century-Crofts, 1952; Herbert Feigl & Wilfrid Sellars & Keith Lehrer (eds.), *New Readings in Philosophical Analysis*, New York: Appleton-Century-Crofts, 1972.
③ 其中很多是会议稿件修订发表和讲座稿件修订发表。该文末尾的参考文献部分列出了塞拉斯的主要著述，除了在前人整理的基础上对塞拉斯已发表的著述目录作出修改和补充之外，还注释了相关文献和他这些学术活动的关联。
④ 根据布兰顿的记述，塞拉斯的伦敦讲座使他欢欣鼓舞，而他的洛克讲座却使他一蹶不振。塞拉斯为准备洛克讲座付出很多，不过讲座的效果却让他极其失望。他这次讲座一共有六讲，在牛津大学可容纳百人的大礼堂举行。第一讲一开始座无虚席，听众都想来见见塞拉斯，不过在讲座中听众大批地离开。当时还是本科生的麦克道尔也只听了第一讲，他表示一点也听不懂。此次讲座的后三讲都只有六个听众，还是匆忙召集来的。这次经历对塞拉斯的打击很大，余生一直没有释怀（Robert B. Brandom, *From Empiricism to Expressivism: Brandom Reads Sellars*, Cambridge, Massachusetts: Harvard University Press, 2015, pp. 18～19）。

非常广泛,包括认知哲学、语言哲学、科学哲学、心灵哲学、实践哲学和哲学史(特别是康德哲学)。正如涂纪亮先生所言:"塞拉斯的研究范围很广,浏览一下他所写的大量论文的题目,就可以看出这一点。"①而且,塞拉斯哲学的各个方面形成了一个构造精美的整体系统,大致上是其中的心灵哲学依靠科学哲学、科学哲学依靠语言哲学、语言哲学依靠行动理论等,但深入了解之后会发现这些方面的内容互相关联、相互支撑、彼此融贯。用他自己的话来讲,他的"每篇文章,不管其中心主题是哪个,都试着既探讨那一主题,也探讨它在总体格局中的位置。……因此,每篇文章都预设所有其他文章,就像一张一张出版的一本地图册,或在储藏室中被一件一件拿起的一套餐具"(NAO,"Preface",Pvii)。这意味着,塞拉斯的哲学立场在他的一生中没有发生根本性的转变。尽管如此,这个整体中的一些细节却有着明显的调整和改进。

塞拉斯哲学的另一个突出特征是注重哲学史。他认为:"没有哲学史的哲学,即使不是空的或盲的,至少也是哑的。"(SM,Ch.I,¶1)这与他同时代的其他分析哲学家(比如蒯因②)形成了鲜明的对比。在塞拉斯看来,哲学史是哲学家(特别是持有不同观点的哲学家)的通用交流语言(lingua franca)。而且,至少对他而言,哲学史还不仅仅是交流的手段。他深邃的哲学洞见(除了他本人的哲学智慧之外)无疑有很大一部分是得益于哲学史,其中涵盖古希腊哲学、中世纪哲学、近代哲学(特别是康德哲学③)以及现代哲学。塞拉斯是一位敏锐又有见地的哲学史阐释者,也是一位通过吸收哲学史营养来阐释和发展自己哲学思想的哲学家。再者,诚如塞拉斯所言,在哲学史上,一个哲学学说常常可能会在它的不足之处被完全理解之前就被整个抛弃了(PHM,I,¶1)了。但问题在于,这个学说往往还有真理的部分,这个部分也一并被抛弃了,而且随之而来的新学说可能还会带有旧学说的一些错误,从而旧学说的真理部分可能会带着其余的混乱重新被确立起来。因此,塞拉斯在自己的文章中常会考察哲学史上的旧有学说,探讨揭示这些学说的深刻真

---

① 涂纪亮:《塞拉斯》,载于章世嵘、王炳文主编:《当代西方著名哲学家评传》第二卷《心智哲学》,济南:山东人民出版社,1996 年,第 125 页。
② James Chase & Jack Reynolds, *Analytic Versus Continental*:*Arguments on the Methods and Value of Philosophy*, New York:Routledge, 2014, p. 143.
③ 塞拉斯一生都在阅读和思考康德哲学,并以此来推进分析哲学。在求学时期,塞拉斯先在布法罗大学跟美国现象学家法伯学习胡塞尔和康德,后在牛津大学跟普赖斯阅读《纯粹理性批判》,以及在韦尔登指导下写关于康德的博士论文。在执教时期,他发表了几百页的康德论述,关于康德哲学的笔记也写满了很多便签纸。塞拉斯翻散了两本《纯粹理性批判》,都是诺曼·坎普·史密斯(Norman Kemp Smith)的译本(第一本是 20 世纪 30 年代他在牛津大学时买的,第二本是 1962 年买的),两本书中都作有大量的标记(Jeffrey F. Sicha,"Preface", in *KTM*, Pix)。

理,将其融入当前的问题讨论中,用来提出自己的观点和建构自己的学说。

塞拉斯哲学的第三个特征是符号性,或者说形式性,即致力于将符号化或形式化方法用于哲学问题的研究——他与费格尔正是以此为主旨创立了期刊《哲学研究》。塞拉斯以这个方法来从事哲学研究——他以这个方式来将他父亲的哲学实质重新展开,因此他根本上是一位名副其实的分析哲学家。当然,分析的方法不止表现在符号化和形式化的表述方式,尽管这种方式不但有助于更加严谨清晰地表述论证,也有助于更加细致深入地厘清混淆。分析的方法应该说主要在于阐明和澄清各种各样的概念,以此来解答或消解因为含糊和混淆所产生的哲学问题,从而用清晰的概念来提出或建构新的哲学学说。塞拉斯正是通过大量的概念分析,即细致地区分同一表层概念的不同深层含义,来扭转一些哲学探讨的错误走向。而符号化和形式化只是这个分析方法的一种方式。塞拉斯的大多数符号化或形式化表述并不复杂,包括他自己原创的实践推理框架,只要依照这些符号形式本身所代表的含义就可以通俗解读出来。尽管如此,这在一定程度上影响了读者或听者的顺畅理解——他的杜威讲座内容便是如此——因为他们不但要放慢速度,通过一步一步地推导来把握论证的细微转换和整体走向,同时也要注意区分符号形式的整齐划一和通俗解读的纷繁复杂,以避免两者之间的张力所带来的误解。

塞拉斯哲学的这些特征,连同他众人皆知的晦涩文风,带来的结果是他的文章非常难读。这也是他的哲学在他生前没有受到重视的原因之一。正如前文所言,他的思想是一个整体,其中的各个论点分散在一篇一篇文章中。每读他的一篇文章都难免会有一些问题,但相关的解答却出现在他的其他文章中。因此,要充分理解塞拉斯的思想,不但要深入每一个具体话题,还要联系其他话题的内容,即要以他的哲学整体为背景,不然,即使是非常细心的阅读也很难其至不能把握一些论述的意思。连塞拉斯较为整体系统地展开论述的作品也是如此,比如他的洛克讲座《科学与形而上学》。尽管塞拉斯在此书中试着"系统陈述他过去二十多年一篇又一篇论文中阐述和修改的观点"(SM, Preface, ¶1),而且"在一个意义上这本书是……《经验主义与心灵哲学》的续篇"(SM, Preface, ¶3),但是,除了有读者抱怨这本书的晦涩影响了它的说服力,就像山峦受云雾笼罩让人找不到登顶之路[①],也有读者批评说虽然自己不知道这本书是否成功作出了系统地陈述——因为塞拉斯在洛克讲座之前发表的论文其实有50多篇,而读者不了解这些论文——但这本书本身不

---

① Leslie Stevenson, "Review: science and metaphysics: variations on kantian themes by Wilfrid Sellars", in The Philosophical Quarterly, Vol. 20, No. 78, 1970, p. 86.

能立论,它在该厚重有力的地方单薄脆弱,在该辩护的地方仅作出陈述,在该解决问题的地方仅作出暗示①。因此,如果初读塞拉斯,那么,正如德弗里斯所言,应该"在上下文中能把握多少是多少,没有把握的就先放一放(不过要准备好在下一次通读的时候将其解决)"②。再者,塞拉斯的行文有时在读者看来不够有条理,布兰顿说塞拉斯早期的文章"几乎到处都是兜圈子和题外话"③,而德弗里斯似乎更委婉一些,说"他的晦涩源于结构不清楚:很多语句或段落看起来不清楚,因为我们不明白它们在这里的作用。在表面上(而非深层地、暗中地和辩证地)适合的地方重新叙述,这些段落会焕发光彩"④。因此,尽管塞拉斯可能有自己的行文考虑,而且他在看起来已经远离主题之后可以轻松回到主题,但这往往会模糊论证的结构,给读者造成了一定的障碍。此外,塞拉斯有时在文章中自由引用而缺乏严谨的注释,特别是哲学史上的问题,往往只是倾倒而出,给缺乏哲学史背景的读者带来很大的阅读障碍。而且,除了与哲学史展开对话,他也常常模拟与他人对话,而他的叙述方式也常常让人难以确定哪些论证和观点是他所支持的,从而引起文本解读上的争议。

因此,即使对于非常著名的塞拉斯哲学研究者,塞拉斯哲学的文本研究也充满争议。比如,就《经验主义与心灵哲学》这一篇文章而言,最早的也较为全面的文本解读是布兰顿作的一篇导读,有哲学家就对此解读提出异议⑤。布兰顿在导读中指出,"这篇文章的题目是'经验主义与心灵哲学',不过,塞拉斯从未直言不讳地告诉我们他对经验主义的态度。……其实,我们此时可以看到,整篇文章的主要任务之一是逐步废除经验主义"⑥。而麦克

---

① Edwin B. Allaire, "Review: science and metaphysics by Wilfrid Sellars", in *Metaphilosophy*, Vol. 2, No. 4, 1971, p. 352.
② Willem A. deVries & Timm Triplett, *Knowledge, Mind, and the Given: Reading Wilfrid Sellars's "Empiricism and the Philosophy of Mind"*, Indianapolis, Indiana: Hackett, 2000, p. XII.
③ Robert B. Brandom, *From Empiricism to Expressivism: Brandom Reads Sellars*, Cambridge, Massachusetts: Harvard University Press, 2015, p. 18.
④ Willem A. deVries, *Wilfrid Sellars*, Bucks: Acumen, 2005, pp. vii~viii.
⑤ 在德弗里斯和特里普利特合著的《知识、心灵与所予:读威尔弗里德·塞拉斯的〈经验主义与心灵哲学〉》一书中,他们对布兰顿导读的评价是:"这总体上是一本有用的导读,有很多非常好的解读,不过,因为篇幅有限,EPM 中的很多重要观点和论证没有提到或只是简要提到。而且,我们相信,一些对 EPM 学说的关键解读是错误的。我们对这些解读的异议将在这篇引言或者我们的评论正文中指出。"(Willem A. deVries & Timm Triplett, *Knowledge, Mind, and the Given: Reading Wilfrid Sellars's "Empiricism and the Philosophy of Mind"*, Indianapolis, Indiana: Hackett, 2000, p. XV, n. 1)此外,这篇导读给人的印象是在借助塞拉斯的文本介绍布兰顿自己的思想,笔者 2012 年下半年在美国印第安纳大学交流期间与盖瑞·艾伯思(Gary Ebbs)教授谈起此文,艾伯思教授也称这篇导读"布兰顿的个人色彩过于浓重"。
⑥ 〔美〕罗伯特·布兰顿:"导读",载于《经验主义与心灵哲学》,王玮译,第 130~131 页。

道威尔在专门针对布兰顿这个观点的一篇文章中直言"我想论证这个断言彻底错了"①。再如,蒂姆·特里普利特(Timm Triplett)写了一篇论基础主义在认识论中的可行性的文章,有人指出他可能没有准确把握塞拉斯对基础主义的批判。因此,他和包括德弗里斯在内的一些同事建立了一个讨论组来细致深入地阅读《经验主义与心灵哲学》的文本,讨论不但常常有激烈的争论,而且计划为期一学期的讨论延续了两年却只讨论到大约文本的一半②。

* * *

1989 年,乔安娜·塞伯特(Johanna Seibt)——塞拉斯生前指导的最后一名博士研究生——在塞拉斯逝世的悼念仪式上说:

> "塞拉斯主义者们"……认为这是学术界的一个令人惋惜(甚至是令人尴尬)的意外:威尔弗里德·塞拉斯在他的一生从未真正占据美国哲学的中心舞台。

虽然塞拉斯生前的确是一位有重大影响的著名分析哲学家,但与众不同的是,他的哲学并未在分析哲学的鼎盛时期兴起。一直到他的晚年,特别是在他逝世之后,他的哲学影响才开始显露,声誉和名望越来越大。一些专注于塞拉斯哲学研究的著述和研讨会自此陆续出现,其中有相当一部分工作来自他的学生。与此同时,欧洲分析哲学界也开始对塞拉斯的哲学越来越感兴趣,受其影响也越来越大,一直延续到今日。

最早的塞拉斯哲学研究文集来自卡斯塔尼达的工作。1972 年,他准备纪念文集献礼塞拉斯 60 岁生日。他将一些稿件编辑收录于《行动、知识与实在:纪念威尔弗里德·塞拉斯的批判研究》(1975 年出版)③,将另一些稿件收录于他创刊和主编的期刊《努斯》(1973 年第Ⅶ卷第 2 期《威尔弗里德·塞拉

---

① John McDowell, "Why is sellars's essay called 'Empiricism and the Philosophy of Mind'?", in Willem A. deVries (ed.), Empiricism, Perceptual Knowledge, Normativity, and Realism: Essays on Wilfrid Sellars, New York: Oxford University Press, 2009, p. 9.

② Willem A. deVries & Timm Triplett, Knowledge, Mind, and the Given: Reading Sellars's "Empiricism and the Philosophy of Mind", Indianapolis, Indiana: Hackett, 2000, p. IX.

③ Héctor-Neri Castañeda (ed.), Action, Knowledge and Reality: Critical Studies in Honor of Wilfrid Sellars, Indianapolis, Indiana: Bobbs-Merril, 1975.

斯哲学研究》专刊发表)①。自此陆续出现了一些塞拉斯哲学研究的书籍和专刊。比如,《综观:威尔弗里德·塞拉斯哲学文集》②、《威尔弗里德·塞拉斯的哲学:问询与拓展》③、《图画、意象与概念改变:威尔弗里德·塞拉斯科学哲学分析》④、《一元论者》1982年第65卷第3期专刊《威尔弗里德·塞拉斯的哲学》⑤、《哲学研究》1988年第54卷第2期专刊⑥《作为过程的特性:威尔弗里德·塞拉斯唯名论的综观研究》⑦、《哲学研究》2000年第101卷第2～3期专刊《威尔弗里德·塞拉斯的哲学》⑧、《知识、心灵与所予:读威尔弗里德·塞拉斯的〈经验主义与心灵哲学〉》⑨、《威尔弗里德·塞拉斯》⑩、《自我调整的事业:威尔弗里德·塞拉斯主题文集》⑪、《威尔弗里德·塞拉斯:规范转向的自然主义》⑫、《威尔弗里德·塞拉斯:熔合意象》⑬、《感知形而上学:威尔

---

① *Noûs*, Vol. 7, No. 2, 1973.
② C. F. Delaney & Michael J. Loux & Gary Gutting & W. David Solomon, *The Synoptic Vision: Essays on the Philosophy of Wilfrid Sellars*, Notre Dame, Indiana: University of Notre Dame Press, 1977(本书是作者们与多次访问圣母大学的塞拉斯非正式交谈的结果)。
③ Joseph C. Pitt, *The Philosophy of Wilfrid Sellars: Queries and Extensions*, Dordrecht: D. Reidel, 1978(本书主要内容是1976年11月上旬弗吉尼亚理工学院暨州立大学举办的威尔弗里德·塞拉斯哲学研讨会——塞拉斯出席了此次会议——的成果)。
④ Joseph C. Pitt, *Pictures, Images, and Conceptual Change: An Analysis of Wilfrid Sellars' Philosophy of Science*, Dordrecht: D. Reidel, 1981.
⑤ *The Monist*, Vol. 65, No. 3, 1982.
⑥ *Philosophical Studies*, Vol. 54, No. 2, 1988(1987年10月24日至25日,为庆贺塞拉斯75岁生日以及他为匹兹堡作出的杰出贡献,匹兹堡大学科学哲学与科学史系、科学哲学中心和哲学系共同举办塞拉斯哲学学术研讨会,其内容有讲座、围绕塞拉斯的论文《作为辩护的归纳》(IV)的小组讨论以及塞拉斯的回答和评论。本刊的主要内容是罗森伯格、布鲁斯·昂、罗蒂、斯查、布兰顿的会议发言)。
⑦ Johanna Seibt, *Properties as Processes: A Synoptic Study of Wilfrid Sellars' Nominalism*, Atascadero, California: Ridgeview, 1990.
⑧ *Philosophical Studies*, Vol. 101, Nos. 2～3, 2000.
⑨ Willem A. deVries & Timm Triplett, *Knowledge, Mind, and the Given: Reading Wilfrid Sellars's "Empiricism and the Philosophy of Mind"*, Indianapolis, Indiana: Hackett, 2000.
⑩ Willem A. deVries, *Wilfrid Sellars*, Bucks: Acumen, 2005.
⑪ Michael P. Wolf & Mark Norris Lance (eds.), *The Self-correcting Enterprise: Essays on Wilfrid Sellars*, Amsterdam: Rodopi, 2006[2002年,《波兹南科学与人文哲学研究》的主编卡塔日娜·帕普日卡(Katarzyna Paprzycka)找马克·兰斯(Mark Norris Lance)——两人都曾是布兰顿的博士研究生,兰斯1988年毕业,帕普日卡1997年毕业——商议出版一本新的塞拉斯哲学研究文集,旨在探讨和宣传塞拉斯哲学。2006年,这本文集经迈克尔·沃尔夫(Michael P. Wolf)和兰斯编辑出版。和以往的文集不同,这本文集既收录著名学者的稿件,也收录年轻学者的稿件,希望给塞拉斯研究带来新见解]。
⑫ James R. O'Shea, *Wilfrid Sellars: Naturalism with a Normative Turn*, Cambridge: Polity Press, 2007.
⑬ Jay F. Rosenberg, *Wilfrid Sellars: Fusing the Images*, New York: Oxford University Press, 2007.

弗里德·塞拉斯、感知意识与批判实在论》①、《经验主义、感知知识、规范与实在论：威尔弗里德·塞拉斯主题文集》②、《将世界纳入视野：关于康德、黑格尔和塞拉斯的论文》③、《自我、语言与世界：来自康德、塞拉斯与罗森伯格的问题》④、《从经验主义到表达主义：布兰顿读塞拉斯》⑤、《威尔弗里德·塞拉斯与规范性的基础》⑥等。

2012年6月4日至8日，爱尔兰都柏林大学学院哲学系组织工作坊和会议纪念塞拉斯诞辰100周年。此次活动主要由麦克道威尔的安德鲁·梅隆基金会（Andrew W. Mellon Foundation）杰出成就奖支持，与会人员来自近20个国家。其中前两天是塞拉斯哲学工作坊，有27篇正在从事塞拉斯研究工作的学者的论文，后三天是特约发言人讲座，有12篇著名塞拉斯哲学研究学者的论文。会议内容广泛，涉及塞拉斯的康德主题哲学、科学哲学、语言哲学、存在论和知识论的发展研究，也涉及塞拉斯哲学的文本解读。2016年，奥谢编辑的《塞拉斯及其遗产》出版，其中收录了本次会议特约发言人的稿件⑦。奥谢在这本书的引言中指出：

> 在过去的20年中，威尔弗里德·塞拉斯（1912～1989）之于当代哲学关于心灵、意指、知识和存在论讨论的影响已经跃进到这样的程度：似乎不必再证成这个断言，即他曾是（并且将一直是）20世纪最重要的哲学家之一。他的著作现在被广泛认可对于极大范围内的话题和不同哲学视角有持续增长的影响。⑧

---

① Paul Coates, *The Metaphysics of Perception: Wilfrid Sellars, Perceptual Consciousness and Critical Realism*, New York: Routledge, 2007.
② Willem A. deVries (ed.), *Empiricism, Perceptual Knowledge, Normativity, and Realism: Essays on Wilfrid Sellars*, New York: Oxford University Press, 2009(2006年，伦敦大学高级研究院哲学所举办庆祝会议纪念塞拉斯伦敦讲座50周年，邀请一些深受塞拉斯影响的哲学家参加，本书收录此次会议的文章和其他一些稿件)。
③ John McDowell, *Having the World in View: Essays on Kant, Hegel, and Sellars*, Cambridge, Massachusetts: Harvard University Press, 2009([美]约翰·麦克道威尔：《将世界纳入视野：论康德、黑格尔和塞拉斯》，孙宁译，上海：复旦大学出版社，2018年)。
④ James R. O'Shea & Eric M. Rubenstein (eds.), *Self, Language, and World: Problems from Kant, Sellars, and Rosenberg*, Atascadero, California: Ridgeview, 2010.
⑤ Robert B. Brandom, *From Empiricism to Expressivism: Brandom Reads Sellars*, Cambridge, Massachusetts: Harvard University Press, 2015.
⑥ Peter Olen, *Wilfrid Sellars and the Foundations of Normativity*, London: Palgrave Macmillan, 2016(该书主要是对塞拉斯早期思想的研究)。
⑦ James R. O'Shea (ed.), *Sellars and his Legacy*, New York: Oxford University Press, 2016.
⑧ James R. O'Shea, "Introduction: origins and legacy of a synoptic vision", in James R. O'Shea (ed.), *Sellars and his Legacy*, New York: Oxford University Press, 2016, p. 1.

引 言

说起塞拉斯哲学的兴起和发展，不得不提到罗蒂。1979 年，罗蒂的《哲学和自然之镜》出版①。这本书(用他的话来讲)"……是治疗性的而非建设性的。然而这里提供的治疗却是寄存于分析哲学家本身建设性的努力之上的……塞拉斯、奎因、戴维森、赖尔(Gilbert Ryle)、麦尔柯姆(Norman Malcolm)、库恩(Thomas Samuel Kuhn)、普特南(Hilary Putnam)这类系统哲学家的……"②，而在本书的中心部分，即第四章，罗蒂主要依靠的是塞拉斯和蒯因的想法。在这一章，他"……把塞拉斯对'所与性'的批评和奎因对'必然性'的批评解释成为摧毁'知识论'可能性的关键性步骤。这两位哲学家共同持有的整体观和实用主义……属于[他]本人希望加以拓广的那些分析哲学内的思想路线"③。除此之外，罗蒂还曾开设塞拉斯哲学的课程和讲座，组织塞拉斯哲学的工作坊，非常有力地促进了塞拉斯哲学的传播和发展。总之，"西方学术界长期以来对塞拉斯也没有给予充分的重视。……后来真正重新发现塞拉斯的价值，将塞拉斯供上一流哲学家宝座的……应该是罗蒂。尽管……此前已经有人对塞拉斯的学说欣赏有加，但至少就影响而言，那个人无法和罗蒂相比"④。

塞拉斯哲学的重要影响之一是匹兹堡学派的兴起。通常认为，匹兹堡学派主要由三名成员组成，即塞拉斯、麦克道威尔、布兰顿。可以说，塞拉斯是这个学派的先驱，麦克道威尔和布兰顿是他的继承者。麦克道威尔和布兰顿已出版多部受益于塞拉斯哲学的著作，其中最著名的当属麦克道威尔的《心灵与世界》⑤和布兰顿的《使之清晰》⑥⑦。麦克道威尔是通过阅读罗蒂才转向塞拉斯哲学的⑧，而布兰顿(他是罗蒂的研究生)是通过罗蒂的一次讲座(其

---

① Richard Rorty, *Philosophy and the Mirror of Nature*, Princeton, New Jersey: Princeton University Press, 1979.
② 〔美〕理查德·罗蒂：《哲学和自然之镜》，李幼蒸译，北京：三联书店，1987 年，第 4～5 页。
③ 同上书，第 7 页。
④ 陈亚军：《值得关注的匹兹堡学派》，载于《实用主义研究自选集》，南京：江苏人民出版社，2015 年，第 347 页。
⑤ John McDowell, *Mind and World*, Cambridge, Massachusetts: Harvard University Press, 1994.
⑥ Robert B. Brandom, *Making It Explicit: Reasoning, Representing, and Discursive Commitment*, Cambridge, Massachusetts: Harvard University Press, 1994.
⑦ 这两本书可以说是两人的代表作，并且都将塞拉斯的一些思想展开、细化、向前推进。比如，布兰顿将塞拉斯关于实质推论规则的观点展开。德弗里斯对此评价说："布兰顿的工作表明，一个观念得到明智地使用会多么丰富。"(Willem A. deVries, *Wilfrid Sellars*, Bucks: Acumen, 2005, p. 32)这既说明塞拉斯哲学的影响，也说明布兰顿对塞拉斯哲学的巨大推进。再如，布兰顿和麦克道威尔两人都继承和发展了塞拉斯对自然主义谬论的批判，特别是聚焦塞拉斯提出的"理由的逻辑空间"这个概念。
⑧ 麦克道威尔曾说："我想，早年阅读罗蒂将我带到塞拉斯。"(John McDowell, *Mind and World*, Cambridge, Massachusetts: Harvard University Press, 1994, p. ix)

中有大量关于塞拉斯哲学的谈论)才关注塞拉斯哲学的①,尽管两人和塞拉斯的最初关联都不是通过罗蒂建立的。当然,如果可以将他们称为一个学派,那么他们的观点必定有家族相似或相同之处②。昌西·马赫(Chauney Maher)认为:

> 简言之,他们都拒绝认为"关于物的思想"可以同化"单纯被物所影响";思想要求推理(即知道从一个思想推出什么和不推出什么)的能力;同样,他们拒绝认为"意向行动"可以同化"影响物的能力";意向行动也要求推理能力;那个能力又要求察觉真正推理的规范或评判标准;推理根本上是类似语言的;再者,进入"理由的逻辑空间"伴随着进入像德语、日语和英语这样的自然语言;因而,思想和意向行动是我们这样进入时习得的技能。③

当然,有其他哲学家也具有一些与塞拉斯密切相关的观点,因此也可以算是这个学派的成员,虽然他们自己没有这样说。

塞拉斯的康德哲学主题是塞拉斯哲学研究的重要内容。塞拉斯是分析传统的康德学者,他为康德学说作出了当代的辩护和发展。他想要给旧有主导形式的分析哲学作康德式改造,"试着将分析哲学引出它的休谟阶段,引入它的康德阶段"④。康德的批判哲学是分析哲学的思想源头之一。但自罗素(Bertrand Arthur William Russell)和 G. E. 摩尔以来,经验主义成为分析哲学的主导形式。这个形式的分析哲学用语言学的语言重新阐述英国经验主义。因为不够重视德国古典哲学,甚至抱着负面态度,这种分析哲学沿袭了经验主义的困境,尤其在心灵与世界的关系问题上。为了摆脱困境,塞拉斯致力于重新回到康德来从事分析哲学研究,他试着用当代哲学话语来重述和改造

---

① Robert B. Brandom, *From Empiricism to Expressivism: Brandom Reads Sellars*, Cambridge, Massachusetts: Harvard University Press, 2015, p.9(布兰顿在这本书的"引言"中介绍了他与塞拉斯以及塞拉斯哲学的渊源)。
② 他们还在其他方面有共同之处。比如,三人都在匹兹堡大学工作了很多年,都曾在享有盛誉的牛津大学洛克讲座上讲授哲学。布兰顿和麦克道威尔都被授予安德鲁·梅隆基金会的杰出成就奖。塞拉斯是大学教授(University Professor),麦克道威尔也是大学教授,布兰顿是杰出教授(Distinguished Professor)。塞拉斯和麦克道威尔都是罗兹奖学金获得者,也都只在牛津大学获得学士和硕士学位,没有获得博士学位。布兰顿和麦克道威尔都在各自的课程中讲授塞拉斯的哲学。
③ Chauncey Maher, *The Pittsburgh School of Philosophy: Sellars, McDowell, Brandom*, New York: Routledge, 2012, p.1.
④ 〔美〕理查德·罗蒂:"引言",载于《经验主义与心灵哲学》,王玮译,第3页。

康德哲学,使之融入当代分析哲学研究。这是一个宏大计划,涉及认识论、存在论、形而上学、语言哲学、科学哲学、心灵哲学、实践哲学等方面的话题,改造之后的内容融入了一个彻底的自然主义框架。麦克道威尔和布兰顿承袭了塞拉斯的这项事业,在完善康德转向的同时继续将分析哲学向它的黑格尔(Georg Wilhelm Friedrich Hegel)阶段推进。塞拉斯的康德哲学主题研究是分析哲学和德国古典哲学交流互动的重要内容,积极推进了英美哲学与欧陆哲学之间的对话。

匹兹堡学派影响着英美分析哲学的发展,也影响着欧洲大陆哲学的发展。2011 年,迈克尔·巴伯(Michael Barber)的《意向谱系与主体间性:现象学与匹兹堡的新黑格尔主义者》出版①。在这本书中,巴伯围绕麦克道威尔和布兰顿关于感知的争论,利用胡塞尔、舒茨(Alfred Schutz)、列维纳斯(Emmanuel Lévinas)的著述,试着将现象学资源用于这一争论,并且表明现象学可以确定麦克道威尔哲学和布兰顿哲学的关系,也可以调和它们的争论②。2014 年,卡尔·萨克斯(Carl B. Sachs)的《意向性与所予神话:在实用主义与现象学之间》出版③。他在这本书中主要围绕自布伦塔诺(Franz Brentano)以来的意向性问题展开讨论,其中包括宽泛的"分析"视角(比如塞拉斯、罗蒂、丹尼特、布兰顿、麦克道威尔等)和"大陆"视角[比如胡塞尔、海德格尔(Martin Heidegger)、梅洛-庞蒂(Maurice Merleau-Ponty)等],也包括古典实用主义的视角。2023 年,文集《威尔弗里德·塞拉斯与现象学:相交、相遇、相对》出版④,学者们聚焦著名的"所予神话",围绕塞拉斯的哲学和胡塞尔的现象学,探讨了分析哲学和现象学对一些传统问题的解答,包括感知、想象、动机的话题,也包括语言、经验、概念、意向性的话题,还包括科学实在论和生活世界的话题,展开了一场"分析"和"大陆"之间的对话。

塞拉斯的重要影响不限于匹兹堡学派。可以说,明确承认自己受益于塞拉斯或认为自己在继续塞拉斯哲学事业的人都可以称为"塞拉斯主义者"。

---

① Michael D. Barber, *The Intentional Spectrum and Intersubjectivity: Phenomenology and the Pittsburgh Neo-Hegelians*, Athens, Ohio: Ohio University Press, 2011.
② 在这本书中,巴伯列举了一些有现象学传统的学者在研究麦克道威尔的著述,也列举了一些学者从近现象学的海德格尔视角来讨论布兰顿的著述,还指出一些哈贝马斯(Jürgen Habermas)传统的哲学家(包括哈贝马斯自己)专注于布兰顿的著述(Michael D. Barber, *The Intentional Spectrum and Intersubjectivity: Phenomenology and the Pittsburgh Neo-Hegelians*, Athens, Ohio: Ohio University Press, 2011, p. xv)。
③ Carl B. Sachs, *Intentionality and the Myth of the Given: Between Pragmatism and Phenomenology*, New York: Routledge, 2014.
④ Daniele De Santis & Danlio Manca (eds.), *Wilfrid Sellars and Phenomenology: Intersections, Encounters, Oppositions*, Athens, Ohio: Ohio University Press, 2023.

罗蒂将塞拉斯主义者分为左右两翼——据说罗蒂在1974年夏季塞拉斯专题工作坊中就提出来了①，左翼塞拉斯主义者包括罗蒂、布兰顿、麦克道威尔、迈克尔·威廉姆斯等，右翼塞拉斯主义者通常认为有露丝·米利肯（Ruth Garrett Millikan）、保罗·丘奇兰德、罗森伯格、丹尼尔·丹尼特、乔安娜·塞伯特等。大致地讲，在左翼塞拉斯主义者看来，右翼塞拉斯主义者往往认为规范可以被消解或还原为科学的自然。换言之，右翼塞拉斯主义者往往从塞拉斯科学实在论的观点来展开，特别是秉承塞拉斯的"科学尺度"（*scientia mensura*）（SSIS，Ⅱ，¶10），即"在描述和解释世界的维度，科学是万物的尺度，是什么是其所是的尺度，也是什么不是其所不是的尺度"（EPM，IX，§41），左翼塞拉斯主义者则拒绝这个断言。塞拉斯曾表示这是一个粗略的区分，源于对他的文章读得还不够②。

近来，关于塞拉斯哲学的研究成果越来越多，内容也越来越丰富。比如，《塞拉斯与近代哲学史》③《威尔弗里德·塞拉斯的伦理学》④《威尔弗里德·塞拉斯与佛教哲学：来自基础的自由》⑤《威尔弗里德·塞拉斯与二十世纪哲学》⑥《塞拉斯与梅亚苏的康德遗产：分析与大陆的康德主义》⑦等。

* * *

国内最早研究塞拉斯哲学的学者是涂纪亮先生。他在1987年出版的《分析哲学及其在美国的发展》中用一节介绍了塞拉斯，其中包括他的生平，关于观察框架（即显见意象）和理论框架（即科学意象）的观点、对所予神话的批判

---

① James R. O'Shea, "Introduction: origins and legacy of a synoptic vision", in James R. O'Shea (ed.), *Sellars and his Legacy*, New York: Oxford University Press, 2016, p. 2.
② Mark Lance, "Placing in a space of norms: neo-sellarsian philosophy in the twenty-first century", in Cheryl Misak (ed.), *The Oxford Handbook of American Philosophy*, New York: Oxford University Press, 2008, p. 413.
③ Luca Corti & Antonio M. Nunziante (eds.), *Sellars and the History of Modern Philosophy*, New York: Routledge, 2018.
④ Jeremy Randel Koons, *The Ethics of Wilfrid Sellars*, New York: Routledge, 2019.
⑤ Jay L. Garfield (ed.), *Wilfrid Sellars and Buddhist Philosophy: Freedom from Foundations*, New York: Routledge, 2019.
⑥ Stefan Brandt & Anke Breunig (eds.), *Wilfrid Sellars and Twentieth-Century Philosophy*, New York: Routledge, 2020.
⑦ Fabio Gironi, *The Legacy of Kant in Sellars and Meillassoux: Analytic and Continental Kantianism*, New York: Routledge, 2018.

以及在此基础上提出的认识论观点,也提到了相关的一些语言哲学观点①。对此,涂先生之后在1996年出版的《当代西方著名哲学家评传》第二卷撰写的《塞拉斯》一文中作出一定的修改,补充了大量的新内容,也评价了塞拉斯在分析哲学中的地位②。他在2000年出版的《美国哲学史》中又缩减篇幅介绍了大致相同的内容③。大致地讲,这些文献的内容是

> ……以他的科学实在论为轴线,首先阐述他的本体论观点,特别是他对"所与神话"的批驳和对理论实体的客观存在的论证。其次阐述他的科学哲学思想,特别是他对理论框架和观察框架之间的关系的看法。再次,以较多篇幅阐述他的心智哲学思想,特别是他对心身问题、感觉和知觉以及思维的看法。再其次,阐述他的语言哲学思想,特别是他对意义、真理和辨明问题的看法。最后,我们还要对他在分析哲学中的地位作些剖析。④

涂先生始终认为,"塞拉斯的科学实在论观点在他的整个哲学思想中居于主导地位,他在本体论、科学哲学、心智哲学以及语言哲学等方面的观点,无一不受他的科学实在论观点的影响"⑤。而且,"塞拉斯在分析哲学中的地位,主要取决于他在科学实在论这种新思潮的形成中所起的重要作用"⑥。涂先生还在其他地方对塞拉斯作过篇幅更简短的介绍,不过内容均没有超出这三种文献⑦。

  国内塞拉斯哲学研究在涂先生以来的很长一段时间里都集中在他的科学实在论。其中的大部分成果是期刊文献,主要内容是在一些方面更详尽地论述了塞拉斯的科学实在论。还有一篇博士论文,即黄少青的《W. 塞拉斯哲学思想研究》(杭州大学,1997年)。这是国内第一部较为全面介绍塞拉斯哲学思想的文献,其中讲述了塞拉斯的生平,详细论述了他的科学实在论思想,

---

① 涂纪亮:《分析哲学及其在美国的发展》,北京:中国社会科学出版社,1987年,第670~699页。2007年,武汉大学出版社再版此书。
② 涂纪亮:《塞拉斯》,载于章世嵘、王炳文主编:《当代西方著名哲学家评传》第二卷《心智哲学》,第117~158页。
③ 涂纪亮:《美国哲学史》,石家庄:河北教育出版社,2000年,第173~190页。2007年,社会科学文献出版社再版此书;2007~2008年,武汉大学出版社再版此书。
④ 涂纪亮:《塞拉斯》,载于章世嵘、王炳文主编:《当代西方著名哲学家评传》第二卷《心智哲学》,第125页。
⑤ 同上书,第121页。
⑥ 同上书,第157页。
⑦ 比如,邢贲思主编:《世界哲学年鉴1987》,上海:上海人民出版社,1989年,第342~344页。

也用相当的篇幅记述了他的语言哲学,以及所予神话相关的认识哲学思想。不过,黄少青也认为,

> 尽管塞拉斯著作丰富、题材广泛、主题多样,但深入的研究将会发现,科学实在论却是贯穿其中的主线索,即认为理论实体客观存在,强调理论框架在本体论和认识论上优越于观察框架是其不变的主旋律。他的诸多论述要么是论证和强调它,要么是演绎,运用它来解决具体问题。完全可以这样说,塞拉斯在分析哲学中的地位和意义,主要取决于他在科学实在论这股新思潮的兴起中所起的重要作用。这一点基本上是对塞拉斯研究的共识。①

总之,中国哲学界在很长一段时间内把塞拉斯当作科学实在论的代表。

不过,正如前文所言,塞拉斯指出自己在各个方面的观点构成一个整体,它们之间相互联系,很难说有一个核心。不过,如果可以说有一个核心的话,那么通过大量阅读塞拉斯的著述不难发现,这个核心不是他的科学实在论,而是他的语言哲学。换言之,塞拉斯的认知哲学、科学哲学、心灵哲学以及行动理论等都浸染了他的语言哲学。正如德弗里斯所言:"如同20世纪大部分英美哲学家一样,塞拉斯对语言的反思处于他哲学的核心位置。理解语言对于形而上学至关重要:它抓住了唯名论-柏拉图主义争论的关键,也抓住了恰当理解心灵的本性(特别是思想的意向性)的关键。所以,它对于认识论和科学哲学也很重要,因为它是理解心灵与世界的认知关系的根本。"②

而且,就塞拉斯的科学实在论话题而言,尽管这些文献详尽介绍了塞拉斯的一般看法,比如,理论实体实存、理论框架在方法论上依靠观察框架、科学意象优于显见意象并将取而代之,也指出了塞拉斯的科学实在论是"独特的"③,"没有像库恩、拉卡托斯等人那样……细致考察科学史"④,而是"依赖于认识论……依赖于[语义]分析"⑤,而且"紧密相连……批驳'关于所与的神话',否认'所与'作为认识基础的作用"⑥,但是这些文献的主要内容侧重

---

① 黄少青:《W. 塞拉斯哲学思想研究》,杭州大学博士学位论文,1997年,第4页。
② Willem A. deVries, *Wilfrid Sellars*, Bucks: Acumen, 2005, p. 23.
③ 郭贵春:《塞拉斯的知识实在论》,《自然辩证法研究》1991年第4期。
④ 黄少青:《W. 塞拉斯的解释实在论评述》,《杭州大学学报(哲学社会科学版)》1997年第2期。
⑤ 黄少青:《W. 塞拉斯的形而上学——关于明显影像和科学意象的学说》,《江西师范大学学报(哲学社会科学版)》1997年第1期。
⑥ 涂纪亮:《分析哲学及其在美国的发展》,第680页。

于介绍塞拉斯怎么批判所予神话（而且内容仅限于他早年的伦敦讲座），并没有非常明确地指出两者之间有怎样的关联。再者，塞拉斯的科学实在论导向他的心灵哲学，即传统认识论中的感觉（感官印象、感觉材料、直接经验等）和思想类似于理论实体，关于它们的学说类似于理论建构，而不是靠分析得到的。在国内早期的研究文献中，一方面，只有涂纪亮先生简要地提到"塞拉斯在心身问题上的观点的基本特征，在于把内在的概念事件的框架看作一种用于解释人们的公开行为的理论框架"[1]，但是并没有结合塞拉斯科学实在论的具体内容展开，也没有提到关于感觉的框架建构；另一方面，只有高新民提到塞拉斯认为"……印象近似地被当作是一种理论所构想出来的实在。……即使我们不能根据其他属性定义某种属性，我们仍可通过类比于物理对象的相应可知觉属性设想不同的感性感觉"[2]，但是没有讲明塞拉斯的科学实在论，也没有提到关于思想的框架建构。问题在于，不讲明塞拉斯的科学实在论与所予神话以及心灵哲学的关系，很难理解和接受他的这些论点乃至他的一些其他论点。正如罗森伯格所言："这个提议，即通过诉求理论话语和非理论话语的差异来阐明心理概念的认识身份，又要以塞拉斯哲学思想的另一个核心部分为背景才讲得通……即他对所予神话的彻底地总体批判。"[3]

随着国内新实用主义研究、现象学研究、规范性问题研究以及相关的匹兹堡学派哲学研究[4]的发展，国内学者开始关注塞拉斯哲学的其他方面。其中有相当一部分研究是围绕塞拉斯的伦敦讲座更详尽地展开，特别是讲座前半部分对各个具体形式的所予神话展开的批判，出现了此次讲座的译文[5]，也出现了一些研究论文。自此，塞拉斯哲学研究在国内越来越受到重视，研究的内容也越来越广泛，其学术价值得到了进一步的发掘和认可。

* * *

本书的内容主要围绕塞拉斯哲学的文本，尽量较为全面地阐述塞拉斯的

---

[1] 涂纪亮：《塞拉斯》，载于章世嵘、王炳文主编：《当代西方著名哲学家评传》第二卷《心智哲学》，第136页。
[2] 高新民：《现代西方心灵哲学》，武汉：武汉出版社，1994年，第226～227页。
[3] Jay F. Rosenberg, *Wilfrid Sellars: Fusing the Images*, New York: Oxford University Press, 2007, p.21.
[4] 孙宁的《匹兹堡学派研究：塞拉斯、麦克道威尔、布兰顿》（上海：复旦大学出版社，2018年）是国内第一部匹兹堡学派主题研究的专著。
[5] 〔美〕威尔弗里德·塞拉斯：《经验论和心灵哲学》，李绍猛、李国山译，陈波校，载于陈波、韩林合主编：《逻辑与语言——分析哲学经典文选》，北京：东方出版社，2005年，第673～764页。

哲学观点，并试着系统地展现这些观点之间的关联。进一步讲，本书的主要内容是对塞拉斯分析哲学思想的阐述和研究，极少涉及他的哲学史部分。塞拉斯的哲学史研究，特别是他专注的康德哲学研究，严格来讲不是对他所关注的历史人物的哲学思想作注解，而是借鉴和改造他们的思想来推动当代分析哲学的发展。塞拉斯究竟有哪些借鉴和改造、是否成功以及对哲学史和当代哲学有怎样的意义，这是一个有趣的哲学话题，可另作著述。尽管如此，除了对哲学史的重要贡献，塞拉斯的哲学史研究主要是用作一个环节来引导分析哲学的发展走向，而他的分析哲学思想的详细内容仍需在当代的分析语境中展开。

德弗里斯在他的著作《威尔弗里德·塞拉斯》中专门介绍了塞拉斯在各个方面的哲学思想。尽管这是一部中等篇幅的著作（共三百多页），但是他在此书前言中指出：

> 本书不是塞拉斯会给他的哲学所写的概述。他自己对他哲学的概括会更复杂、更深入、更深奥……塞拉斯的著作敏锐、微妙、无比丰富，不过，最初会非常令人生畏，很多人会沮丧而放弃。本书想通过提供一张可靠又容易理解的关于塞拉斯的推理的逻辑空间的地图，来攻克最初的障碍，可以一直使用这张地图，直到我们足够轻松地开始详细研究他自己著作的原本表述。①

同样，本书也不会是德弗里斯所言的那种概述，塞拉斯哲学的"概述"仍要在此基础上进行补充和展开。两本书的不同之处在于，德弗里斯仅按照不同的主题来介绍塞拉斯的哲学，而本书还将试着揭示各个主题论点之间的内在关联。因此，本书严格地讲不是一本哲学"研究"专著，因为它主要是对塞拉斯哲学思想的系统整理，缺少研究的学识和断制，或者借用塞拉斯的措辞来讲，它是塞拉斯哲学"辩证"的一个环节。塞拉斯的成果或者是论文，或者是讲座，或者是论文集。这些成果，就像塞拉斯自己说的一样，构成了一本地图册，每篇论文是其中的一页。相比之下，本书更像将这本地图册整合展开为一整张地图，或者说将他建构的那座精美的理论大厦在某种程度上展示出来。不过，各篇论文之间并非像拼图一样通过齐整排列来拼成一幅图画，因为一篇论文的内容可能与其他论文有重叠之处，可能是对其他论文提及的论点所作的展开论述，还可能是对其他论文详述的论点进行的概括总结，甚至

---

① Willem A. deVries, *Wilfrid Sellars*, Bucks: Acumen, 2005, p. vii.

可能是在反思之前论文内容的基础上实施的调整或改进,总之,这些论文可能互相之间处于重叠、放大、聚焦、联通之类的关系,而且,它们作为独立的论文往往也是在与其他哲学家对话,不是在纯粹论述塞拉斯自己的观点,因此,要在细致地考察、整理、提炼文本之后才能得到一本清晰有序的地图册,才能将它展开为一整张可以识别的地图。它可以帮助读者更快速地找到塞拉斯相关论点的位置和周边,也可以帮助读者更容易地发现自己由此想要探索的方向和远景。

第一章的主要内容聚焦塞拉斯对所予神话的批判,这是塞拉斯最广为人知的论述。他通过批判一些具体形式的所予神话,比如感觉材料论、古典经验主义、显象论[包括罗德里克·弗斯(Roderick Firth)的儿童心理学]、认识论的基础主义等,来总体批判所予神话。可以说,所予神话是一种观念,即经验自身向我们显现为是某一分类。这种观念展现一种直接性,即不预设在先的概念能力以及学习过程等。所予神话错误地认为人类心灵具有一种前概念的原始觉察能力,并且想用这个能力来解释人类怎样得到概念。因此,所予观念本身是生成概念的根本机制,从而是产生知识的根本机制,即基础主义认识论的根本机制。塞拉斯通过细致的论证揭示了这条路线所存在的各种矛盾,表明了这种观念不能成立,根本上是一个"神话"。在塞拉斯看来,所予观念的根源在于混淆了两种内在片断,一种可以称为"感觉",另一种可以称为"思想"。他指出,尽管两种片断有相似之处,其实却截然不同;前者是非概念的(或非认识的),而后者是概念的(或认识的)。所予神话正是想"只"靠前一种片断来得到后一种片断,换言之,从非认识的"直接"得到认识的,或者将概念的还原为(或分析为)非概念的。而塞拉斯的批判表明,这种前概念的内在片断没有认识意义,既不能从中抽离出概念,也不能将其当作经验知识的基础。相比之下,概念具有推论特征,知识处于理由的逻辑空间中。

在塞拉斯看来,批判所予神话的一个重要部分是揭示内在片断的真正逻辑身份。而这紧密联系着他的语言哲学,本书由此进入第二章。其中的关键是怎么看待语言的意指。塞拉斯设想了一种新的意义来看传统哲学关于"一"和"多"的问题,并且将其延伸到意指语境。他提出,一个语词的意指不在于一个抽象实体,而是在于一个语言实体。他的分析表明,指称抽象实体的抽象单数词项其实是分配单数词项,抽象单数词项处于的意指语境其实是将语言表达式在功能上进行归类的专业语义语境。塞拉斯还考察了实存量化的语境和谓词的逻辑,指出实存量化的语境不是真正的存在语境,意指抽象实体的谓词其实是可有可无的,因此两者都不承诺抽象实体的实存。除此之外,塞拉斯还借助传统的先天综合问题,指出区分一个语词的语言意指和感官意指是错误的。这个错误在根本上依靠概念经验主义,即性质和关系的概念通过殊相生成,不存在不符合殊相的共相概念。塞拉斯揭示了这个观点的荒谬之处,并且指出一个语词的概念意指不在于某个抽象实体,而是在于与其相关的推论规则,即实质推论规则和形式推论规则。塞拉斯的语言哲学突出了语言的规范性特征。这种规范性形成了一个视角,由此可以来审视和重塑关于人类知识的学说。

哲学的历史表明,当哲学家对人类认知活动的理解发生重大转折时,存在、心灵、行动、伦理等方面的哲学研究也会随之受到影响。塞拉斯的哲学再次印证了这一点。塞拉斯虽然放弃了二元论或形而上学意义上的内在片断,却没有走向哲学的行为主义。他承诺内在片断在某种意义上的实在性。这个承诺依靠他的科学实在论,这是第三章的主要内容。他的科学实在论,一方面,的确是在谈科学,另一方面,根本上是在谈语言。他着眼于人类的语言现象,指出人类不但使用观察语言来谈论可观察的现象,也使用理论语言(即通过假定不可观察的实体)来谈论可观察的现象。科学理论中的理论实体的概念一开始往往是通过类比观察模型生成的概念。这表明了一种概念生成机制,这个机制虽然不同于日常观察概念的生成机制,但是依靠观察框架内的概念。不过,这种依靠只是方法论上的,不是实质的,即这种依靠不表明观察框架具有绝对身份。理想的观察框架和理想的理论框架——塞拉斯分别称为"在世之人的显见意象和科学意象"——相互竞争,其中理论框架有更好的理由,即它在对世界的描述、解释、预言方面优于观察框架,从而将在竞争中最终取代观察框架,成为判定何物存在的标准。在这个意义上,理论实体真实存在,观察对象不是真的存在。同样在这个意义上,如果印象和思想类似理论实体,而且关于它们的框架建构有好的理由,那么它们存在。塞拉斯的科学实在论表明,理论话语源于主体间的观察话语,由此内在片断虽然是私人的或个人的,但却是主体间可知的。内在片断的概念是依靠观察框架中的模型得到的类比概念。思想片断类比有规则的人类言说,而感官印象类比可感知物的可感知特性。前概念的印象不能单独使心灵获得概念能力,相反,心灵有了概念能力(即掌握了观察框架和相关的理论框架)才能把握印象。这两类概念将在科学意象中找到对应,融入一幅关于在世之人的立体图画。

第四章讨论实践推理的话题。塞拉斯依靠他的心灵哲学对实践推理作出了自己独特的理论贡献。他为实践推理建构了一个意向框架,其中不但详细介绍了实践推理的基本概念,实践推理的基本原则和逻辑,实践推理与行动的概念联系,还探讨了欲望、满足、快乐这样的伦理学概念,也打开了道德的视角。在他看来,道德判断是定言合理的主体间意向。首先,道德判断是一种意向,依靠决断与行动建立了逻辑必然联系。其次,道德判断是主体间的意向,即"我们意向",因此有真与假。第三,道德判断的定言合理性来自内在合理的目的意向,正是靠这个目的意向才产生了道德共同体。其中各位成员从这个共同体视角来进行意向和行动,这个视角即道德的视角。最后,支持道德视角的是无私的爱,不是自爱和仁慈。因此,道德意识表现为道德共同体各位成员以道德视角进行道德思想和道德行动。道德视角的指向之一在于人类知识的合理性问题,牵涉关于盖然性的实践推理。塞拉斯认为不存在非演绎的盖然论证。在他看来,"盖然性"不是严格意义上的"逻辑"关系。严格意义上的逻辑关系是"必然蕴涵",即"如果前提为真,则结论必然为真"。这个蕴涵所授权的可靠的演绎论证保真。而所谓的"盖然蕴涵"不保真,无力使相关的盖然论证成为可靠的论证。在这个意义上,"盖然性"不是逻辑关系。塞拉斯认为,真正的盖然论证是将"h 是盖然的"而非"(盖然)h"作为结论的论证。他将盖然性概念分析为合理接受性概念,从而指出了一种将事实证据和假设之类的要素嵌入其中的"演绎的"盖然论证。塞拉斯说明了这种盖然论证的不同样式及其相应的实践推理,也指出了这些样式之间的关联。他的这样一种建构不但给出了一个新方向来探索盖然论证,而且解答了一些诸如归纳和先天综合之类的传统哲学问题。可以说,塞拉斯依靠他的实践推理框架在追求真理和道德义务之间建立起了逻辑关系,至善作为实践推理的大前提是求真的根本,不仅追求真理是为了实现公共福利,而且为了实现公共福利才有了对真理的追求。

第一章　知识与所予

感知知识是关于具体对象(比如,一个红苹果)或具体事实(比如,这个苹果是红的)的知识。相关的感知情境可以描述为

Jones sees there to be a red apple in front of him.

译作:琼斯看到有一个红苹果在他面前。①

这个情境在日常生活中十分常见,却在哲学家的分析和阐释中萌生了别样的意谓,也产生了各式各样的困惑和难题,从而引起了奇特的争论。借用塞拉斯的隐喻来讲(*NAO*, Ch. 2, ¶1),哲学家就像受狄俄尼索斯恩赐的米达斯一样,日常之事在经过他们触碰之后似乎变得既有"罪孽"又有"价值"。"罪孽"在于他们让日常变得困惑并最终成为问题,而"价值"在于这些问题终将导向真与善的世界,使人成为了人。

第一节　知识的对象

当代哲学家往往从语言学的角度将上述的情境分析为

S sees O

译作:S 看到 O

以及

S sees *that* O is φ (or *that-p*)

译作:S 看到 O 是 φ(或 *that-p*)

或

S sees O *to be* φ②

---

① 塞拉斯有很多分析和论证的效力要依靠英语词句的结构和语法才能清晰展现,因此本书将在必要之处使用英语表述,并以"译作"为标识来补充相应的中文翻译。

② 塞拉斯曾指出(*FMPP*, Lecture I, III, ¶72),"that"形式和"to be"形式的不同在于前者不衍推"S 看到 O"。换言之,"to be"形式排除了"看到"的这样一种使用:虽然对象可能(转下页)

译作：S 看到 O 是 φ，

其中，"S"表示主体（subject），"O"表示对象（object），"φ"表示谓词（比如，代表属性的谓词"红的"或代表事态的谓词"从树上掉下来"等），而"that-p"表示命题"that O is φ"。在塞拉斯看来（SRPC，II，¶10；SSOP，I，¶5），可以说两个语境分别表示"看到"的两种不同使用。前者是"看到对象"，看到的是殊相，后者是"命题看到"，看到的是有关这个殊相的事实。前者给出后者的主词，从后者可以推断前者。

就"看到"（to see）这个动作而言，当代哲学家会区分

what we see

译作：我们看到的什么

和

what we see *of* what we see

译作：我们看到我们看到的什么的什么，

即区分

the object we see

译作：我们看到的对象

和

what we see *of* the object

译作：我们看到这对象的什么。（SRPC，II，¶¶7~9；SSOP，I，¶¶2~4）

当琼斯看到一个红苹果，他看到这个苹果的什么？对此，至少可以有两种回答，一种是它的"表面"（surfaces），另一种是它的"特性"（properties）。视觉经验具有视角特征，即我们总是从一个空间视角看到一个对象，确切地讲，从这个视角看到一个不透明的对象。当琼斯看到一个苹果，他没有看到它的全部，即没有看到它的背面和里面，而只看到了与之面对的那一部分表面，即他

（接上页）事实上就在我们的视域中，但我们实际上没有看到这个对象，而只是看到与它有关的一个事实。举塞拉斯的例子来讲，一架喷气式飞机在高空飞过，有时一个人因为看到它的一端在持续增长而另一端在逐渐消失的水汽尾迹就会说"我看到飞机在天上飞"。这里，尽管可以说这个人看到飞机，但实际他看到的是水汽尾迹，因此不能从"我看到飞机在天上飞"推断"我看到飞机"；或者，在高空飞机上的人因为看到地面农场上扬起一团尘土就会说"我看到农民在下面犁地"，这里，尽管可以说这个人看到犁地的农民，但他实际上看到的是犁地扬起的尘土，因此不能从"我看到农民在下面犁地"推断"我看到犁地的农民"。

面对的那一部分果皮①。除此之外，还可以说琼斯看到这个苹果的某些特性，即看到它的颜色和形状。这两种回答的一个不同在于，表面作为殊相是物理对象的构成，而特性作为共相不在同等意义上是物理对象的构成。

当代哲学家还会区分

what we see

译作：我们看到的什么

和

what we see it *as*

译作：我们将它看作什么。（*SRPC*，II，¶18；*SSOP*，I，¶13）

"看作"牵涉一种信念，即当下信念（occurrent beliefs）或当下相信（occurrent believings）。塞拉斯指出（*SRPC*，II，¶22；*SSOP*，I，¶17），当下信念可以区分出"相信是"（believing *that*）和"相信有"（believing *in*）。"看作"牵涉的信念是"相信有"，即"感知认定"（perceptual taking），而不是作为感知判断的"相信有"。换言之，在传统描述中，当下相信被称为"认定"，而如果"认定"可以区分出"认定是"（takings *that*）和"认定为"（takings *as*）（*SRPC*，II，¶¶20~21），那么"看作"牵涉的"感知认定"是指"认定为"，即具有某一感知设定的感知者在感知情境中被致使得到的信念。感知认定用复杂指示短语来表示，它本身不具有完全成熟的命题形式，但它可以给相关的感知判断提供主词。比如，感知判断

This red apple is big

译作：这个红苹果是大的②

的主词是感知认定

This red apple

译作：这个红苹果。

由此，一个视觉对象被看作什么，就是相信有什么，即相关的感知认定是

---

① 这里的表面是指物理对象的构成部分，它本身仍属于物理的范畴。"物理的"（the physical）和"心理的"（the mental）是两个不同的范畴。一个对象是"物理的"就是能够与其他对象之间有因果作用。物理对象的概念根本上利用了因果特性的概念。塞拉斯将这样的表面称为"从属殊相"（*SRPC*，II，¶7；*SSOP*，I，¶2）。

② 如果将"这个红苹果是大的"理解为复合语句"这是一个苹果且它是红的且它是大的"，那么就可能会将"相信是"的主词理解为一个裸指示词（bare demonstrative）或纯粹指示词（pure demonstrative），即"这个"（this）。裸指示词没有其他概念内容，一切刻画被置于谓述位置。塞拉斯反对这个解释，他认为其中的主词是复杂指示短语"这个-什么"（this-such），裸指示词不能处理在"看到的对象"和"将它看作什么"之间的区分（*SRPC*，II，¶18；*SSOP*，I，¶13）。

28

什么。

区分还可以继续，

what we see it *as*

译作：我们将它看作什么

不同于

what we see it *to be*

译作：我们看到它是什么。

在塞拉斯看来(SSOP, I, ¶19)，后者中的"看到"是赖尔意义上的成就语词(achievement word)。赖尔指出①，像"看到"这样的动词不能用"错误地"或"不正确地"这样的副词来修饰；因为在这个语词的首要意义上说一个人看到什么，就是说他没有看错，或者用塞拉斯的话来讲，就是说他"看到其所不是在逻辑上是不可能的"(SSOP, III, ¶41)。因此，说琼斯看到有一个红苹果在他面前，则必定有一个红苹果在那，说他看到它是红的，则它就是红的。不过，这不是说他不会出错，也不是说他在使用一种防止出错的方法或运用一种不会出错的官能，而是说他知道在什么情况下会弄错，并出于相关的考虑认可了经验中的命题断言，从而使用动词"看到"来表达这种认可。塞拉斯认为(EPM, III, §16)，"当赖尔……将'看到'称为一个成就语词，赖尔考虑的就是这个认可"。而如果有理由怀疑或否认这个命题断言，那就不会说他看到它是红的，而是会说

Jones *ostensibly sees* it to be red

译作：琼斯貌似看到它是红的

或者会说

It *looks* red to him

译作：它之于他看上去是红的。

相比之下，"看作"是成就中立的或成就不明的。因此，说琼斯将一个对象看作什么，他可能会看错，即可能会作出错误认定(mis-takings)。比如，举塞拉斯的例子，琼斯面前的对象其实是一个红色软陶，他误把它看作一块红砖(SRPC, II, ¶24; SSOP, I, ¶20)；或者，琼斯在野外露营时面前有一个黑色灌木丛，他误把它看作一只大黑熊(SRPC, II, ¶11; SSOP, I, ¶13, ¶90)。

一、感知对象

就感知情境而言，哲学家关心的焦点之一在于主体琼斯看到的是什么。

---

① 〔英〕吉尔伯特·赖尔：《心的概念》，徐大建译，北京：商务印书馆，2006年，第185、295页。

日常的回答显然是"一个苹果",但哲学的回答往往是"一个对象"。什么是对象?

宽泛地讲,在英语中,一个对象由一个单数词项(singular term)指涉,而单数词项是可以和单数动词一起使用的词项。单数词项的种类繁多。比如,有"this"和"that"这样的指示词,有"Greece"和"Socrates"这样的专名,有"the highest mountain in the world"和"the present king of France"这样的限定描述语,还有"a Greek philosopher"和"a red apple"这样的非限定描述语。除此之外,还有一些语言手法可以用来生成单数词项。比如,使用"the""a(n)""any""every"等和(例如)"lion"可以生成"the lion"等,使用现在分词"being"和(例如)"red"可以生成"being red",以及使用"that"和(例如)"snow is white"可以生成"that snow is white"这样的"that"分句。

在哲学中,尤其是在柏拉图主义之类的形而上学框架中,殊相(particular)和共相(universal)由单数词项指称。罗素十分清楚地指出:

> 我们说一切感觉所予或者与感觉所予同性的是殊相;与此相反,共相则是可以被很多殊相分有的……大致地讲,专名代表殊相①,而其他名词、形容词、前置词和动词代表共相。②

举例来讲,专名"Socrates"代表殊相,而形容词"wise"代表共相,前者分有后者。不过,虽然"wise"不是殊相的名称,但它有相应的名词形式,即抽象单数词项"wisdom"。柏拉图主义的实在论者会进一步认为抽象单数词项是共相的名称,从而认为共相是一种独特的殊相。在宽泛的意义上,单数词项指称个体(individual)(*AMI*, in *PP*, III, P85; *SM*, Ch. I, I, ¶14)。较为狭隘地讲,个体通常只能靠"指出",比如指出一张桌子、指出一个苹果或指出一个人。因此,殊相是个体,或者说,殊相是在观察陈述中出现的单数词项所指称的个体。不过,较为宽泛地讲,指称共相的表达式也是单数词项,因此共相也是个体。

在非常宽泛的意义上,可以谈论的一切都是对象。而在较为严格的意义

---

① 塞拉斯就"a is φ"进一步区分了特称殊相(particular particulars)和 φ 殊相(φ particulars)(*MMM*, ¶30)。比如,就雪是白的而言,雪是特称殊相,白的殊相是 φ 殊相。
② 〔英〕罗素:《哲学问题》,何兆武译,北京:商务印书馆,2013 年,第 75~76 页。译文稍作改动。

上,常识世界中的人和物是对象①,与之相关的事件(event)和事实(fact)不是对象。比如,

Socrates runs at time t

译作:苏格拉底在时间 t 跑步

是一个事件,其中的"Socrates"是一个对象。同样,

This apple is red

译作:这个苹果是红的

是一个事实,其中的"this apple"是一个对象。不管怎样,桌子、苹果、琼斯等都是常识中的对象,通称为物理对象(physical object),区别于像一道闪电、一阵雷声这样的物理过程(physical process)。物理对象的特性常会称为是"物理的"特性,不称为"心理的"特性。语词"物理对象"有时区别于语词"物质对象"(material object)的使用。前者是理论中立的,不带有理论承诺,而后者则带有理论承诺。说这个苹果是一个物质对象,意味着这个苹果的实存根本不依靠感知者,即不管这个苹果是否被感知,它都独立实存。相比之下,说它是一个物理对象就没有这个意谓。有时这两个语词都意指纯粹的物(SK passim)。

根据以上区分,可以说,当琼斯看到有一个红苹果在他面前,他看到的苹果是一个对象、一个个体、一个殊相、一个物理对象,而不是一个事件、一个事实、一个共相。然而,这些称谓仍要置于具体的语境中来仔细考察它们的意谓。

二、现象主义

现象主义对感知对象给出另一种看法。现象主义是一个存在论的论点,其主题是:

> "常识"世界的物理对象和过程(这些物理对象相对于电子、电磁场这样的"科学对象")实际确实具有它们看起来具有的性质。一些物理对象是红的,而另一些物理对象(在异常情境中看)只不过看起来是红的。(PHM, I, ¶3)

---

① 在比较宽泛的意义上,人也是物,但不是纯粹的物。两者的区别在于,人是一个有意识的主体,带有目的和意向,而纯粹的物不是如此。在一个隐喻的意义上可以说人是纯粹的物,即作为手段的人。在比较狭隘的意义上,物还会分为有生命的物和没有生命的物。

现象主义可以再进一步区分出两种。塞拉斯将第一种称为"直接实在论"①，这是最简单的现象主义。这种观点认为，颜色谓词（例如"红的"）的基本语法是

O is red at place p and time t②.

译作：O在位置p时间t是红的。

其中"O"代表一个物理对象，"p"和"t"分别代表物理的空间和时间。通常，我们从一个物理空间的视角看到一个物理对象，比如，一张桌子在这里侧对着我们或在那里正对着我们。当我们看到面前有一个不透明的物理对象，比如一张桌子，尽管我们看到这张桌子，但是我们只看到这张桌子的表面。换言之，这张桌子有表面和里面，表面有向面的一面和背面的一面。当我们看到桌子的向面一面时，同时既没有看到它的背面，也没有看到它的里面。我们只看到桌子的向面表面，因此，看到一张桌子衍推看到一张桌子的向面表面。

基于以上事实，哲学家会区分

the object we see

译作：我们看到的对象

和

what we see of the object.

译作：我们看到这对象的什么③。

琼斯就是这样，他在物理时空中从一个视角看到一个苹果，虽然他看到这个苹果，但是只看到这个苹果的一个表面，即琼斯面对的一面，没有看到它的里面或背面。因此，说

---

① 直接实在论即出现在20世纪早期的幼稚实在论（naïve realism）。塞拉斯认为不能说一种得到杰出辩护的哲学立场是幼稚的，而且这种称呼的使用经常带有混淆，因此他称之为"直接实在论"。

② 塞拉斯指出，"红这一属性的基本语法是'物理对象在位置p时间t是红的'"（*EPM*, IV, §23）或"……'物理对象x在位置p是（曾是、将是）红的'是颜色谓词的基本语法"（*PHM*, I, ¶6）。

③ 这是在区分
　　the object we perceive
　　译作：我们感知的对象
　和
　　what we perceive of the object.
　　译作：我们感知这对象的什么。
塞拉斯在多处提到这个区分，比如 *SRT*, 1, ¶37; *SRPC*, II, ¶7; *SSOP*, I, ¶2; *IKTE*, II, ¶15。

>Jones sees that this apple is red,

译作:琼斯看到这个苹果是红的,

其实是说

>Jones sees that the surface of this apple is red,

译作:琼斯看到这个苹果的表面是红的,

或者,严格按照语法,说

>Jones sees that this apple is red on the surface.

译作:琼斯看到这个苹果表面是红的。

这里的"表面"指一个位置,而非殊相。对此有人可能会说,如果这里的"表面"是指表皮(即果皮),而且琼斯由此可以说"这个苹果的表皮是红的",那么这个表面就是殊相。表皮不管多么薄都是一个物理对象,因此适用于颜色谓词的基本语法。比如,可以说"这个苹果的表皮表面是红的,表面下是白的或(如果削得很薄)是粉红的"。

直接实在论认为,心灵抓到外在对象本身。虽然可能会存在对象之于人的相关因果作用,但是根本上存在人之于对象本身的直接领会。具体而言,直接实在论认为(PHM, I, ¶4),首先,说一个人看到一个物理对象,而且看到它具有某种颜色,这蕴涵这个物理对象实存,而且它事实上具有这种颜色;其次,"看到"(seeing)是一种"知道"(knowing)或"认识到",看到一个事实就是知道一个事实;最后,这种知道是直接的或非推论的,即感知者并非从其他什么推断出他的知识。比如,琼斯不是从"这个苹果看上去是黑的且现在是在蓝光下看它"这个事实推断"它是红的",也不是从"这个苹果看上去是红的且现在是在日光下看它"这个事实推断"它是红的"。这实际上是说明了动词"看到"(to see)在直接实在论中的使用。

有的哲学家从直接实在论的观点作出错误的推论,从而带来了哲学困惑。他们将

这个苹果表面是红的,因为它有一块表皮是红的

变换为

这个苹果表面是红的,因为它有一个"表面"是红的。

其中引号内的表面不再是指一个位置,也不是指表皮这样的物理对象,而是指一个没有厚度的殊相或一个面域,这是另一种范畴的实体。因此,这些哲学家会忍不住认为,说琼斯看到一个苹果,就是说他看到这个苹果的表面且相信其余部分存在。塞拉斯指出,如果这种表面是殊相,那么可以认为这种殊相能够脱离其他殊相存在,然而并不存在独立的颜色表面;而且,如果琼斯看到的总是这种表面,那么也没有归纳理由认为存在相应的内核。因此,将

红苹果分析为这样一个红的表面和这样一个内核是不合理的。这些哲学家可能还会认为,这个苹果由现实的和潜在的颜色表面构成,即除了显露表面之外,这个苹果的剩余部分由待显露的现实表面构成,这些待显露的现实表面在苹果"削皮"之前只是潜在表面。直接实在论者通常不会这样认为,但塞拉斯指出(PHM, I, ¶10),如果物理对象完全是由现实颜色构成的,那么有两种解释是可能的:

(a) 一个物理对象(比如一个苹果)是一个色块(color solid),表面是从属殊相。

(b) 色点(color points)是基本实在,有颜色的物理对象是三维的色点集合,而有颜色的表面是二维的色点集合。

对于第一种解释,塞拉斯指出,如果颜色存在的基本方式是色块,那么它的表面不大可能是殊相。对于第二种解释,塞拉斯指出,这样的表面是一个高度抽象的概念,或者说源于精深的哲学和数学,并不是对物理对象的常识理解,尽管这种看法和日常概念框架相联系,但不是一种分析关系。

有的哲学家会给语词"表面"以另一种使用。这种使用通常源于这些哲学家对一些异常情境的考虑:

在异常情境中①,物理对象看上去是其不是。比如,完整笔直的木棒插入水中看上去是弯折的,红苹果在某种非日光下看上去是黑的。而在正常情境中,木棒是完整笔直的,苹果也是红的。不过,通常认为,木棒其实并没有因插入水中而变成弯折的,苹果其实也并没有因光线异常而变成黑的。

对于这种异常情境下的红苹果而言,一些直接实在论者可能会说"这个苹果之于琼斯看上去是黑的,但其实是红的",而另一些直接实在论者可能会说"当这个苹果之于琼斯看上去是黑的,琼斯看到的是一个黑的表面",或者也可能会说"这个苹果之于琼斯只不过看上去有一个黑的表面"。这种表面的身份在哲学家们讨论异常观察者时更为明显。

---

① 在塞拉斯的表述中,有时使用正常的(normal)和异常的(abnormal)情境(circumstances),有时使用标准的(standard)和非标准的(nonstandard)条件(conditions),有时使用有利的(propitious)和不利的情境,其中每组中的前者通常指日光下、视线没有遮挡等。本书除了引文之外统一使用第一组。

人们在梦境、幻觉以及一些疾病引起的不真实情境中仍觉知什么。比如，琼斯服用某种致幻药之后说自己看到一个红苹果，但其实没有红苹果在他面前，亦或麦克白看到一把匕首，但其实他面前并没有一把匕首。

对此，直接实在论者会说，"当之于麦克白看上去有一把匕首时，他看到的是一个匕首形状的表面"或者"之于麦克白只不过看上去有一个匕首形状的表面"。这里的表面既不是位置也不是殊相，而且也由公共的变为私人的，即变为"被某人看到的颜色表面"。这其实已经走向第二种现象主义。

塞拉斯将第二种现象主义称为"古典现象主义"。这种观点引入一种实体，塞拉斯效仿 A. J. 艾耶尔将其称为"感觉内容"(sense content)。这种实体不是物理对象，但比物理对象更加基本。据此，说"琼斯看到一个苹果是红的"其实是说"琼斯看到一个红的感觉内容"。如果这个感觉内容在正常情境中出现，那么这个物理对象是红的；而如果这个感觉内容在异常情境中出现，那么这个物理对象只不过看上去是红的。换言之，当一个物理对象之于琼斯看上去是红时，不管这个物理对象是否真是红的，都存在一个红的感觉内容，而且这个感觉内容是物理对象的构成部分。古典现象主义还进一步区分了现实得到的感觉内容和可能得到的感觉内容。比如，当感知者闭眼时，即使感知者并不"现实"得到一个红的感觉内容，他也"可能"得到这样一个感觉内容。因此，正如塞拉斯所指出的(*PHM*, I, ¶1)，古典现象主义认为"物理对象是现实的和可能的感觉内容的模式"。

古典现象主义与直接实在论不同。直接实在论认为，物理对象是公共的或主体间的，颜色谓词只用来描述物理对象及其可公共观察的那一部分，而且只有这样的颜色属于物理对象或标准观察者在标准条件下看到的那一部分。假使直接实在论指出，一个物理对象是红的，就是在更基本的意义上它的表面是红的，或者一个物理对象看上去是红的，就是其表面看上去是红的，这也不是在区分物理对象的红和感觉内容的红。不过，直接实在论在宽泛的意义上是现象主义，因为这种观点认为物理对象常会显象为是其不是，在标准条件下显象为是其所是。相比之下，古典现象主义则区分出两种颜色谓词，一种用于物理对象，另一种用于非物理对象的感觉内容，而且认为感觉内容的红比物理对象的红更基本。

塞拉斯对现象主义的讨论表明当代感知理论关于感知对象的两条思路。第一条思路利用"只看到其向面表面就能看到一个物理对象"这个事实,区分出这个物理对象和它的公共表面,错误地将这种称为"表面"的实体当作感知对象,进而认为感知一个物理对象就是感知一个表面并且相信它是一个物理对象的构成部分。第二条思路实际上则是在日常观察框架中建立一个基本的感觉内容框架,认为感知对象是比物理对象更加基本的感觉内容,感知一个物理对象就是感知一个感觉内容并且相信它是这个物理对象的构成部分。现象主义想将我们相信的存在理解为我们认识到的存在,因为我们认识到经验存在,我们越是拉近物理对象和经验的距离,我们就越是可以认识到物理对象存在。不过,现象主义中的误解和混淆给感知理论带来了很多困惑。相比之下,塞拉斯指出,(比如)当麦克白看到一把匕首时,在他的视觉经验中可能会有一个匕首形状的有色面域存在,而且塞拉斯也认为有这样的存在。不过,他想要在一定程度上去除误解和混淆。

三、感觉内容

要展开和理解塞拉斯的观点,还要深入古典现象主义对"感觉内容"和相关专业术语的使用。对此,塞拉斯总结了三个主要传统(PHM,II,¶¶ 17~38),指出三者的表述看起来相似却根本不同。这三个传统的典型分别是感觉材料论(sense-datum theories)、古典经验主义(classical empiricism)、显象论(theories of appearing)[①]。

感觉材料论是 20 世纪前半期在英美哲学中很有影响的感知理论。感觉材料论可以进一步划分为很多种,但它们的根源都可以至少追溯到古典经验主义者(比如洛克、贝克莱、休谟)。感觉材料论者通常区分了觉知动作和觉知对象。觉知动作称为"感觉到"(sensing)[②],觉知对象则称为"感觉材料"

[①] 塞拉斯的观点暗示感觉材料论是一种现象主义。对此,有学者指出,很多感觉材料论其实不是现象主义。比如 H. H. 普赖斯和 C. D. 布罗德是感觉材料论者,却明确拒绝现象主义;古典感觉材料论者 G. E. 摩尔和罗素也都有拒绝现象主义观点的论述。当然,有些哲学家既接受感觉材料论也接受现象主义,比如 A. J. 艾耶尔(Willem A. deVries & Timm Triplett, *Knowledge*, *Mind*, *and the Given*: *Reading Wilfrid Sellars's "Empiricism and the Philosophy of Mind"*, Indianapolis, Indiana: Hackett, 2000, p. 6)。不过,塞拉斯也曾暗示,他提出的观点并非严格地涵盖一切感觉材料论。比如,他在批判感觉材料论时坦言(EPM,I,§7),不是所有的感觉材料论者(即使是古典感觉材料论者)都犯下他指出的所有混淆,而且这些混淆也不是感觉材料论者犯下的所有混淆。

[②] 根据塞拉斯的记述(EPM,I,§2),不同的感觉材料论者对觉知动作的阐释有所不同。首先,有些人认为这个动作是现象学上简单的或不可进一步分析的,而有些人则认为这个动作可以分析。其次,有些人将这动作称为视觉感觉到(visual sensing)、触觉感觉到(tactual sensing)等,有些人则称为"直接看到"(directly seeing)、"直接听到"(directly hearing)等。

（sense datum），塞拉斯称之为"感觉内容"，比如一块红斑或者一个红的面域，它是比物理对象更基础的殊相。

感觉材料论者将日常感知话语的逻辑带入了专业论述。首先，感觉材料论者将"直接看到"或"直接听到"等这种感知理论表达式的逻辑等同于日常感知话语中的动词"看到"或"听到"等的逻辑。在日常感知话语中，"看到"是一种"知道"或"认识到"，说"S看到这个苹果是红的"就是说"S知道这个苹果是红的"。同样，"直接看到"也是一个认识动作或概念动作，说"S直接看到一个感觉材料是红的"就是说"S知道这个感觉材料是红的"。其次，在日常感知话语中，从"S看到一个红苹果"可以有效推论出"存在一个红苹果"，而且感知对象通常在感知者感觉到之前或转身离开之后实存。这个逻辑承诺可能会隐含在感觉材料论中，因而可以从相应的陈述"S感觉到一个红的感觉材料"有效推论出"存在一个红的感觉材料"，而且感知对象（即感觉材料）的实存不靠被感知；当然，感觉材料论者也可能不做出这个承诺，从而说感觉材料的实存即被感知（esse est percipi）。

古典经验主义引入了传统思想话语的逻辑。这种观点将感觉内容置于语境

S has a sensation of ...

译作：S得到一个关于……的感觉

之中。比如，琼斯在一个具体场合得到一个关于一个红的三角形的感觉（或印象），其中"一个红的三角形"指"一个红的三角形面域"，而非"一个红的三角形物理对象"[①]。不同于感觉材料论者，古典经验主义者通常认为，不可以从"S得到一个关于一个红的三角形的感觉"有效推论出"存在一个红的三角形"，正如不可以从"S得到一个关于一座金山的思想（或观念）"有效推论出"存在一座金山"一样[②]。换言之，古典经验主义认为，红的三角形的实存即被感知，"红的三角形"之类的表达式只适合在语境"S得到一个关于……的感觉"中出现。不过，古典经验主义认为，虽然不存在红的三角形，但是存在关于红的三角形的感觉。这感觉不是认识的或概念的，也不预设任何概念框架。不过，认识可能会在感觉之后出现，比如，琼斯在自己得到一个关于一个

---

① 塞拉斯说，"为了简洁以及符合惯常哲学用法，我将把'一个红的三角形面域'（a red and triangular expanse）简写为'一个红的三角形'（a red triangle）"（PHM, II, ¶ 22, n. 2）。

② 当然，正如塞拉斯指出的，这里要区分被感觉到的一个三角形和非被感觉到的一个三角形，前者的实存即被感知，而后者的实存可能不靠被感知。同样，这里要区分被想到的（比如）一个苹果和非被想到的一个苹果，前者作为思想内容其实存即被设想（esse est concipi），而后者的实存不靠被设想。

红的三角形的感觉之后知道自己得到这样一个感觉。

显象论是更新的一种观点。它认为,感觉材料论的"S 感觉到一个红的感觉材料"或古典经验主义的"S 得到一个关于一个红的三角形的感觉"所描述的情境可以描述为

There appears to S to be a red and triangular physical object

译作:有一个红的三角形物理对象向 S 显象

或

There looks to S to be a red and triangular physical object.

译作:之于 S 看上去有一个红的三角形物理对象。

显象论赞同古典经验主义,认为不可以从"之于琼斯看上去有一个红的三角形物理对象"有效推论出"存在一个红的三角形"。其实,显象论认为,感知者在经验中直接抓住物理对象本身,而非感觉材料或红的三角形这样的私人对象,但是只抓住它显象为是怎样或看上去是怎样。换言之,感知者直接知道的是事实"有一个红的三角形物理对象向他显象"或"之于他看上去有一个红的三角形物理对象"。塞拉斯指出(PHM, II, ¶28),显象论实质上是断言,"知道我们得到一个关于一个红的三角形的感觉,就是知道在某个位置有一个红的三角形物理对象向我们显象"。这样看来,显象论与古典现象主义的论点有些格格不入。因为,如果感觉话语在逻辑上依靠物理对象的框架,那么就不能像古典现象主义那样认为感觉内容的框架是物理对象框架的基础,也就不能说物理对象是实际的和可能的感觉内容的模式。而且,在显象论中,"S 得到一个感觉"尽管不是认识的,这和古典经验主义的看法相同,但它是一种思想,这显然和古典经验主义的看法相异。塞拉斯在后面对所予神话的批判中会揭示具体原因。简言之,"显象"虽然不是认识的,却是一个含有概念成分的事态,除非我们拥有关于时空物理对象的概念框架,否则没有什么会向我们显象。

第二节 所予神话:分类觉知

对所予神话的批判可谓是塞拉斯哲学最广为人知也最有影响的一点。什么是塞拉斯谈论的所予(the given)?他曾指出(EPM, I, §1):

> 很多东西已经被称为"所予":感觉内容、物质对象、共相、命题、实在联系、第一原则,甚至所予性本身。

第一章　知识与所予

在塞拉斯看来,很多哲学家的思想都含有所予,可以说是所予框架,很少有哲学家彻底摆脱了所予框架,连康德和黑格尔也没有(EPM,I,§1)。不过,这样简单地列举并没有讲明所予的内涵,也没有给出拒绝它的理由。塞拉斯也指出(EPM,I,§1),并非所有称为所予的都是他批判的对象。如果词项"所予"仅指称在观察时所观察到的东西,或者属于观察所确定的东西,那么"材料"是存在的。而如果"所予"作为一个专业的认识论术语带有实质的理论承诺,那么"材料"并不存在,即在这个意义上没有什么是"所予"。不难看出,塞拉斯的批判聚焦的是所予概念背负的假设与承诺。

虽然塞拉斯的目标是总体批判整个所予框架,不过他是通过批判一些具体形式的所予框架来展开的,即通过指出这些框架是不自洽的来拒绝所予神话。总的来讲,他对所予神话的批判可以大致分为早年和晚年,区分的标志是他早年的伦敦讲座和晚年的卡卢斯讲座。不过,这一区分只是相对的,在塞拉斯的其他文献中也可以看到关于所予的谈论。因为塞拉斯的哲学是一个整体,可以说他的任何一个观点都与其他观点紧密相连,所予观便是其中之一。

塞拉斯在1977年的卡卢斯讲座一开始便说(FMPP,Lecture I,I,¶¶ 3~4):

> 在大约二十年前的讲座中,我探讨了我称为的所予"神话"所采取的各个形式。随着岁月的流逝,我对这件事当然有过再而三地思考。我表达的看法在我看来非常核心,它们要是失败结果就会一团糟。很幸运,至少令我心安的是,这些事后的思考始终是原主题的变奏曲。不过,我越来越意识到第一次陈述的论证不是没有缺点。相关的区分要么根本没有做出,要么做得不好。一些表述至少是引人误解的,总之,所予概念的范围是不明确的。

这里提到的二十年前的讲座是塞拉斯1956年在伦敦大学的讲座,即同年发表的《经验主义与心灵哲学》,这是他早年对所予神话最集中也最有影响的讨论。这个评论表明了塞拉斯的两个看法:

(1) 从伦敦讲座到卡卢斯讲座的20年间,他对所予神话的看法只有"形式"改变,没有"实质"改变。

(2) 较之于卡卢斯讲座,伦敦讲座中的论证需要明确一些区分、改进一些表述、廓清所予的范围。

卡卢斯讲座的目标之一是要重述塞拉斯所予观的一些典型特征,并为之辩护。问题在于,卡卢斯讲座并没有对比伦敦讲座来谈所予神话,而是聚焦罗德里克·弗斯的一篇论文来展开论述①,从而没有确切指出早期的陈述有哪些具体的不足。伦敦讲座本身已经晦涩难懂,而卡卢斯讲座不但没有清楚揭示这些不足,还让人疑惑这些不足之处究竟是什么,进而让人把握不住塞拉斯的重述究竟是细微调整还是重大修改。这里将尝试整合塞拉斯在两个时期的阐述。

一、感觉材料论

塞拉斯对感觉材料论的批判是他早年批判所予框架的第一步。在他看来,感觉材料论者想让感觉材料扮演所予的角色来建构经验知识的基础。简要地讲,当我们感觉到一个感觉材料时,我们得到关于这感觉材料的直接知识,这种知识是非推论的事实知识,它们构成其他经验知识的基础。这个观点依靠当代认识论做出的一个区分,即感知经验的"直接的"和"间接的"(即"非推论的"和"推论的")特征。说一个感知经验是"直接的"或"非推论的",就是说感知者的知识不是推论得来的。正如当琼斯看到这个苹果是绿的,他直接知道"这个苹果是绿的",他不是从"这个苹果在红光下看是黄的"这个事实推断"它是绿的",也不是从"这个苹果看上去是绿的,而且现在是在日光下看它"这个事实推断"它是绿的",同样当琼斯感觉到一个红的感觉材料,他直接知道"这个感觉材料是红的",而不是通过推论间接知道这个事实。

不过,塞拉斯指出,感觉材料论者很难对此作出合理解释。因为,不管是在非推论的知识中,还是在推论的知识中,我们知道的都是事实,事实具有

    something is thus-and-so
    译作:什么是某样

或

    something stands in a certain relation to something else
    译作:什么与别的什么处于某一关系

这样的命题形式——简言之,具有"x is Φ"或"x R y"这样的形式——而我们感觉到的感觉材料是殊相,殊相不具有这种命题形式②。因此,感觉材料论

---

① Roderick Firth, "Coherence, certainty, and epistemic priority", *The Journal of Philosophy*, Vol. 61, No. 19, 1964, pp. 545~557.
② 所谓的殊相知识总是预设某些命题知识。如果 S 知道 O,那么 S 至少同时知道 O 在某些方面的某些事情。比如,如果琼斯知道巴黎,那么他同时知道巴黎的一些情况。因为证成是通过命题之间的推论关系来传递的,知识的基础应当在推论上起作用,而殊相知识不能作出推论,因此,殊相知识根本不能作为认识上有效的基础。

者似乎得在下述两者之间作出选择(EPM，I，§3)：

  (a) 被感觉到的是殊相。感觉到不是知道。感觉材料的实存不逻辑蕴涵知识的实存。
  (b) 感觉到是一种知道。被感觉到的是事实而非殊相。

  若选择(a)，认为被感觉到的是殊相，则"感觉到感觉材料"是一个非认识的事实，不逻辑蕴涵"得到非推论的知识"；若选择(b)，认为感觉到是认识的，"感觉到感觉材料"逻辑蕴涵"得到非推论的知识"，则感觉到的就得是事实而非殊相。感觉材料论者想两者兼得，既坚持感觉到是知道，也坚持被感觉到的是殊相，本想将"感觉到感觉材料"和"得到非推论的知识"建立紧密的逻辑联系，结果却斩断了两者的联系。
  不过，塞拉斯也指出(EPM，I，§4)两者可以建立起逻辑联系。比如，通过做出这样的规定：当S非推论地知道一个事实(例如，某一感觉内容是红的)时，S感觉到这感觉内容是红的；如果S感觉到某一感觉内容是红的，那么S感觉到这感觉内容；因此，如果S感觉到某一感觉内容，S就知道这感觉内容。根据此规定，说S感觉到感觉材料，就是说S感觉到一个和它相关的事实(例如，它是红的)，也就是说S非推论地知道这个事实。这样，"感觉到感觉材料"逻辑蕴涵"得到相关的非推论知识"。不过，这样的逻辑联系其实是通过补充一个预设(即非推论的事实知识在语境中定义某一相关的感觉内容)来建立的，这种规定不但使语词"知道"或"认识"的意义发生了改变，而且使感觉材料失去了所予身份，即它不再是感觉材料框架的基本概念或原始概念。在塞拉斯看来，感觉材料论者不会同意上述建议，因为他们想坚持感觉材料的所予性，坚持从"感觉到感觉材料"直接"得到非推论的知识"，而非上述相反的方向。
  塞拉斯由此指向古典感觉材料论[①]。因为古典感觉材料论者想在某种意义上将感觉内容的所予(即感觉到感觉内容)当作基础，从而将"S感觉到感觉内容"分析为"S得到相关的非推论知识"。这些哲学家认为，感觉到感觉内容的能力是非习得的或天赋的，不需要一个在先的(比如)学习过程。他们往往认为，知道自己感觉到什么的能力是习得的，因为"大部分考虑经验的哲学家非常倾向于认为，所有归类意识、所有什么是这样的知识或(用逻辑学

[①] 塞拉斯指出(EPM，I，§5)，感觉材料论的古典时期是从 G. E. 摩尔的《驳观念论》(1903)到 1938 年左右。

家的术语来讲)所有殊相之于共相的涵摄都需要学习、概念生成,甚至符号的使用"(EPM,I,§6)。问题在于,仅当感觉能力和认识能力都是非习得的,古典感觉材料论者才能从"感觉到感觉内容"直接"得到非推论的知识",而如果他们认为认识能力是习得的,那么就将面临下述三个命题构成的矛盾(EPM,I,§6):

A. x感觉到红的感觉内容s衍推x非推论地知道s是红的。
B. 感觉到感觉内容的能力是非习得的。
C. 知道具有x是Φ这个形式的事实的能力是习得的。

在这里,A合取B衍推非C;B合取C衍推非A;A合取C衍推非B。因而,古典感觉材料论要在上述三个命题中进行取舍。若放弃A,感觉到感觉内容就是非认识的,虽然这是得到非推论知识的逻辑必要条件,但是本身不能构成这一知识。若放弃B,感觉到感觉内容就是认识的,这样感觉材料将和日常感觉谈论(比如,S看到一个红苹果)失去联系,因为一个红苹果作用于S的双眼是非习得的和非认识的。若放弃C,经验主义传统的主导唯名论倾向就会失去,即似乎不再倾向于否定理性主义的天赋观念论。综上所述,感觉材料论形式的所予框架不能成立。

二、古典经验主义

经验(experience)是一个带有"动作-对象"(ing-ed)——或者说"主动-被动"——歧义的词项。比如,

S看到O是红的

是经验动作(experien*cing*),这样的"看到"是认识的,而

S得到一个关于红的感觉

是经验对象(experien*ced*),这样的"感觉"是非认识的。塞拉斯探讨的是经验对象意义上的经验,有哲学家也称为"直接经验"(immediate experience)。所予神话承诺,得到某种经验便知道它是哪种经验或觉知它属于哪个分类,换言之,用塞拉斯的话来讲,所予神话认为"觉知某些分类……是'直接经验'的一个原始的、毫无疑问的特征"(EPM,VI,§26)。

进一步讲,对于下述两个问题(EPM,VI,§26)

(1)我们怎么会觉知一个直接经验属于一个分类,而另一个同时发生的直接经验属于另一分类?

（2）我怎么会知道我贴给我的直接经验分类的标签被你贴到相同的分类？难道我称为"红"的分类不会是你称为"绿"——等其他光谱颜色——的分类吗？

所予神话认为，第一个问题没有问题，或者说根本不是问题，而第二个问题难以解答，甚至可能没有解答。而塞拉斯想指出，第一个问题是一个问题。在他看来，古典经验主义者承诺这样的所予神话。他们都认为"人类心灵天生能觉知某些确定的分类——确切地讲，我们只靠得到感觉和意象来觉知它们"（EPM，VI，§28），从而"将抽象观念问题当作关于觉知可确定的可重复项的问题"，而不是当作"关于觉知确定的可重复项的问题"（EPM，VI，§26）[①]。

在《人类理解论》中，洛克认为，我们只靠得到感觉和意象来觉知确定的感觉可重复项。具体而言，在一个具体场合，一个关于白的感觉只靠与同在的其他感觉（和意象）背景分离就变成一个关于白的（当下的）抽象观念（或者说知性中的一个关于白的思想），即一个关于白的意象。这在洛克看来根本没有问题。他的问题是怎么想到这个抽象观念的属，即可确定的可重复项。他的方法是靠合取来用简单观念构造复杂观念，从而区分可确定的观念和确定的观念。比如，如果将"关于一个可确定项的观念"表示为"关于是 A 的观念"，那么"关于一个确定的 A 的观念"可以表述为"关于是 A 且 B 的观念"。不过，这种方法可以解释（例如）可确定的"关于一个三角形的观念"和确定的"关于一个红的三角形的观念"，却不能解释可确定的"关于红的观念"和确定的"关于深红的观念"。

贝克莱与洛克相似，他的问题不是怎么从关于殊相的觉知到关于可重复项的观念，而是怎么从觉知绝对具体的感觉性质到意识到相关的属。两人的不同在于，洛克认为，可以有一个关于属的观念，它不关于其中任何一个种，而贝克莱认为，不得到关于一个种的观念就不能得到关于相关的属的观念。贝克莱的论点是，如果是 A 衍推是 B，那么关于 A 的观念一定关于 B。比如，"是三角形"作为一个属衍推作为其中一个种的"是某一确定的三角形"，所以，关于三角形的观念一定关于某一确定的三角形。

在《人性论》中，休谟也尝试回答想到可确定项是怎么一回事，比如怎么

[①] 在这里，确定的（determinate）和可确定的（determinable）的区分可以理解为种（species）和属（genus）的区分。比如，"猩红"（scarlet）或"深红"（crimson）相对于"红"（red）是一个确定的颜色，而"红"则是一个可确定的颜色。而这里的可重复项（repeatable）是指此项可以不止一次的出现。

想到相对于具体色度的红(比如,深红)的红是怎么一回事。不过,他与洛克、贝克莱的不同在于,休谟认为有关于确定的可重复项的当下思想,没有关于可确定的可重复项的当下思想,而洛克和贝克莱则认为有这样的思想。尽管如此,他却和这两个人一样预设人先天能觉知确定的可重复项。

塞拉斯由此提出自己的看法。他稍微扭转休谟的立场,将经验的初始要素描述为红的殊相,而非关于红的印象。这样一来,休谟的看法就变成,所有分类意识基于语词与相似殊相的类别之间的关联。如果这个关联不靠觉知 x 与 y 相似或 x 是 Φ 这样的事实促成(即摆脱了所予神话),那么就得到塞拉斯称为"心理学的唯名论"的观点。塞拉斯说(*EAE*, in *EPH*, III, P259):

> 我将使用词项"心理学的唯名论"来代表否定这个实在论传统具有的断言:关于抽象实体的"感知"或"觉知"是心理动作和倾向的根本心理成分。换言之,心理学的唯名论者认为,不假定关于抽象实体的"感知"或"觉知",原则上也可以对由"John believes that it is raining"这种语句挑出来的片断和倾向作出描述和因果解释。

根据这个观点,"所有关于分类、相似、事实等的觉知,总之,所有关于抽象实体的觉知——确切地讲,甚至所有关于殊相的觉知——都是语言的事"(*EPM*, VI, §29)。这种观点认为,对"觉知"之类的内在片断的描述将体现语词和对象以及语词和语词之间的关联,不承诺它们的存在和意向性,从而不承诺语言和世界的关联依靠语词和直接经验之间的关联。换言之,这种观点认为,语言和世界的关联不是在语词和所谓的私人片断之间,而是在它和公共物理对象之间,因此,没有先于语言习得的觉知,从而没有这样的觉知来给非推论的知识做出证成或授予权威性。

塞拉斯明确指出(*EPM*, VII, §30),所予神话的一个来源是承认前语言的觉知。比如当小孩在学习他的母语时,不能认为他处于一个由各种殊相、共相、事实等构成的逻辑空间,也不能认为他从一开始就对这个结构化的逻辑空间有某种程度的未加辨别的觉知,从而不能认为教小孩学习第一语言的过程就是教他辨识这个逻辑空间中的各个构成,并且教他把加以辨别的构成与语词关联起来。总之,塞拉斯否认有任何关于逻辑空间的觉知先于或独立于语言习得。不过,这些描述还是过于简单,仍需要在塞拉斯的语言哲学、科学哲学、心灵哲学以及实践哲学的语境中更详细地展开。

三、显象论

显象论认为,日常感知话语可以用"看上去"(looks)或"显象为"(appears)的语句来建构,比如

This apple looks red to S

译作:这个苹果之于 S 看上去是红的

或

This apple appears red to S.

译作:这个苹果向 S 显象为是红的。

这种观点通常认为,像

Physical object O looks red to S at time t

译作:物理对象 O 在时间 t 之于 S 看上去是红的

或

There looks to S at time t to be a red physical object O over there

译作:那边在时间 t 之于 S 看上去有一个红的物理对象 O

这样的事实最终是不可还原的,人们由此得到相关的事实知识。由此得来的知识不但不依靠其他知识,而且给其他经验知识提供了基础。比如,显象论者会认为,

O is red

译作:O 是红的

可以分析为或定义为

O would look red to standard observers in standard conditions,

译作:O 在标准条件下之于标准观察者看上去是红的,

简言之,他们认为"看上去是红的"(looks red)在逻辑上先于"是红的"(is red)。

在塞拉斯看来(SK, Lecture I, Appendix, ¶1),弗斯主张"看上去是红的"概念在逻辑上先于"是红的"概念,即他使用"看上去是红的"来定义物理的红。弗斯的主张源于尝试解决在概念融贯论和 C. I. 刘易斯等哲学家持有的观点之间的相悖:

> 概念融贯论的学说是,我们所有的概念相互联系。除非我们已把握所有其他概念,否则还不能说我们已把握其中任何一个:它们形成一个有机的概念体系,就是说,一个融贯的意指系统,在系统的任何一点引入一个新概念都会带来贯穿系统的影响。……乍一看概念融贯论可能

会看起来不兼容刘易斯对关于物理对象的陈述的"感官意指"的分析——确切地讲,甚至不兼容洛克和很多其他哲学家更温和的看法,即一些物质对象谓词(例如"红的")可以用我们描述感官经验的据称更简单的谓词(例如"看上去是红的")来分析。①

对此,弗斯作出进一步的阐释:

> 如果一位哲学家坚称,"这个苹果是红的"可以分析为意指"这个苹果在某某物理条件下会看上去是红的",那么,他是在假定"看上去是红的"在逻辑上先于"是红的",即我们在习得概念"是红的"之前得到概念"看上去是红的"至少在逻辑上是可能的。不过,如果概念融贯论是正确的,除非我们拥有对比概念"是红的",否则我们不能完全理解"看上去是红的",那么,在我们得到概念"是红的"之前得到概念"看上去是红的"似乎就并非在逻辑上是可能的。②

根据刘易斯的看法,"看上去是红的"概念在逻辑上先于"是红的"概念,"看上去"陈述不断定物质对象的本性,从而这种陈述摆脱了证成融贯论,可以用来建构经验知识的基础;而概念融贯论认为两个概念相互依靠,从而"看上去"陈述似乎不能摆脱证成融贯论,更不能由此来建构基础主义形式的认识论。总之,弗斯面对的悖论是:

> (1) 刘易斯:"看上去是红的"在逻辑上先于"是红的",即在得到概念"是红的"之前得到概念"看上去是红的"在逻辑上是可能的。
>
> (2) 概念融贯论者:拥有了对比概念"是红的"才能完全理解"看上去是红的",因此在得到概念"是红的"之前得到概念"看上去是红的"并非在逻辑上是可能的。

弗斯解决这个悖论的进路是通过区分语词和其表达的概念③。他认为儿童在习得语词"红的"的过程中可以区分出两个心理学阶段。在前一阶段,当儿童称他面前的一个对象 O 为"红的"时,或者说当他将语词"红的"用于

---

① Roderick Firth, "Coherence, certainty, and epistemic priority", in *The Journal of Philosophy*, Vol. 61, No. 19, 1964, pp. 546~547.
② 同上书,第 547 页。
③ 同上书,第 547~548 页。

O时,不管O真是红的,还是因为情境异常仅显象为是红的,他在使用语词"红的"表达原始概念(或原初概念)"看上去是红的",这个概念不是"是红的"的对比概念。此时儿童遵守一条语义规则,大意是当O之于他看上去是红的时说"红的"。在下一阶段,儿童学会使用一种语言来指称前一阶段的情境,这种语言牵涉"它只不过看上去是红的"和"它真的是红的"之间的对比。此时儿童已经习得新概念"看上去是红的"和其对比概念"是红的"。不过,原始概念"看上去是红的"在这个阶段并未消失,它仍将儿童在这情境中得到的感官经验概念化,而代表新概念的词句"只不过看上去是红的"将对这同一个感官经验进行"施洗"。由此,弗斯断言,如果不混淆语义规则和施洗规则,即认识到原始概念"看上去是红的"不但独立于而且在逻辑上先于相关的对比概念——由此推出,原始概念"看上去是红的"不但独立于而且在逻辑上先于"是红的"概念——那么概念融贯论与刘易斯的观点兼容,上述悖论就得到解决(参见 SK, Lecture I, Appendix; GEC, P613; FMPP, Lecture I, I, ¶¶ 12~14)。

塞拉斯将弗斯的儿童心理学进一步展开(FMPP, Lecture I, I, ¶¶ 15~37)。在前一阶段,当儿童称对象O为"红的"时,他得到O的概念,并且相信O致使他得到一个感官经验(即一个关于红的经验),他对这个经验作出概念回应。成人将这个情境描述为"O之于他看上去是红的",这个语句表达"O在正常或异常情境致使他得到一个关于红的经验"的概念。但儿童在这一阶段尚未学会区分正常情境和异常情境,他只得到原始概念"O看上去是红的",即"O致使一个关于红的经验"的概念。直到下一阶段,他学会了区分正常情境和异常情境,才掌握了上述成人语句及其表达的概念。弗斯的考虑是,在前一阶段,儿童将红设想为经验的特征,他的"一个关于红的经验"(an experience of red)的概念是"一个红的经验"(a red experience)的概念。因此,儿童遵守的语义规则也可以表述为,当O致使他得到一个红的经验时说"红的"。在下一阶段,儿童习得"O在正常情境致使一个红的经验"的概念和"O在异常情境致使一个红的经验"的概念,即"O真的是红的"的概念和"O只不过看上去是红的"的概念,以及可以对这个经验进行"施洗"的相关对比语句。就此而言,当弗斯(或现象主义视角的传统经验主义者)主张"看上去是红的"在逻辑上先于"是红的"时,他是在坚持红首要是非物理的感官经验的特征,次要是与之相关的物理对象的特征——换言之,语词"红的"的首要使用是称谓感官经验,次要使用是称谓相关物理对象——而不是在坚持非物理的红既不是物理的红,也不预设物理的红,还被用来定义物理的红。

有些感觉材料论者会提出一点不同意见。他们认为像"O之于S看上去是红的"这样的语句是"R(x, y, z)"形式的关系语句,它表达在一个物理对象、一个人和一个性质之间存在一个三元关系(即"看上去"关系)。据此,像O之于S看上去是Φ这种事实,不但是一个关系事实,而且可以用感觉材料来做分析,或者至少可以用感觉材料来做解释①。不过,问题在于,如果"O是红的"被定义为"O在标准条件下之于标准观察者看上去是红的",那么,一旦将定义项(即"看上去"陈述)分析为上述三元关系,其中的"红的"将得到一个独立身份,即变为被定义项中的物理谓词,这个定义也将陷入无限循环。尽管有哲学家使用连字符将"看上去是红的"变为一个不可分解的整体(即"looks-red",而非"looks red"),这样"O在标准条件下之于标准观察者看上去是红的"就表达在一个物理对象和一个人之间的二元关系(即"看上去是红的"关系),从而避开了这个循环,不过,在塞拉斯看来,"O之于S看上去是Φ"这种语句根本不是关系语句,只是和真正关系语句的语法有一些相似之处,因此这种语句既不表达在O、S、Φ之间存在一个三元关系,也不表达在O和S之间存在一个二元关系。

塞拉斯的观点与弗斯的观点截然相反,他认为"是红的"概念在逻辑上先于"看上去是红的"概念。他在他的伦敦讲座和卡卢斯讲座中分别给出两种意义来诠释这个观点。

塞拉斯在伦敦讲座中指出,显象论错误解释了显象语句的逻辑。他通过虚构一个"约翰的故事"来揭示"看上去"的根本特征,由此表明"是红的"在逻辑上先于"看上去是红的"。这个故事的大致内容如下(EPM, III, §§14~15):

> 约翰是一位在领带商店工作的年轻人。他已经掌握颜色语词的日常使用,可以(比如)在晚上商店打烊之前清点存货时说"这是红的""这是绿的""这是紫的"等,在场的同伴也会点头表示赞同。不过,约翰从未在非标准条件下看过一个对象,换言之,他一直都是在标准情况下看这些领带。后来电灯发明了,约翰的朋友和邻居很快采用了这种新的照明方式。人们发现了灯光给颜色观察带来的问题,并且尝试解

---

① 比如,塞拉斯指出(EPM, III, §11),当布罗德说"事实上,如果没有椭圆的东西在我的心灵面前,那么很难理解为什么这枚便士会看起来是椭圆的,而不是别的什么形状"时,他是在用感觉材料来"解释"这个形式的事实。"分析"和"解释"的一个差别在于,若O之于S看上去是Φ用感觉材料正确分析,则没有人可以相信O之于S看上去是Φ而不相信S得到感觉材料,而若O之于S看上去是Φ感觉材料得以解释就未必如此,有时我们可以相信一个事实却不相信对它的解释。

决,只有约翰对此全然不知。就在约翰的商店刚刚安装了电灯之后,他的邻居吉姆恰巧来买领带。约翰给这位顾客推荐一条绿领带,但令他意外的是,吉姆否认那条领带是绿的,并且把他带到外面,约翰此时发现这条领带是蓝的。约翰认为领带在里面是绿的,在外面是蓝的,颜色发生了变化;而吉姆却认为领带就是蓝的,不是绿的①。约翰因为这次分歧不再使用"这是绿的"来报告这条领带的颜色,但他始终认为他在店内看到的是一条绿领带。一段时间之后,当再问约翰那条领带是什么颜色时,他会说"它看上去是绿的",亦或补充说"我们把它拿到外面再看一看"。

正如有些学者所言,这个故事有很多不合理之处②。很难认同一个人会掌握颜色语词的日常使用,却从未遇到过异常情境,即使在晚上商店打烊约翰清点存货时,日光也会发生变化。不管怎样,可以避开其中的不合理之处来就约翰的故事谈塞拉斯的观点。

在显象论看来,约翰意识到一种新的客观事实,即这条领带在某个场合看上去是绿的,或者(用图式来讲)O 之于 S 看上去是 Φ。虽然这种新事实和 O 是 Φ 这种事实一样在逻辑上不依靠感知者的概念框架(或者说不依靠感知者的信念),但是这种新事实是一种最小事实,而且对于这种事实的报告(比如"这条领带看上去是绿的")不太可能会出错,因此(比"这条领带是绿的"这样的报告)更可靠。

塞拉斯既不赞同感觉材料论的观点,也不赞同显象论的观点,而是给出另外一种解释。他的观点围绕一个关键事实展开(*EPM*, III, §16),即

> 关于有某物在某一时间之于某人看上去是绿的的经验(就它是一个经验而言)与关于看到某物是绿的的经验(就后者是一个经验而言)显然十分相像。

具体而言,塞拉斯将"O 之于 S 看上去红的"和"S 看到 O 是红的"置于一个层次,而不是将前者和"O 是红的"置于一个层次。而且,当 O 之于 S 看上去是

---

① 这里的电灯很可能是比较古老的钨丝灯泡,这种灯泡点亮之后是黄色的光。依照配色的基本原理,蓝色配黄色变为绿色,因此蓝领带在这种黄色灯光下呈现绿色。
② Willem A. deVries & Timm Triplett, *Knowledge, Mind, and the Given: Reading Wilfrid Sellars's "Empiricism and the Philosophy of Mind"*, Indianapolis, Indiana: Hackett, 2000, pp. 22~23.

红的,S得到一个经验,而当S看到O是红的,S也得到一个经验,对这两个经验无法做出"内在"区分,只能附加条件来进行区分。在这个事实的基础上,塞拉斯聚焦这里的"经验",进一步指出这两个经验既含有命题内容也含有非命题内容(即描述内容)。

首先来看命题内容。在塞拉斯看来,说(比如)"约翰看到这条领带是绿的",这不但是在描述一个经验,而且是在将这个经验描述为约翰作出一个断言且认可了这个断言。换言之,"约翰看到这条领带是绿的"这个陈述归给约翰的经验一个命题断言,即"这条领带是绿的",而且认可了这个断言。相比之下,"这条领带之于约翰看上去是绿的"这个陈述归给约翰的经验以一个相同的命题断言,不过没有认可这个断言。这是"看到"(seeings)和"看上去"(lookings)这两种经验的根本不同。

在某种意义上,可以说,塞拉斯在这里是在辨明"看到"和"看上去"这两个语词的使用。"约翰看到这条领带是绿的"中的"看到"是一个"就是这样"(so it is 或 just so)的语词,它属于赖尔所谓的"成就语词"。赖尔指出,"说一个人看到了——按看到一词的主要含义——则意味着他没有看错"[①]。或者用塞拉斯的话来讲(SSOP,III,§41),"看到"是在"成就"意义上使用的,在这个意义上看到其所不是在逻辑上是不可能的。进一步讲,"约翰看到这条领带是绿的"中的"看到"表明相关的命题断言出于相关的考虑得到了认可。相比之下,"这条领带之于约翰看上去是绿的"中的"看上去"则表明有某些考虑(比如条件是否标准或自己是否正常)在上一级法庭提出了"认可还是不认可"的问题,而当抑制认可的理由被驳回,相关的命题断言就得到了认可,这样约翰就会说"我看到这条领带是绿的,不过我当时只确定它看上去是绿的"。

由此,塞拉斯的看法是,当O之于S看上去是红的,S得到一个经验,如果S认可这个经验含有的命题断言,那么这个经验就是S看到O是红的。当约翰学会说"这条领带之于我看上去是绿的"时,他已经学会一种方式来报告这种经验。

较之于显象论和感觉材料论的观点,塞拉斯对约翰的故事所做的解释有两个优点。第一个优点是,它可以用来探讨性质的看上去(qualitative looking)和实存的看上去(existential looking)。举塞拉斯的例子展开来讲,它可以解释下述三种不同情境的经验(EPM, IV, §22; SK, Lecture I, VII, ¶54):

[①] 〔英〕吉尔伯特·赖尔:《心的概念》,徐大建译,北京:商务印书馆,2006年,第295页。

(a) Seeing that x, over there, is red.
译作:看到那边 x 是红的。
(b) Its looking to one that x, over there, is red.
译作:那边 x 之于某人看上去是红的。
(c) Its looking to one as though there were a red object over there.
译作:那边之于某人看上去好像有一个红的对象。

根据塞拉斯的解释,这三个感知情境的经验可以有共同的命题内容,即"那边 x 是红的"(x, over there, is red)这个命题断言,但三者的认可范围不同。其中

(a) 认可这断言的全部,包括 x 实存和 x 的性质红;
(b) 认可这个断言中的一部分,包括 x 实存,但不包括 x 的性质红;
(c) 只认可这个断言中的"那边"。

换言之,

在(a)中,感知者必定面对一个红的对象;
在(b)中,感知者必定面对一个对象,但这个对象未必是红的;
在(c)中,感知者未必面对一个对象。

从中可以清楚看出这三个报告断定的内容越来越少,也越来越谨慎。

第二个优点是,它可以解释一物怎么会有一个"只是属的看上去"(merely generic look)。如果 O 之于 S 看上去是红的是一个自然事实,而非认识事实,那么 O 之于 S 看上去会具有某一确定色度的红(比如猩红或深红),而非看上去是属的意义上的红的。显象论和一些感觉材料论的描述却只表现出一个可确定的红,而不是一个确定的红;相比之下,塞拉斯可以解释说,尽管 O 具有某一确定色度的红,但是这个经验中的命题断言可以是可确定的"O 是红的",也可以是更确定的"O 是深红的",从而 O 之于 S 可以看上去是红的,也可以看上去是深红的。

接下来看感知经验的描述内容。塞拉斯认为,上述三个不同情境的经验有相同的描述内容,即 S 得到一个关于红的印象。他指出(EPM,IV,§21),尽管日常框架可以解释为什么一个对象看上去是红的——因为这个对象是白的,白的对象在当下红光情境中看起来是红的——同时没有提到"感觉""印象""直接经验"之类的,但是绝不能因为这些解释是好的,就推出其他种类的解释可能不会是同样好的或更深入的。塞拉斯认为,作为描述内容的感官印象类似理论实体,就像动力学理论中的分子一样。不过,这个问题要在更大的语境中来做阐释,不然会非常混乱,这主要涉及塞拉斯的科学哲学思想,将在下文集中谈论。这里有两点可以简要指明。首先,这种理论实体不

是通过分析日常感知话语"发现"的;其次,私人感官印象的谈论预设主体间公共对象的逻辑空间和主体间感官印象的逻辑空间(或主体间的私人片断理论)。

约翰的故事表明,当约翰学会说"这条领带看上去是绿的"时,他已经学会说"这条领带是绿的",或者,当约翰掌握关于看上去是绿的的概念(即能辨识某物看上去是绿的)时,他已经掌握有关是绿的(即能通过看来辨认某物是绿的)的概念。而塞拉斯对这个故事的阐释表明,如果约翰想通过看来确认这条领带是蓝的还是绿的,他就要知道这条领带处于什么情境中,即就要掌握关于标准条件和非标准条件的概念。比如,当这条领带之于他看上去是绿的时,他可能会说"它是蓝的,蓝的对象在这种灯光下看上去是绿的";而当这条领带之于他看上去是蓝的时,他可能会说"它是蓝的,蓝的对象在日光下看上去是其所是"。这样,因为标准条件已然是一物看上去是其所是的条件,所以,尽管"O 在标准条件下之于标准观察者看上去是红的"等值"O 是红的",却不定义"O 是红的"。由此,塞拉斯提到他关于概念的整体主义思想(EPM, III, §19):

> 在一种重要的意义上,我们得不到关乎时空物理对象的可观察属性的概念,除非我们得到它们全部——和大量别的概念。

因为,如果"看上去是红的"概念预设"是红的"概念,这又需要知道相关情境以及通过其他一些对象来确定这相关的情境,那么只有得到一整套概念(其中包括"红的"概念)才能得到"红的"概念。逻辑原子主义的主张与此截然不同,它主张基础观察概念具有经验主义传统的相互逻辑独立性。

不过,在约翰的故事中也潜藏着一个张力。一方面,塞拉斯主张,约翰等人在得到正常和异常情境的概念之后,才得到颜色的概念;另一方面,塞拉斯后来又主张,约翰等人在得到正常和异常情境的概念之前,或者说在电灯发明之前,已经得到颜色的"初级概念"(rudimentary concept)①。尽管如此,初级概念也不是一个孤立的概念,而是预设一系列其他概念。因此,这个张力实质上并不影响塞拉斯关于概念的整体主义。

塞拉斯在他晚年的卡卢斯讲座中批判了弗斯的显象论观点,也特别谈及了在何种意义上原始概念"是红的"在逻辑上先于对比概念"只不过看上去是

---

① 塞拉斯在 1956 年发表《经验主义与心灵哲学》时没有提到"初级概念",在 1963 年此文转载时补充了一个注释提到了它(EPM, in SPR, III, §19)。

红的"(merely looks red)和"真是红的"(is really red)。塞拉斯认为(*FMPP*, Lecture I, II, ¶¶ 39~40),

> 虽然的确存在一个关乎红的概念,它先于这对对比概念,但它是"是红的"的概念。它不是一个经验种类或一个经验方式的概念,而是作为一个经验对象的什么的概念。而且……有一个合法意义,在这个意义上,这个"是红的"概念先于"一个物理对象是红的"的概念,却不是"非物理对象的什么是红的"的概念。

塞拉斯的表述非常晦涩,只有阐明他的论证,这段话的含义才变得清晰。

塞拉斯首先指出,就弗斯的儿童心理学而言,如果儿童关乎红的原初概念是"一个关于红的经验"(an experience of red)的原初概念,那么这里的"经验"不可以指"经验动作"(experiencing)。不然,这个原初概念就是"一个红的经验"(a red experience)的原初概念,并因此是"红地经验"(to experience redly)或"红地感觉"(to sense redly)的原初概念。要是这样,儿童的"红的"原初概念便指经验的"红的种类"或"红的方式"。在塞拉斯解读的弗斯式儿童心理学中,"红的"原初概念是关乎经验的概念,而经验是非物理的,关于这个非物理项的觉知依靠它在现象学上的自显,即儿童直接觉知它为这样一个方式的经验。塞拉斯由此指出(*FMPP*, Lecture I, II, ¶¶ 44~45):

> 如果一个人直接觉知具有范畴身份 C 的一项,那么这人觉知它为具有范畴身份 C……这条原则或许是我严厉批判的"所予神话"的最基本形式。……拒绝所予神话就是拒绝这个想法,即世界的范畴结构——如果它具有一个范畴结构的话——将它自己强加于心灵,就像一个印章将一个图像强压于融化了的蜡上一样。

其实,从塞拉斯的观点看,如果在日常意义上使用"看上去",那么弗斯的儿童心理学尝试注定从一开始就要失败。因为在日常意义上"看上去"适用的经验牵涉"是"的命题断言,即"是红的"概念在逻辑上先于"看上去是红的"概念。这里的"红"是物理的红,即作为物理对象属性的红。相比之下,非物理的红是一个理论建构,它预设物理的红,而且它是概念分析、现象学分析以及理论建构的结果,儿童不能直接觉知它的范畴身份。

其次,塞拉斯主张(*FMPP*, Lecture I, II, ¶ 46)"是红的"的形式是"是一个红面域"。这里的关键在于,一方面,这红面域不等同红的对象,即一个红面域不等同一个红苹果；另一方面，两者并不分属两个截然不同的范畴，而是一个属于"某个确定范畴"，另一个属于"这个确定范畴"。进一步讲，根据塞拉斯的建构，一个物理对象是一块颜料，就像一个大理石桌面是一块大理石石板一样，两者的区别不在于一个是物理的而另一个是非物理的，而是在于亚里士多德意义上的个体实有与其纯粹质料构成之间的区分，两者均属物理范畴。儿童可能一开始面对半透明对象，它的构成是一个红色体域，他得到原始概念"是一个红体域"，即原始概念"是红的"。后来他遇到不透明对象，它由不同颜色的面域构成，其中之一是一个红面域，他得到形容词意义上的原始概念"是红的"，即"是一个红面域"。由此，说一个物理对象(比如一个苹果)是红的，就是说它的表面构成是一个红面域①。至此，塞拉斯已经在一个意义上引入一个"是红的"的概念，而且这个意义与他早年伦敦讲座中的意义明显不同。在这个意义上，"是红的"的概念先于"一个物理对象是红的"的概念，从而先于相关的对比概念。不过，这不是在使用非物理的红来定义物理的红，因为其中原始概念"红的"意指构成相关物理对象的红色物料，属于物理范畴，不是一个非物理的感官经验。

下一步是引入"看上去是红的"的概念。塞拉斯的策略与他早年伦敦讲座中的一样，他将"O之于S看上去是红的"(即"S貌似看到O是红的")和"S看到O是红的"置于同一层次，而不是将前者与"O是红的"置于同一层次。他同样是依靠这个基本的现象学事实(*FMPP*, Lecture I, III, ¶¶ 69~70)：

> 当一个对象之于S看上去是红的，而且，可以说，S"上当了"……S得到一个经验，它和看到这对象是红的的经验内在一样。这经验在这个意义上和看到一个对象是红的的经验内在一样：如果某些附加条件实现，那么这经验就事实上是其中S看到一个对象是红的。这些条件中包括(a)这对象事实上是红的；(b)对象恰当地引起这经验。

不难看出，这两个条件其实就是要求在正常情境下有一个红的对象在正常观察者面前。塞拉斯将这样一个经验称为

S ostensibly sees an O to be red,

译作：S貌似看到O是红的，

---

① 德弗里斯将塞拉斯的这个观点以一个历史神话的形式讲述出来，这个神话先于下文塞拉斯在其伦敦讲座中编写的琼斯的神话，并且与之相连。德弗里斯将这个时期的人类称为"前前苏格拉底人"(pre-pre Socratics)，是琼斯的神话中的赖尔人之前的"前赖尔人"(pre-Jonesian)(Willem A. deVries, *Wilfrid Sellars*, Bucks: Acumen, 2005, pp. 203~206)。

它等同于"O 之于 S 看上去是红的""O 向 S 显象为是红的""S 似乎看到 O 是红的"①。

根据塞拉斯对弗斯式儿童心理学的批判,如果一个不透明物理对象(比如一个红苹果)的构成之一是一个红料面域,当 S 看到这苹果是红的时他看到这个面域。如果(像塞拉斯一样)将这个面域称为这苹果的"真红"(the very redness),那么当 S 看到这苹果是红的时他看到它的真红;相应地,当 S 貌似看到这苹果是红的时他貌似看到它的真红。这样的区分也符合这个事实(FMPP,Lecture I, IV, ¶77):

> 当那没有物理对象,我们可以得到一个经验,它和看到一个物理对象内在一样,以及当没有物理对象被看到或我们看到的红不是一个物理对象的真红时,我们可以得到一个经验,它和看到一个物理对象的真红内在一样。

不过,这又带来一个新问题,即不是物理对象的真红的红是什么身份?它属于什么范畴?根据塞拉斯的阐释,现象学上的色面和色体(即一个物理对象的真红)的正常身份是这个物理对象的物料构成,属于物理范畴。而这里出现另外一种色面和色体,它们不是物理对象的物料构成。对此,有人认为它们是私人视觉空间中的对象,也有人认为它们是关于红的心理状态(比如弗斯认为它是一种方式的经验动作),不管怎样,他们都认为这样的红属于一个非物理的范畴。塞拉斯想要强调的是,不管这样的红具有什么范畴身份,它都不在现象学上自显为具有这个身份,或者说我们不能直接觉知它为具有这个身份——总之,拒绝所予神话。

可以换另一个方式来表述这个问题。塞拉斯认为,"看到"和"看上去"这两种经验是认知的(cognitive)或认识的(epistemic)。对于这样的感知(SK, Lecture I, V, ¶¶30~31),

> 我们经常将感知对比思想,然而有一个真正意义,在这个意义上感知实质上是(或牵涉)思想。……一个思想,在思想在我们身上发生的意义上,是"内在言说"语言或我称为的"心语"(Mentalese)的语句在心灵中发生。

---

① 他明确说:"……一个貌似看到——就是某物看上去或(视觉)显象为是这样。"(SK, Lecture I, VII, ¶47)

比如,大致地讲,"看到(即视觉感知)这是一个粉红冰块"牵涉"思想这是一个粉红冰块",即牵涉"这是一个粉红冰块"这样的心语语句发生。不过,"看到某物是一个粉红冰块"和"纯粹思想某物是一个粉红冰块"肯定截然不同,而且这不同不在于这个冰块因果性地引起这个思想。因为,即使没有这个冰块在那,也可能会有不同于"纯粹思想"的视觉感知,即"貌似看到"。"貌似看到"的经验牵涉一个命题动作,即牵涉一个心语语句在心灵中发生。除了这个命题成分,这种经验还有一个非命题成分,塞拉斯早年称之为"描述内容"。不难看出,非物理的红属于这个非命题的部分。

对此,塞拉斯说(SK, Lecture I, VII, ¶51):

> ……从现象学上讲,有这样一个非命题成分。不过……没有达到相对精深的理论建构,对它的刻画只会带来比它解决的问题还要多的问题。

他的意思是说,从现象学上讲,可以有这样一个非命题成分来区分真正的感知和纯粹的概念觉知,也可以对这个非命题成分作出描述,比如"它是现实的什么,它以某个方式是红的,即以某个方式(除了以想到的方式)向感知者显现"。不过,关于非命题成分的身份问题会导向塞拉斯的科学哲学。这不是弗斯关注的话题,这里可以简要指出关键之处:

第一,唯一可以用来把握经验中的红的确定概念是"时空物理对象的红"的概念,这是理论建构的基础。

第二,通过类比从物理的红生成新的概念,比如"准料"(quasi-stuffs),并且建构一个相关理论。

第三,这个理论将这些准料描述为感知者的状态,而且这些状态符合一套公理,由某一颜色的物理对象在标准条件下引起,由其他颜色的物理对象或没有外因的身体状态在非标准条件下引起。

第四,根据这个理论,准料被直接概念化为具有某个因果特性的物理对象。

第五,这个理论可能会和其他理论建立联系,比如,将"红"关联"波长λ的电磁波射入视网膜"的理论。

第三节　所予神话:经验知识

塞拉斯探讨了各个具体形式的所予神话,却没有明确概括所予神话的含义,不然会十分有助于理解他的观点,包括他早期和晚期的所予观发生了什么改变。不过,在卡卢斯讲座前一年,即 1976 年(同样是伦敦讲座 20 年后),塞拉斯讲授了一期康德主题课程。在阿马拉尔对讲课内容的整理中,可以找到关于所予神话的表述:

(a) 这个诱惑,即认为我们得到的经验(甚至以其最原始的形式)可以说是经验一项为"属于"某一分类,这就是我在我的论文《经验主义与心灵哲学》中称为的"所予神话";分毫不差。(*KPT*, Ch. 6, A, ¶ 9)

(b) 人们仍受制于所予神话,而所予神话,正如我在《经验主义与心灵哲学》中对它的定义,是这个观念,即对象向我们自显为属于某一分类或属于某一种类。(*KPT*, Ch. 11, F, ¶ 47)

虽然不能确定这是不是塞拉斯支持的准确定义,但不难看出这些表述与塞拉斯著述中的观点是一致的。比如,
(1) 感觉材料论:感觉到一个红的感觉材料就感觉到它是红的;
(2) 古典经验主义:仅得到关于红的印象就得到关于红的观念;
(3) 显象论:得到一个红的感觉就得到一个关于红的概念。
这些论点都承诺一种天赋,即觉知分类的能力,或者说分类在经验中向心灵自显。不过,塞拉斯在伦敦讲座中还指出(*EPM*, VIII, §38):

在认识论传统中,所予就是这些自我确证的片断所认定的内容(what is taken)。可以说,这些"认定"(takings)是经验知识的原动者……

这表明了所予神话的另一层重要意谓,即所予被视为经验知识的基础。

一、基础与融贯

塞拉斯指出(*EPM*, VIII, §32),有一个形式的所予神话认为:有(确切地讲,必定有)一个关于具体事实的结构,

(a) 每一个事实不但能被非推论地知道是这样,而且不预设关于其他具体事实的知识或一般真理的知识;

(b) 这个结构中关于事实的非推论知识构成所有关于世界的(具体的和一般的)事实断言申诉的最终法庭。

换言之,这个形式的所予神话认为,有一个知识的特许阶层,其中的知识不但是非推论的,不预设其他知识,而且还具有权威性。

这里的关键是不能认为,如果一个阶层的知识预设其他知识,那么其中的知识就必定是推论的。换言之,这里的关键是看到,非推论的知识可以或必定逻辑预设其他知识。在塞拉斯看来,这个形式的所予神话错误地认为,感知层级的单数真理知识不预设一般真理知识,感知层级的所有一般真理知识都从单数真理知识("单数事实的知识"或"具体事实的知识")归纳获得。相比之下,塞拉斯会认为,感知层级的单数真理知识预设关于物理对象以及相关感知的一般真理知识,没有这个预设的单数真理知识是不可能的。所予神话想要独立出一方,并依靠这一方来确立另一方;而塞拉斯则认为任何一方缺少另一方都不可能。

古典经验主义会指出,"这是红的"之类的陈述可以满足上述要求。一方面,这类陈述不是推论作出的;另一方面,它们具有权威性。这样的陈述通常称为"观察报告"(observation report),其权威性来自这个事实:它在某类情境中以某一方式出现,或者(简言之)它被正确地做出。比如,琼斯在标准条件下红的对象在场时发声"这是红的"。

有哲学家由此认为,正确做出一个报告,比如报告"这是红的",就是遵守语词"这""是""红的"的使用规则,从而将报告理解为行动,将报告的正确性类比行动的正确性。对此,塞拉斯指出:"如果观察报告被理解为行动,如果其正确性被解释为行动的正确性,如果一个观察报告的权威性被理解为这个事实,即做一个观察报告就是真正地'遵守一条规则',那么,我们就遇见最简明形式的所予。"(*EPM*,VII,§34)因为,塞拉斯进一步指出,这种理解承诺报告的权威性依靠非言语的觉知片断。具体而言,这种理解承诺这样的片断具有内在权威性(即它们是自我确证的),如果报告者正确使用相关的表达式,或者说如果报告者的言语是遵守规则的,那么相关觉知片断的权威性就传递给这个报告,即这个言语行动。因此,根据这种理解,如果琼斯的报告"这是红的"是遵守规则的行动,那么观察报告"这是红的"表达观察知识。

这样的所予将建构起一幅基础主义的认识图画。具有内在权威性的觉知片断构成一个阶层,它就像一只巨龟,而站在上面的大象支撑着整个经验

知识的大厦。对此,塞拉斯评论说(*EPM*, VIII, §38):

> 这个想法肯定是所予神话的核心:"严格且恰当称谓的"观察由某些自我确证的非言语片断构成,当言语执行和准言语执行"符合语言的语义规则",这些片断的权威性就传递给这些执行。因为,在认识论传统中,所予就是这些自我确证的片断所认定的内容。可以说,这些"认定"是经验知识的原动者,即所有其他知识(关于一般真理的知识和关于其他具体事实的"不在场"的知识)预设的"在场的知道"。传统经验主义就在这样的框架中做出其典型断言:感知所予是经验知识的基础。

塞拉斯修改这幅图画并提出了自己的看法。首先,一个报告要表达知识就必须具有权威性。这权威性在于,这个报告是相关对象在标准条件下在场的可靠症状(symptom)或征兆(sign)。比如,一个报告者的报告"这是红的"是红的对象在标准条件下在场的可靠症状,由此从他报告"这是红的"这个事实可以推出一个红的对象在场。这里,塞拉斯对报告的正确性标准做出修改。他指出,尽管在日常意义上报告是行动,即由某人向某人(包括自己)诉说,但是在认识论文献中报告(或 *Konstatierung*)不是行动。这个词项已经具有专业的使用,它不是外显言语行动,也不具有由某人向某人(包括自己)的特征。因此,报告的正确性不应该理解为行动的正确性,即它的正确性不依靠一个非言语的觉知片断[①]。

其次,一个报告要表达知识,它的权威性必须被报告者辨识。这要求报告者必须知道报告"这是红的"是红的对象在标准条件下在场的可靠症状,由此他可以从这个报告的发生推论出相关的红的对象实存。因此,这个要求不但意味着报告者要掌握红、发声、感知条件等一系列概念,而且意味着报告者得具有很多其他知识才能得到关于某个事实的观察知识。这与传统经验主义的观点截然相反。传统经验主义认为,只有通过观察知道一些具体事实支持 X 是 Y 的症状,才会知道 X 是 Y 的症状;而塞拉斯认为,通过观察知道一个具体事实,预设已经知道 X 是 Y 的可靠症状。可能有人会指出,塞拉斯的观点会陷入倒退,因为知道 X 是 Y 的可靠症状预设在先的观察知识,这观察知识又预设知道 X 是 Y 的可靠症状,等等,以至无穷。塞拉斯的回答是,报

---

① 第三章关于规则的论述会表明,这里的报告是模式支配的行为,受到批判规则(即"应当是")的支配,不是服从规则的行为(即不是行动),不受到行动规则(即"应当做")的支配。

告者未必在报告当时知道 X 是 Y 的可靠症状,他可以之后来确认这个报告的权威性,这样倒退就停止了。这其实是说,报告者是在学会语言的过程中学会给出归纳理由来确认报告,因此之前的报告并非全都表达知识。

塞拉斯在这里想强调的是(*EPM*,VIII,§36):

> 根本在于,在将一个片断或一个状态描述为知道时,我们不是在经验描述那个片断或状态;我们是在将它置于理由的逻辑空间,即证成和能证成我们的话的逻辑空间。

塞拉斯的观点是,人类知识在某种意义上可以说基于观察报告这种命题。不过,这里的观察报告虽然是非推论的,但是预设其他知识。具体来讲,从一个角度看,这种命题不像其他命题基于它们那样基于其他命题,即它们是非推论的,区别于从它们推论而来的命题;但从另一个角度看,观察报告基于其他命题,即预设其他命题,从而能够被其他命题证成和能够证成其他命题——简言之,它们处于理由的逻辑空间。总之,对于传统基础主义形式认识论的图画,塞拉斯指出(*EPM*,VIII,§38):

> 最重要的是,这幅图画因其静态特征而引人误解。我们似乎不得不在大象立于巨龟之上这幅图画(什么支撑巨龟?)和黑格尔知识巨蟒首尾相衔这幅图画(它从哪里开始?)之间选择。两者都行不通。因为,经验知识,和其精深延伸(科学)一样,是理性的,不是因为它有一个基础,而是因为它是一项自我调整的事业,能让任何断言处于危险之中,尽管不是同时让全部断言如此。

二、感知所予的结构

塞拉斯晚年对所予神话的批判聚焦当时知识论中有关基础主义争论的一些核心问题,他想比以前更清楚地表明"所予"和"融贯"两个维度在经验知识中的相互关联。塞拉斯的论证主要围绕弗斯的文章展开[1],此文探讨了强调所予和强调融贯的认识论理论之间的差异,非常明确地提出了塞拉斯想讨

---

[1] Roderick Firth, "Coherence, certainty, and epistemic priority", *The Journal of Philosophy*, Vol. 61, No. 19, 1964, pp. 545~557.

论的问题和观点。其实,塞拉斯有几篇文章涉及相关的讨论①,其中的论述因为修改会有一些不同,正如他在卡卢斯讲座中所说(*FMPP*, Lecture I, I, ¶7),

> 虽然我之前有一次已经论述过它[即弗斯的文章],但是在我的处理中洞见不够。我困惑本不该让我感到困惑的,总之,没能好好利用一次绝佳的机会。我将试着作出修改。

塞拉斯认为,弗斯关心的话题是:认识论上的感知所予是否可能,特别是先于"是红的"和"看上去是红的"之间对比的感知所予是否可能。对于感知所予,塞拉斯提到三种选择:所予即感觉到的,所予即被设想的②,所予即前二者的混合。具体而言(*GEC*, P616; *FMPP*, Lecture I, IV, ¶120),

> (1) 所予的是感觉到的(what is sensed)[或感觉它(the sensing of it),这是一回事],这所予(或许)伴随并以某个方式密切关系一个认定;
> (2) 所予的是被认定的(what is taken),这认定(或许)伴随并以某个方式密切关系一个感觉。

举塞拉斯常举的粉红冰块的例子来讲,在(1)中,所予是感觉到一个冰的粉红体域,与之相伴的是(比如)感知者认定那边有一个粉红冰块;在(2)中,所予是一个信念内容,(比如)那边有一个粉红冰块,这个信念会伴随感觉到一个冰的粉红体域。除此之外还有第三种选择,即(*FMPP*, Lecture I, VI, ¶144)

> (3) 以某一方式感觉是"一种"或"连续"设想一个对象或事态。

在(3)中,感觉到一个冰的粉红体域就是相信有一个粉红冰块在那,两者"无缝衔接"。

塞拉斯指出,很多哲学家持有这样一个看法:"……所予性的全部意义在于,当所予什么是这样时,我们权威地觉知什么是这样……"(*GEC*, P616; *FMPP*, Lecture I, V, ¶124)。这里的觉知在有些哲学家那里指"相信",而

---

① 相关的文章主要有 *GEC*(1973)、*SSS*(1974;该文是 *SK* 第一讲的主要内容)、*SK*(1975)、*MGEC*(1979)和 *FMPP*(1981),这些文章的篇幅越来越长,内容也越来越复杂。

② 塞拉斯指出(*FMPP*, Lecture I, IV, ¶¶118~119),这里"被设想的"即是在感知中相信的,这相信(believing)是一个特殊种类的当下相信,感知哲学家将这种相信称为"认定"。

在有些哲学家那里不是。换言之,有一些哲学家会区分(一方面)直接领会(direct apprehension)一个事实或这个事实向心灵直接显现(direct presence)和(另一方面)相信这个事实是这样或想到这个事实是这样。直接领会是一个不靠概念(或观念)促成的认知动作,它直接联系被领会的事态,而且在传统抽象论中是概念的根源;相比之下,相信是一个靠概念(或观念)促成的认知动作。直接领会使一种信念得到认识权威性,或者说,有一种信念的认识权威性源于这个事实:"相信的刚刚(或正在)被直接领会"(FMPP,Lecture I,V,¶126)。因为这种信念的认识权威性不依靠与其他信念的推论关系,所以这种信念被称为"基本信念"或"元信念"。比如,有一个事实,即一个当下心理状态"我相信有一个红苹果在我面前",我直接领会这个事实,从而相信我相信有一个红苹果在我面前,这个信念靠直接领会得到认识权威性。

不过,有另一些哲学家会认为,即使信念的认识权威性最终依靠某些事实的自显,但是不必依靠直接领会来使当下信念得到认识权威性。因此,哲学家聚焦通向经验知识基础的自显事态(self-presenting state of affairs),在历史上形成了两股力量(FMPP,Lecture I,V,¶133,¶138; GEC,P617,P618; MGEC,I,¶2,¶26):

  SP-1:一个自显事态是这样一个事实(即一个实存事态),这个事实属于某一范畴(通常是当下心理状态的范畴),更确切地说,其大意是某人处于当下心理状态 φ,如果这人要问"我处于状态 φ 吗?",那么他会直接领会他处于状态 φ 这个事实。直接领会是一个独特的认知动作,它比任何相信动作(不管多有担保)都更基本。直接领会是信念的认识权威性的根源。

  SP-2:一个自显事态,它是这样,从而如果相关的人在相关的时间相信它实存,那么这信念就是有非推论担保的或是自我担保的。

支持 SP-1 的哲学家认为,扮演不可或缺的认识角色的是直接领会而非信念。直接领会是信念的认识权威性的根源,或者说直接领会是认识权威性的"非被动的原动者"(齐硕姆语)①,而且相关的自显事态必定实存。通常,持有这个看法的哲学家会认可直观知识。相比之下,支持 SP-2 的哲学家认为,扮演不可或缺的认识角色的是信念。他们拒绝在直接领会和具有权威性的信念之间的绝对区分,指出关于某个事态实存的信念具有认识权威性,而

---

① 这是 FMPP 和 GEC 中的使用,但这个比喻在 GEC 和 MGEC 中说的完全相反。

相关的自显事态不必存在（即不必是一个事实），如果自显事态确实存在,那么它将促成相关的当下信念①。

塞拉斯指出，弗斯拒绝在直接领会和具有权威性的信念之间作出绝对区分，认为相信是最基本的认知动作，因此很可能承诺上述 SP‑2。不过，弗斯对感知所予的描述却又使他转向 SP‑1。

同他早年一样，塞拉斯在对弗斯观点的阐释中也指出，经验（experience）是一个有歧义的词项，经验或者是一个经验动作（experiencing），或者是一个经验对象（the experienced）。经验动作，塞拉斯有时也称之为"觉知"（awareness），是一个认知状态，它通常理解为"觉知什么为什么"（awareness of something as something）。而经验动作的对象（或觉知对象）不是一个认知状态。因此，感知所予（比如"某人得到一个关于红的经验"）可能会有两种解释。第一种解释认为，原始概念捕获的经验本身是非概念的，尽管这个经验会被概念化；它是一个概念觉知的对象，不是概念觉知。第二种解释认为，这种经验可能是概念的，或者可能并非全然概念的，而是有部分地概念化。

虽然弗斯认为，当一个对象之于儿童看上去是红的时，儿童以红的方式经验或以红的方式感觉，这经验是一个非概念状态，而且塞拉斯也一直是这样阐释弗斯的，但是塞拉斯倾向于认为这经验其实适合第二种解释，不然弗斯的很多现象学见解就不能理解。塞拉斯指出，弗斯对"以红的方式感觉"的使用不同于当代副词理论的使用。因为弗斯的使用区分了两个方面。一方面，这个表达结构通常用来在存在论上解释怎么会有一个关于红的情况，它

---

① 塞拉斯也将这两股力量分别称为"反表象主义"（anti-representationalism）和"表象主义"（representationalism）。根据塞拉斯的记述，表象主义认为表象这个认知动作是构成知识的首要条件。有不同形式的表象主义。当时最普遍的表象主义强调认知动作的准语言特征，即认为这种动作属于一个记号和符号的框架，生物靠这个框架来建构关于环境中的自己的表象。较传统形式的表象主义强调区分对象和事件可能具有的两种存在方式：一种是现实存在（actual being），即存在不是被想到；另一种是意向内存（intentional inexistence），即存在是被想到（笛卡尔称之为"表象实在"或"客观实在"），而且认为我们只靠使对象和事件得到意向内存的心理动作来认识世界，不需要反表象主义称为的对现实存在的事实本身的直接领会。表象主义认为，通过一些认识动作可以得到关于表象动作（或者说某些特许事实）的知识。不过，一些表象主义者（比如笛卡尔和洛克）会暗中引入非表象动作，这其实是引入直接领会；而融贯的表象主义者会认为这些动作就是表象动作，但是面临怎么知道这些表象动作的问题。相比之下，反表象主义认为，通过非表象动作（即直接领会）可以得到关于某些特许事实的知识，非表象动作是表象动作的基础，支持着表象动作。换言之，这里的表象即信念，知识即得到证成的真信念，不过，这知识的基础是截然不同于信念的直接领会。然而，直接领会虽然是信念的认识权威性的根源，本身却不具有认识权威性（或者说本身既非得到证成亦非未得到证成），因此本身不构成知识，这又与反表象主义的看法相悖；而如果直接领会构成知识，就又会导向表象主义（参见 MGEC, I, ¶¶ 1~29）。

不依靠相关的觉知,即使没有相关觉知的发生也可能会有这个感觉发生。另一方面,如果关于红的情况要进入认识领域,那么就必须有相关的觉知,即觉知这个关于红的情况实存或者觉知这个关于红的情况是关于红的情况,它总是牵涉和感觉相区别的命题形式。因此,"感觉"不可以既用来表示一个存在论概念,也用来表示一个认识概念,而(塞拉斯指出)大部分副词理论将这两个方面合并起来了(参见 SK,Lecture I,VIII,¶61;FMPP,Lecture I,VI,¶152)。

如果严格区分两者,那么上述关于自显状态的两种解释都适合"以红的方式感觉(即关于红的经验)",它的自显或者可以被直接领会,或者可以被相信。在塞拉斯看来,齐硕姆将两者严格区分开来:以红的方式感觉蕴涵实存一个关于红的情况,这里的红不是物理的红,而是可感的红,其实存即被感知;而被设想到的东西的存在不是被设想,比如被设想的飞马不蕴涵实存飞马,除非这里的实存指"意向内存"。而弗斯其实将两者混在一起,他正确地指出"看上去""看起来"和"显象为"这种语词的首要使用是非对比的,却错误地利用其日常使用来描述非命题成分。这样一来,"以红的方式感觉"的自显就是内在的,即经验自身内含有相关的觉知,不需要再被相信,而且可能会被直接领会。因此,弗斯会转向上述 SP-1。

三、权威性的来源

弗斯文章的焦点在于证成融贯论。刘易斯认为,我们可以作出像"我似乎看到一个门把手"或"之于我看上去好像我正看到红的什么"这样的表达判断(expressive judgement),这些判断不对客观实在作出断定,从而使我们逃脱了证成融贯论[①]。而弗斯对概念融贯论的探讨也意在表明,对比概念"看上去是红的"和"是红的"之间的相互依靠不会动摇刘易斯对于证成融贯论的看法。换言之,弗斯主张某些判断具有认识权威性,或者(用他的术语来讲)具有最终非推论的增加担保特性(Warrant-increasing Property,塞拉斯将其简称为 WP 或 WIP)。[②]

要阐明弗斯的观点,首先要阐明他对于推论的和非推论的 WP 的区分。

[①] 弗斯说:"我认为证成融贯论的核心,就像刘易斯很可能对它的理解一样,是这个论点:最终每个之于我具有某个程度担保的陈述具有那个程度的担保,因为(且只因为)有效的推论规则将它和某些其他陈述联系起来(那就是说,'融贯起来')。"(Roderick Firth,"Coherence, certainty, and epistemic priority",*The Journal of Philosophy*,Vol. 61,No. 19,1964,p. 549)

[②] 弗斯在他的文章中将一个语句有时称为"判断"有时称为"陈述"。塞拉斯认为,弗斯提到的"判断"即当下信念,"陈述"即当下信念的内容。

关于推论的 WP,弗斯认为有两种,塞拉斯将其总结为:

(1) 一个陈述 S 具有第一种推论的增加担保特性 P,若 P 在于这个事实:S"可以从某些其他具体陈述有效推论出"。

(2) 一个陈述 S 具有第二种推论的增加担保特性 P,若元陈述"如果 S 具有特性 P,那么 S 很可能为真"具有第一种推论的增加担保特性 P′。①

比如(使用塞拉斯的论述)元陈述"如果一个陈述 S 具有'被某些学者相信'这个特性,那么 S 很可能为真"具有第一种推论的 WP,即"可以从另一个陈述(比如'这些学者通常对于在某些方面类似 S 的陈述持有正确信念')作出归纳推论"或"得到归纳担保",因此"被某些学者相信"是第二种推论的 WP。

关于非推论的 WP,弗斯认为②"看上去好像我正看到红的什么"之于我具有某个程度的担保,因为这个陈述标榜描述(且只描述)我现有经验的内容(不管它是真是假)。而一个关于我的现有经验的陈述,仅当我相信它为真时,才会之于我具有某个程度的最终非推论的担保。这就是说,"是一个关于(且只关于)我的现有经验的判断"这个特性(塞拉斯将其简称为 P_E)是一个最终非推论的 WP。

这里,塞拉斯不但将 P_E 称为一个非推论的 WP,而且将其称为最终的。"最终的"的含义可以通过对比推论的和非推论的 WP 来揭示。前文中"被某些学者相信"这个特性可以使相关的 S 得到担保,其实是依靠相关的元陈述具有第一种推论的 WP,因此这个特性称为第二种推论的 WP。在这个意义上,可以说这个特性是 S 的一个非推论的 WP,却不是最终的。换言之,"被某些学者相信"这个特性虽然不是 S 的推论特性,但本身具有更高层次的推论特性来使 S 得到担保。因此,说 P_E 是一个最终非推论的 WP,就是说 P_E 可以使相关判断得到担保,但不依靠相关的元判断具有第一种推论的 WP,或者说,它是相关判断的推论特性,但本身不具有推论特性。

弗斯据此表述他称为的"认识在先性的中心论点",即"一些陈述得到某个程度的担保,这个担保不依靠(在这个意义上'先于')来自(如果有的话)其

---

① *GEC*, pp. 619~620; *MGEC*, p. 173; Roderick Firth, "Coherence, certainty, and epistemic priority", in *The Journal of Philosophy*, Vol. 61, No. 19, 1964, pp. 549~550.
② Roderick Firth, "Coherence, certainty, and epistemic priority", in *The Journal of Philosophy*, Vol. 61, No. 19, 1964, p. 553; *GEC*, p. 621; *MGEC*, p. 175.

他陈述的担保"①。他认为这个论点是正确的,从而认为"刘易斯一直是对的:坚称一个关于经验知识的理论的主要任务是表明……具有独立的(即非推论的)担保的陈述怎么会是我们所有其余经验知识的基础"②。不过,这个论点面临一个问题。一些元判断或一些原则(比如"具有 P 的判断很可能为真")不但断言一些判断具有 WP,而且其自身也具有第一种推论的 WP,那么 P_E 的元判断(即"具有 P_E 的判断很可能为真")具有 WP 吗? 这其实是在问有没有理由接受 P_E 的元判断。

当然,除了 P_E 的元判断,塞拉斯还借鉴齐硕姆,引入另外两个元判断来展开讨论,即"如果一个人貌似感知(没有怀疑的根据)O 是 Φ,那么他感知 O 是 Φ 很可能为真"和"如果一个人貌似记得(没有怀疑的根据)貌似感知 O 是 Φ,那么他记得貌似感知 O 是 Φ 很可能为真",并且将依靠三者而得到担保的判断分别称为内省的(introspective)、感知的(perceptual)和记忆的(memory)判断,简称为 IPM 判断,相应的元判断可以通称为(MJ)"IPM 判断很可能为真"(*MGEC*, IV, ¶¶ 57~78)。塞拉斯认为 MJ 作为一个判断本身面临认识评价,所以具有 WP。不过这 WP 肯定不是第一种推论的 WP,即"得到归纳担保",不然"IPM 判断"就不是最终非推论的 WP。塞拉斯给出的解答是,MJ 的 WP 是"属于一个理论 T"。这个解答不免会遭受质疑。因为,如果接受 MJ 的理由是它属于理论 T,而接受理论 T 的理由又是它受到 IPM 判断支持,那么,因为接受 IPM 判断的理由在于 MJ,所以这将陷入恶循环。

对此,塞拉斯的策略是扩大理论 T 的范围,将其当作一个在世之人的概念框架。他指出,有些理论(他举的例子是光的微粒说)可以靠一个归纳推理的过程来进入这些理论的框架,相关的归纳推理是接受这些理论的理由。不过,理论 T 的框架不是这样进入的,而是以一个因果的方式进入的,比如"专门使用进化论来解释能概念表象其所属世界的存在的出现"(*MGEC*, IV, ¶ 79)。理论 T 尝试解释为什么 IPM 判断很可能为真。简言之,说 IPM 判断很可能为真,就是说这些判断是关于我们自己和环境的正确地图,而在这个框架内有效地践行需要有关于我们自己和环境的可靠地图,因此,有效的践行需要 IPM 判断很可能为真。这个解释构成了一个理由,即"若非 IPM 判断很可能为真,则没有有效的践行",根据这个理由可以接受 MJ。这个理由不源自例证归纳,而是来自相关的解释。

---

① Roderick Firth, "Coherence, certainty, and epistemic priority", in *The Journal of Philosophy*, Vol. 61, No. 19, 1964, p. 553; *MGEC*, p. 177.

② Roderick Firth, "Coherence, certainty, and epistemic priority", in *The Journal of Philosophy*, Vol. 61, No. 19, 1964, pp. 556~557.

不难看出,塞拉斯将解释的融贯带来的担保置于认识评价的首要地位,同时协调经验陈述带有的非推论担保。他在评述弗斯关于推论的论述时就曾指出,弗斯关于归纳推理的例子只是例证归纳。不过,弗斯将推论和融贯等同,因此归纳推论很可能涵盖非演绎的解释推理,"他是否愿意利用这个选项——如果愿意的话,在什么范围内利用——这至关重要,因为这决定了他区分推论的和非推论的增加担保特性的最终意义"(MGEC,II,¶35)。

塞拉斯由此建立一个维度,即关于"IPM 判断很可能为真"的解释担保 MJ 的合理性,而 MJ 担保 IPM 判断的合理性。不过,还有另外一个维度,即 MJ 先于 IPM 判断的合理性,而 IPM 判断在认识上先于关于"IPM 判断很可能为真"的解释。两个维度看似矛盾,其实不然。因为塞拉斯认为(MGEC,IV,¶88),"无时无刻不在的理论 T 是复杂的,它包含[MJ],而且尝试解释为什么 IPM 判断很可能为真……它构成一个概念框架,讲明'解释的融贯',即真理的最终标准"。诚如塞拉斯自己所言(MGEC,IV,¶87),这确实在一定程度上兑现了他早年的观点(EPM,VIII,§38):

> 如果我拒绝传统经验主义的框架,并非因为我想说经验知识没有基础。因为这样说就是暗示它真的是"所谓的经验知识",就是认为它是谣言和骗局。这幅图画显然有些道理:人类知识基于一个层级的命题——观察报告——这些命题不像其他命题基于它们那样基于其他命题。另一方面,我确实想坚持,"基础"这个隐喻引人误解,因为它妨碍我们看到,如果有一个逻辑维度其他经验命题基于观察报告,那么就有另一个逻辑维度后者基于前者。

总之,塞拉斯将认识原则置于了一个自然主义的语境中,实际上也是将其置于了一个社会和历史的语境中。这些原则不依靠从感知信念的归纳推理获得,它们的权威性来自这个事实,即"除非它们为真,否则我们不会有任何认识",或者(进一步讲)"我们就得在这些(和其他)原则的框架中才是思想、感知和……行动的存在"(SK,Lecture III,VII,¶46)。当琼斯作为这样的存在看到有一个红苹果在他面前时,这些原则担保他的以下推理:

我刚才出声地想"瞧,这有一个红苹果"(其他条件均同);

因此,有好理由相信有一个红苹果在我面前。

对此,塞拉斯指出(SK,Lecture III,VII,¶34),"这个推理的结论不是他原初感知经验中的思想。它和所有证成论证一样,它是一个更高次序的思想。他原来不曾推断有一个红苹果在他面前。不过,现在他正在从他经验的特征和语境推断它是真实的且有好理由相信确实有一个红苹果在他面前"。塞拉斯由此进一步指出(SK, Lecture III, VII, ¶35),尽管这是"……一个推论证成,但是它有一个独特特征,即它的根本前提断定这相同的信念在一个具体语境中发生。就是这个事实让人觉得这样的信念是自我证成的,从而觉得这证成是非推论的"[①]。

塞拉斯在前人理论的基础上不断调整和修订感知理论,使它更融贯,也更具解释力。不过,他在解决了很多问题之后带来了更多的问题。什么是感知?感知的动作和对象具有怎样的存在论身份?通过感知怎样获得经验知识?或者说,这样的经验知识怎样被证成?这些问题涉及其他哲学维度,关于语言的话题就是其中之一。

---

① 塞拉斯曾在 PHM 和 EPM 中谈到这个特征。

第二章 语言与意指

在哲学史中,抽象实体的问题总是充满争议,也非常困难。在不同的历史时期,对这个问题的争论有不同的用语和方法,而且争论的范围也从一开始的殊相与共相扩展到类别、命题、可能世界,并由此产生了各种既有家族相似又相互区别的观点①。在当今分析哲学的语境中,这个问题主要是在语言哲学的框架内展开的,分析哲学家从分析的视角做出了细致论证。塞拉斯也是如此。他探讨了抽象实体相关的一些话题,比如抽象单数词项的逻辑、语言表达式的意指以及语言使用的规范等,将与感知相关的一些语言哲学问题以及心灵哲学问题进一步展开,并由此来推进自己的观点。

第一节 意义与真

塞拉斯认为(SM, Ch. II, II, ¶¶ 12~13),在哲学史上可以区分出两种意义的实存(existence)方式,即

(a) 在表象这个心理动作"之内"(in)实存
(b) 绝对实存(existing simpliciter)或自身实存(existing in itself)

他将以(a)方式实存的称为表象动作的"内容",将以(b)方式实存的称为"自身"。比如,"关于 Socrates 的表象"的内容是"Socrates",而"关于 wise 的表象"的内容是"wise"。不过,一个问题在于,内容"Socrates"有相应的自身苏格拉底,内容"wise"是否有相应的自身?如果有的话,这个自身是什么?它是 wise、wisdom、wise people,还是 the wisdom of Socrates?如果没有的话,那么这两种实存方式之间会有什么关系吗?

---

① Willem A. deVries, *Wilfrid Sellars*, Bucks: Acumen, 2005, p. 67.

这个问题导向一个柏拉图主题:"一"(the One)和"多"(the Many)。某个一被诸多表象动作分有,即同一个内容可以在很多心灵的表象动作"之内",或者说,不同的人和不同时间的同一个人可以做出相同的表象;再者,某个一被诸多事物分有,即同一属性可以在很多事物"之内"。通常认为,表象内容和事物的联系十分紧密,即表象内容之于事物为真。因此,将诸多表象动作分有的一(比如,内容"triangular")等同诸多事物分有的一(比如,属性triangularity),就是肯定两者之间的"真"(truth),或者(用塞拉斯的话来讲)"……确保在表象动作内容的主体间性和事物内容的客观性之间最紧密的联系"(SM, Ch. IV, I, ¶3)。对此,塞拉斯的思路是,先将表象内容称为内涵(intension),再将内涵转变为意义(sense),从而将柏拉图主题转向弗雷格主题。因为在柏拉图主题下,内涵看起来可以自身实存;而在弗雷格主题下,内涵只有依靠在表象动作之内才实存。由此,塞拉斯将表象动作和内容之间的关系理解为语言表达式和意义之间的关系,即根据

  expression stands for sense

  译作:表达式代表意义

的模型来理解

  representing of content

  译作:关于内容的表象。

换言之,塞拉斯认为(TC, ¶8),"……言语发声和思想动作的差异是真实的且不可还原的。不过……思想动作的观念就是在某些方面类似于言语发声的什么的观念,思想动作和思想内容的关系通过类比发声和其表达的[意义]的关系来理解……"在下一章,关于塞拉斯科学哲学思想的探讨会详细表明,有关心理动作的概念和范畴如何可以理解为有关坦诚外显言说的赖尔式概念和范畴的类比延伸,表象动作,即内在言说,如何类似于坦诚的外显言说,特别是内容如何类似于语言表达式的意义。本章将探讨这个论点的一个重要前提,即语言表达式与其意义的关系问题。塞拉斯认为,如果阐明(例如)"triangular"和 triangularity 的身份和关系,那么就阐明了意义的身份——既包括内涵的意义,也包括外延的意义。

一、分配单数词项

塞拉斯曾说(GE, XII, ¶60)"……类比是语言发展的原则之一……",正如他在他的科学哲学中所阐明的一样。不过,类比也可以用来展开讨论,从而阐明问题。他指出(AE, in PP, I, P231),"例如,想想象棋中的各个棋子。……例如,pawns(兵)是一个具体的多。在此之上与之相对的是作为一

的 the pawn(兵)"。塞拉斯的策略是通过探讨通名的逻辑来将一和多的问题展开。他常用通名 lion(狮子)的例子来展开分析①。在英语中,陈述"狮子是黄褐色的"有两种表达:

The lion is tawny.

Lions are tawny.

这两个语句在语法上等值。或者,换另外一个例子,就通名 pawn 而言,陈述"吃过路兵"在英语中有两种表达:

The pawn captures *en passant*.

Pawns capture *en passant*.

这两个语句在语法上等值。这样的等值可以用下述图式来表示(*AE*, in *PP*, I, P233; *SM*, Ch. IV, I, ¶10):

$$\text{The } K \text{ is } f \leftrightarrow \text{All } Ks \text{ are } f$$

在英语中,"the *K*"是一个单数词项(singular term),而"*K*s"是一个复数词项(plural term),塞拉斯将"the *K*"这样的表达式称为"分配单数词项"(Distributive Singular Term,简称 DST)②。在这个图式中,the *K* 可以还原为 *K*s,比如 the lion 可以还原为 lions。因此,塞拉斯发掘出一种意义,在这种意义上"一可以还原为多"(*AE*, in *PP*, I, P235)。不过,在这种意义上,单数词项(比如)"the lion"不指称个体,也不指称个体例证的共相。塞拉斯提出了一个专业手段来表述一个一般真理。就此而言,说"狮子是黄褐色的野兽"是对狮子做出概括的一个方式。在英语中,单数陈述可以用来作一般断言。虽然在一些情况下狮子未必是黄褐色的,但这不影响人们说"狮子是黄褐色的野兽"。这样的概括允许有某些种类的例外。

分配单数词项不但可以出现在主词位置,也可以出现在谓词位置。塞拉斯给出的例子是(*SM*, Ch. III, VII, ¶54),陈述"汤姆喜欢满溢的酒杯"在英语中有两种表达:

Tom loves the brimming glass.

Tom loves brimming glasses.

这两个语句在语法上等值,而且可以用下述图式来表示:

$$x \, R \text{ the } K \leftrightarrow x \, R \, Ks$$

在英语中,pawn 是一个名称(一个通名),指涉在象棋中扮演兵的角色的

---

① 比如 *AE*、*MP*、*NAO*、*ME*、*FMPP* 等。

② 塞拉斯指出(*AE*, in *PP*, I, P234),分配单数词项未必含有"the"。比如,"Man is mortal"中的"man"是一个分配单数词项,这个陈述等值"All men are (of necessity) mortal"。

棋子的种类。人们可以通过使用这个通名来谈论这颗棋子。同样，人们可以使用相关的通名来谈论一个语词。通常，一个语词的名称可以通过给这个语词加普通引号来生成，比如，"red"是英语语词 red 的名称。塞拉斯使用特殊引号来替代普通引号，他使用点引号来生成某一表达式的名称，引号间的记号设计使用英语来体现，比如・red・(AE, in PP, I, P227, n. 3)。加点引号表明其中的记号设计扮演具体的语义角色，而并非仅仅生成了这个记号设计的名称。

塞拉斯指出(AE, in PP, II, P237)，说象棋中的一颗棋子是兵，就是说它是某种材料且扮演兵的角色。他将其用图式表示

$$x \text{ 是一个 } R = D(x) \text{ 且 } P(x)$$

其中，等号左边的 R 代表一个通名，比如 pawn，等号右边的 D 和 P 分别代表此通名含有的描述部分和规范部分，前者指棋子的材料或"体现"，后者指棋子的使用规则。塞拉斯认为，后者才是定义棋子的根本。换言之，由上述图式可以得出

$$x \text{ 是一个 } DR'$$

其中 D 代表对一个对象的经验描述，R' 代表规范部分的通名。这样，说一个对象 x 是某颗棋子就是在狭义上说 x 是一个 R'，或在广义上说 x 是一个 DR'，而不是说 x 是一个 D。因为，x 可能具有标准的兵的外形，却未必扮演兵的角色。比如"吃过路兵"或(举维特根斯坦的例子)用它来"抽签决定谁执白棋"①，如果 x 没有这样的相关规范部分，那么它就不是兵；相比之下，当棋盘上缺少兵这颗棋子时，任意一颗有这个规范部分的石子都可以代替兵，尽管丝毫看不出它具有兵的通常外形。语言中的语词和象棋中的棋子一样，说一个语词是(例如)・red・，就是说它是某种记号设计且扮演・red・的角色。若记号设计 red 不扮演・red・的角色，尽管它具有英语语词 red 的语音和语形，却不是这个英语语词②。问题在于，不同的记号设计可以扮演同一角

---

① 〔英〕路德维希・维特根斯坦：《哲学研究》，陈嘉映译，上海：上海人民出版社，2005 年，第 178 页，第 563 段。
② 维特根斯坦曾说，"一个语词到底是什么？"这个问题类似于"棋子是什么？"(同上书，第 54 页，第 108 段。)他对这个类比做出限定，说"我们谈论的是在空间时间中的语言现象，而不是某种非空间、非时间的非物。但我们谈论语言就像我们在讲述行棋规则时谈论棋子那样，这时我们不是在描述它们的物理属性"(同上)。不难看出，这限定的意思是，语词和棋子的类比在于两者都在相关的种种使用规则支配下扮演角色，而非它们在物理属性方面的比较，即并非比较语词的材料(即语音和语形)与棋子的材料。不过，他也曾说："指着象棋里的王对一个人说：'这是王'，这并没有对他解释这个棋子的用法——除非他已经知道了这种游戏的诸项规则，只是还不曾确定最后这一点：王这颗棋子的样子。……棋子的模样在这里与一个语词的声音或形象相对应。"(同上书，第 19 页，第 31 段)这里，维特(转下页)

色吗？

塞拉斯假定，得克萨斯州的人们自然发展出一种游戏，他们将棋盘的句法联系郡县，将棋子的句法联系不同品牌的汽车，大众是兵、福特是象、凯迪拉克是王，等等，塞拉斯将这种游戏称为得州象棋(Tess)①。尽管传统象棋和得州象棋有各自独立的起源，而且在棋盘、棋子等方面的材料完全不同，但是通过比较可以认为两种游戏非常相似，甚至可以再进一步说两者是同一游戏的两种形式。这里，塞拉斯想说(AE, in PP, II, P239),"……将同等精深的各种人类语言视为同一'语言游戏'的不同材料的种类是富有成果的……正如常见形状的小物品和大众汽车都可以是兵，前者是传统象棋中的，后者是得州象棋中的，同样，*triangular*和*dreieckig*都可以是·triangular·，前者是英语中的，后者是德语中的"。因此，不同的语言材料或不同的(用卡尔纳普的术语来讲)记号设计(sign designs)可以扮演同一角色。这就是说，一个语言角色可以由不止一套记号设计(视觉、听觉甚至触觉模式)来扮演。塞拉斯使用自己的表述方式(AE, in PP, I, P 227, n. 3)，即他使用星引号来生成引号间例举的记号设计的名称(即通名)。比如，英语的*red*、德语的*rot*和法语的*rouge*，三者都是·red·。塞拉斯将个别语言事件的表达式(比如"red")称为殊型(Token)，将其引号间例举的记号设计的归类表达式(比如*red*)称为殊型类(Token-Class)，将一些殊型类的通名表达式(比如·red·)称为普型(Type)②。

塞拉斯用分配单数词项来理解抽象单数词项的效力，他提议(SM, Ch. IV, I, ¶12),"抽象单数词项可以理解为由十分特别的通名生成的不清晰的分配单数词项"。换言之，抽象单数词项隐含扮演着分配单数词项的角色。根据之前对通名逻辑的探讨，定冠词"the"和通名"K"可以生成一个单数词

(接上页)根斯坦又将语词和棋子的物理属性作类比。根据塞拉斯的分析可以想到，维特根斯坦想说一颗棋子的根本在于它在象棋游戏中扮演的角色或发挥的功能，即R'，不过这并非一颗棋子的全部。因为要玩象棋游戏就不能缺少材料，或者使用塞拉斯的语言来讲，只有补充D部分才能得到一颗现实的象棋棋子，而语词也是如此。

① 塞拉斯多处谈及这个假定，比如SRLG、AE、SM等。
② 塞拉斯早年对普型和殊型做出过描述(PPE, II, ¶¶ 12~13)："'殊型'是一个元语言谓词，当说一个语言表达式的指涉(designatum)是另一语言表达式(可能是同一表达式)的殊型，就是适当使用它了。这个概念的形式意谓是它在下述规则中扮演的角色：如果'p'指涉p，且p是'q'的一个殊型，那么所有适用'q'的元语言谓词也适用p。……假定心理学已将听觉感觉分类，其中一个类别的词项是'α'，假定它指涉这类声音(比如人们说it is raining)。想一想表达'α'的语句'p'和表达'it is raining'的语句'q'。接着想想语义语句"'p'指涉p"和"'q'指涉q"。最后想想语句"'p'指涉p，p是'q'的殊型"。大致来讲，一个具体听觉感觉是语句'it is raining'的一个殊型。"

项,比如"the"和·triangular·生成 the·triangular·。the·triangular·是抽象单数词项 triangularity 的理性重构,或者说,triangularity 的意义是 the·triangular·。这样的重构不但适用个别内涵,比如

Socrates = the·Socrates·

和一般内涵,比如

wisdom = the·wise·

而且适用事态内涵,比如

that Socrates is wise = the·Socrates is wise·。

总之,对于抽象实体,塞拉斯给出一种新见解(AE, in PP, I, P229):

……抽象实体……性质、关系、种类、命题之类的……是语言实体。它们是语言表达式。不过,它们是在一个纯化意义上的表达式,因为它们不同于历史上的某种语言体现它们的具体语言材料(记号设计)。初步看,redness 是语词·red·,被认为是一个语言的种类或分类,其可以用不同的语言材料(例如,*red*、*rot*和*rouge*)实现和体现,以变为英语语词"red"、德语语词"rot"和法语语词"rouge"。在这个纯化意义上的表达式,我称之为——借用皮尔士的语言来做出相关又不同的使用——语言普型。比如,·red·是英语语词"red"、德语语词"rot"和法语语词"rouge"共同的一个普型。

根据塞拉斯关于抽象单数词项的分析可以解释"代表"陈述的效力。塞拉斯指出,表面上看,

'Dreieckig' (in German) stands for triangularity

译作:"dreieckig"(在德语中)代表 triangularity

中的"triangularity"是一个名称,它指称一个非语言实体,而其中的"stands for"是一个在语言实体和非语言实体之间的关系,或者"stands for"被认为是"命名"(names)或"指代"(denotes),即承诺了"Fido"-Fido 关系。不过,深入地看,其中的"triangularity"是一个元语言分配单数词项,而"strands for"是一个专业形式的系词。因此,这个"代表"陈述的正确解读是

'Dreieckig's (in German) are·triangular·s.

译作:"dreieckig"(在德语中)是·triangular·。

总之(SM, Ch. III, VII, ¶57),表面形式是

(the) '…' (in L) stands for (abstract singular term)

译作:(the)"……"(在 L 中)代表(抽象单数词项)

的陈述根本上是归类的,其深层形式是

'…'s (in L) are • ____ • s.

译作:"……"(在 L 中)是 • ____ •。

通常,抽象单数词项可以通过一些方式生成①。比如,通过使用一些词缀"-ity"(triangularity)、"-ness"(redness)、"-hood"(lionhood)、"-kind"(lionkind 或 mankind)、"-dom"(wisdom)和相关的谓词来生成,或者通过使用"that-"(that snow is white 或 that Socrates is wise)来生成,或者通过使用系词的动名词形式"being-"(being white 或 being triangular)来生成。根据塞拉斯的观点,可以说,这些词缀扮演点引号的角色,或者说具有点引号的效力。这些名谓手段(nominalizing devices)可以理解为引语语境,这些语境

(a) 生成元语言功能分类词;

(b) 将其变成分配单数词项。(NAO, Ch. 4, VII, ¶72; MP, ¶21)

根据上述重构可以表明表象动作和其内容的关系,比如,说"一个表象动作代表 wisdom",就是说"一个表象动作是一个 • wise •"。

二、意指的逻辑

语境"……代表____"属于语义语境的家族。说一个表达式代表什么,这是以一个方式在说它意指什么(TTP, IV, ¶27)。当代哲学中的"意指"(meaning)有很多意思②。塞拉斯关心的是狭义逻辑学讨论的意指,比如命名(naming)、指代(denoting)、指谓(connoting)。整体来看,他对意指的探讨是他语言哲学的核心,这个话题在他的很多文章中出现,尽管有的只是提及,有的简述,有的详述③。意指的语境是指

'…' (in L) means ____

---

① 塞拉斯在多处提到这一点,比如 FMPP, Lecture II, II, ¶19; NAO, Ch. 3, I, ¶12, Ch. 4, VII, ¶72; MP, I, ¶21。

② 国内分析哲学译著常将"meaning"译作"意义"。不过,在塞拉斯的文献中,这种翻译有时会影响阅读和理解。比如,在他的《理论的语言》(LT, II, ¶11)中出现"the various logic senses of 'meaning'"和"meaning as sense"这样的表述,如果将其中的"sense"也译作"意义"就难以区分。再者,"meaning"出现的语境是(例如)"'rot' means red",若"meaning"译作"意义"就缺少动词意谓,从而和上述语境的关系就变得不明显。因此,"meaning"译作"意指"。

③ 比如 ITSA、SRLG、EPM、GE、LT、TC、EAE、IV、LTC、MFC、NAO、ME、TTP 等。可以说,关于意指的探讨贯穿塞拉斯哲学的始终,这个观念的内容也在不断地丰富甚至发生变化,这里尝试将它们融合在一起阐述出来。

译作:"……"(在 L 中)意指____

其中"……"代表某一个表达式,与之相关的意指陈述用于解释这个表达式的意指。除了这种方法,定义也可以算作解释语词意指的方法,还有通过例示,通过指向。塞拉斯探讨了以往的哲学对这个语境的一些观点,并且在此基础之上提出了自己的看法。

他指出(LT,II,¶12),有观点将"意指"用作一个翻译提示(translation rubric)。在这个使用中,不论翻译是从一种语言到另一种语言,还是在同一种语言中从一个表达式到另一个表达式,被翻译的表达式和它翻译为的表达式都得有相同的使用。可以说,具有这个结构的语句是一个语言工具,帮助人们理解某个表达式的意指。这意味着,这个语境不但指出这个表达式与另一表达式有相同的使用,而且给出了这个使用。比如,

"round"(在英语中)意指 circular

或

"und"(在德语中)意指 and

不但意味着英语中的"round"和"circular"有相同的使用,或者德语中的"und"和英语中的"and"有相同的使用,而且给出了相关的使用。给出一个表达式的使用不等于讲明这个表达式的使用。诚然,"'und'(在德语中)意指 and"没有讲明"and"的使用,而(用塞拉斯的话来讲)只是调动了人们去这样做的能力。这个语句表明,对于讲英语的人而言,要想理解语词"und"在德语中怎么发挥功能,就得想想怎样使用语词"and",即它在英语中起什么作用,这样就会知道"und"在德语中起的这种作用。意指语境要求(或预设)听者可以讲明怎么使用"and",即要求这个语词在听者的主动语汇(active vocabulary)中。总之,可以说,"意指"的翻译使用表明,不同的表达式可以扮演相同的角色,一个未知表达式的使用可以靠另一个已知表达式的使用来解释。意指表达式传达的信息是,前一表达式(被提及)和后一表达式(被使用或被展现)扮演相同的角色。

还有观点认为,意指语境中的"____"不是填一个语词,而是一个性质或关系。这样的话,"means"便是一个及物动词,后面要求填一个指称表达式。这就是说,末尾应该填一个抽象单数词项而非形容词,比如

"round"(在英语中)意指 circularity

或

"dreieckig"(在德语中)意指 triangularity。

由此,逻辑原子主义传统的哲学家会认为意指是一种关系,即把语境

"……"意指____

同化语境

　　x R y,

从而认为这个语境是在断言一个语词和一个非语言实体（或一个语言项和一个非语言项）之间的关系。正如"考利毗邻牛津"或"汤姆踢足球"是在断言两个对象处于某一关系一样，意指陈述似乎断言一个语词和一个非语言的抽象实体处于"意指"关系。不过，按照语法，意指 circularity 或 triangularity 的是（英语语词）"roundness"或（德语语词）"Dreieckigkeit"，不是"round"或"dreieckig"。

　　对此，塞拉斯的观点是(*GE*，XII，¶57)，

　　　　不可以说"dreieckig"意指一个语词，也不可以说他意指一个非语词，就是因为"means"不是一个及物动词。它也不是一个不及物动词，因为它两者都不是……

尽管如此，这也并未穷尽意指的意义。塞拉斯想要给出另外一个意义，在这个意义上，意指语境帮助人们理解某个语词——比如，一个讲英语的人，他不但知道"triangular"是一个英语语词，而且这个语词在他的主动语汇中，他可以通过"'dreieckig'（在德语中）意指 triangular"想到"triangular"在英语中扮演的角色，从而理解德语语词"dreieckig"——却不要求末尾填一个抽象单数词项，因而这个语境不承诺抽象实体。在这个意义上，意指语境读作"E(在 L 中)扮演＿＿在我们语言中扮演的角色"(*TC*，I，¶19)。比如，

　　"dreieckig"（在德语中）意指 triangular

读作

　　"dreieckig"（在德语中）扮演"triangular"在英语中扮演的角色。

当然，一种语言的一个表达式和另一种语言的一个表达式不会扮演完全相同的角色。就此而言，在数学或逻辑中，同一概念的不同语言表达式所扮演的角色的相同程度最高。

　　正面来讲，塞拉斯认为末尾既可以填"triangular"也可以填"triangularity"。因为在他看来，

　　"dreieckig"（在德语中）意指 triangular

和

　　"dreieckig"（在德语中）意指 triangularity

大致上是一个意思，只有微小不同。这个不同在于，前者以一个语义话语特有的方式——即通过展示一个语词的例证，而非这个语词的名称，并且利用

77

说者和听者属于同一语言共同体这个事实,指出可以照搬这个语词的角色来领会相应语词的角色——给出"dreieckig"和"triangular"的共同角色(即"triangular"在英语中扮演的角色),而后者还找到一个相关的分配单数词项(即"triangularity")来给出这个角色,这个词项由某个扮演这个角色的记号设计(即"triangular")以一种专门的方式生成。

在这个阶段,塞拉斯会说(*LTC*, in *EPH*, XIII, P116),这只是"……相当晦涩地提出,具有这个形式的陈述(a)自成一类,(b)通过展示一个在听者的主动语汇中起相同作用的表达式来传达(而非描述)主词表达式怎么使用——这个想法是,他通过照搬他对前者的使用可以把握后者的使用。"在这个阶段之后,塞拉斯会说(*LTC*, in *EPH*, XIII, P116),"……要说一个表达式意指什么,就是要使用一个分类谓词——它的运用意味着相关的表达式在其语言中起到生成这个谓词的表达式在说者的语言中起到的作用——来将其归类"。这里的"分类谓词"是"例举分类词"(illustrating sortal),往往通过给一个记号设计加点引号来生成,比如给"and"加点引号来生成"·and·"。总而言之,塞拉斯认为(*NAO*, Ch. 4, VII, ¶68),意指语境中的

(a)"means"是一个专业形式的系词;
(b)紧随"means"之后的要理解为一个元语言分类词;
(c)一个"means"陈述的主词是一个元语言分配单数词项。

举例而言,他认为意指陈述

'Und' (in German) means and
译作:"und"(在德语中)意指 and

中的"und"不是一个指涉抽象实体的抽象单数词项,而是一个分配单数词项,它等值于 the "und"以及"und"s,其中的 and 是一个元语言分类词,或者说是一个功能归类词,它等值于·and·。由此,他认为这个意指陈述的正确解读是:

'Und's (in German) are · and · s.
译作:"und"(在德语中)是·and·。

大致地讲,说一个表达式意指什么,就是用一个分类词将其归类。这种归类是功能方面的归类,即不是之于语词记号设计的归类,而是之于语词功能发挥的归类,就像将一个物品归类于象棋的兵一样。因此,可以说,一个表达式的意指就是它的功能或它的使用。

由此可以进一步展开对各种各样的意义的探讨。塞拉斯指出,意义可以

分为谓述意义(即弗雷格的概念)、命题、逻辑连结词等。说

"dreieckig"(在德语中)意指 triangularity

就是说这个德语语词表达一个概念,即 triangularity。这等值于

"dreieckig"(在德语中)是・triangular・。

当然,并非所有语词都表达概念,比如英语中的"alas"、法语中的"hélas"、德语中的"ach weh",但可以说它们都表达意义。意指语境不仅适用语词,还适用语句。比如,说

"Es regnet"(在德语中)意指 it is raining

就是说这个德语语句表达一个命题,即 that it is raining,这等值于

"Es regnet"(在德语中)是・it is raining・。

总之,塞拉斯认为,意指陈述聚焦功能相同的表达式,它通过给出其他我们可能很熟悉其功能的表达式,让我们照搬这个表达式的推论和非推论转变的模式,来间接告诉我们一个表达式怎么发挥功能。这种陈述的深层语法是将这个表达式进行功能归类,而非谈论它和一个对象之间的意指关系。简言之,这种陈述不是关系陈述,而是归类陈述。这样的陈述不描述语言和世界的关系,因此不做出这个语境之外的存在论承诺。

三、真势概念

语义理论关注"真"(truth)这个概念,即语句的"真"。这里的语句不只是语词形式的事情,它还要表达命题,这样才可以说这个语句为真或为假。同一个命题可以用不同语言的不同语句来表达。在这个意义上,命题的"真"先于语句的"真",即

That-p is true

译作:that-p 为真

先于

S (in L) is true,

译作:S(在 L 中)为真,

而谈论一个语句为真是什么意思,就是谈论一个命题为真是什么意思。

专业语义学常用图式

That snow is white is true ↔ snow is white

译作:that snow is white 为真 ↔ snow is white

来阐释真①。在塞拉斯看来,左手边的抽象单数词项"that snow is white"不

---

① 自塔斯基(Alfred Tarski)提出约定 T 之后,这个图式就变得十分普遍。

代表(卡尔纳普认为的)非语言实体,而是代表一个语言实体,即分配单数词项"the•snow is white•"。由此,这个图式可以重构为

  The•snow is white•is true ↔ snow is white,

  译作:•snow is white•为真 ↔ snow is white,

将其中的分配单数词项变为相应的复数之后可以得到

  •Snow is white•s are true ↔ snow is white.

  译作:•snow is white•为真 ↔ snow is white。

塞拉斯认为(SM, Ch. IV, III, ¶26),这样的等式不是表明两边有相同的意义,而是表明两者之间具有概念必然性:

  这些等值从关于真的"定义""推出",因为说一个命题为真就是说它是可断定的,在这里,这不是说能被断定(它要是一个命题就必须能被断定),而是说可被正确断定;那就是说,可依照相关的语义规则并根据这些规则可能要求的附加信息(尽管未指明)断定。……总之,"为真"的意思是可语义断定的("S-assertible"),而各种真对应相关的各种语义规则。①

简言之,塞拉斯认为(NAO, Ch. 4, VIII, ¶93),"真"即可语义断定性,从而

  '____'(in L) is true

  译作:"____"(在L中)为真

的意义是

  '____'s (in L) are semantically assertible.

  译作:"____"(在L中)是可语义断定的。

这里的"可语义断定的"就是说依照L语的语义规则可正确地变成殊型。据此,

  The•snow is white•is true

  译作:•snow is white•为真

的意义是

---

① 德弗里斯对这里的"语义规则"作出进一步说明:"……塞拉斯谈到的'语义规则'是批判规则,即应当是(ought-to-be),它们定义了判断语言活动正确与否的标准。因而,'语义规则'不但包括语法规则和逻辑推论规则,而且包括支配语言进入和离开转变以及实质推论规则支配的那些语言内变动的规则——即应当是。"(Willem A. deVries, *Wilfrid Sellars*, Bucks: Acumen, 2005, p. 48)

• Snow is white • s are semantically assertible.

译作：• snow is white • 是可语义断定的。

并由此可以断定"Snow is white"①。因此，图式

That snow is white is true ↔ snow is white

支持作出这样的推论，即（用英语来讲）

That snow is white is true,

So, snow is white。

这个图式的右手边是左手边的为真陈述所授权的一次执行。这就是说，这个推理的前提本身是一个授权做出结论的陈述。用塞拉斯的话来讲（TC，I，¶23），"……我们得说，'真'不代表陈述（或思想）的一种关系或关系特性，而是一个征兆，预示将要做什么——因为推论就是做事"。

当然，这个观点不仅适合经验命题，而且适合数学命题、道德命题等。比如，举塞拉斯的例子（SM，Ch. IV，IV，¶30），可以从

The • 2 plus 2 equals 4 • is true

译作：• 2 plus 2 equals 4 • 为真

推出

2 plus 2 equals 4,

也可以从

The • causing pain is *prima facie* wrong • is true

译作：• causing pain is *prima facie* wrong • 为真

推出

Causing pain is *prima facie* wrong。

在塞拉斯看来，正是由于"我们做出这样的推论，意指和真的谈论才获得了它与世界的联系。在这个意义上，这联系是做（done），不是说（talked about）"（NS，III，¶51）。

---

① 塞拉斯指出（NAO，Ch. 4，VIII，¶¶80～84），就意指语境与为真语境之间的关系而言，含有"means"的意指陈述和含有"stands for"的意指陈述的一个不同之处在于，代表陈述完全契合为真陈述。具体而言，尽管（例如）

(1) 'Schnee ist Weiss' (in G) means snow is white and snow is white is true

(2) 'Schnee ist Weiss' (in G) stands for (the proposition) that snow is white and that snow is white is true

的深层结构都是

'Schnee ist Weiss's (in G) are • snow is white • s and • snow is white • s are true，

但是只有(2)中的"that snow is white"适合为真语境，因为语境"____ is true"要求一个单数指称表达式来填空。代表陈述的表层语法明确了"真"与"意指"的关系，即(2)这样的代表陈述将(1)这样的意指陈述与为真语境连接起来。

塞拉斯由此再进一步指出（*NAO*，Ch. 4，IX，¶100），真这个概念是真势概念（alethic concepts）家族的首要概念，表达真势概念的语词称为真势谓词（alethic predicates），真势谓词可用真来定义（*FMPP*，Lecture II，II，¶23），其中包括"实存"（obtains）或"是这样"（is the case）、"例示"（exemplifies）或"具有"（has）、"发生"（takes place）或"出现"（occurs）等。对这些概念可以分别做出进一步说明。

首先，可以在"实存"或"是这样"的意义上使用"为真"。换言之，这两个真势谓词可以用"为真"来替代。比如，英语语句

  That Socrates is wise obtains

  译作：that Socrates is wise 实存

或

  That Socrates is wise is the case

  译作：that Socrates is wise 是这样。

后半部分的真势谓词可以用"为真"替换，即

  That Socrates is wise is true，

前半部分的抽象单数词项变为分配单数词项，从而重构为

  The • Socrates is wise • is true

   • Socrates is wise • s are true

这又将变为

  The • Socrates is wise • is S-assertible

   • Socrates is wise • s are S-assertible

由此可以推论出

  Socrates is wise。

其次，例示（和真一样）有关某一执行的语义正确性——大致地讲，它是给带引号的表达式去引号。这里，塞拉斯给出一种新意义。它将否定或替代另外一种存在论联结（nexus）或连结（tie）意义上的例示，在这个意义上，"例示"陈述断定一个殊相对象（比如 Socrates）和另一个共相对象（比如 wisdom）处于一种关系。对此，塞拉斯指出，按照弗雷格的观点，一个对象可以被命名，wisdom 不是一个对象，因为"wisdom"在这个使用中不是一个名称。如果 wisdom 是一个对象，那么它就是一个古怪对象，可以说它是一个分配对象。这其实是在宽泛意义上使用"对象"这个语词，即所有单数主词都是对象，不然的话就有可能将共相理解为语言外的对象（*SM*，Ch. IV，V，¶37）。在塞拉斯给出的新意义上（比如）

  Socrates exemplifies wisdom

译作：Socrates 例示 wisdom

或

  Wisdom is exemplified by Socrates

  译作：wisdom 由 Socrates 例示

可以重构为（或者说，它们的深层语法是）

  That he is wise is true of Socrates,

它在逻辑上等值

  That Socrates is wise is true,

由此得出

  • Socrates is wise • s are S-assertible,

  So, Socrates is wise。

这样的重构还适用于"Socrates has wisdom"或"Wisdom is realized by Socrates"这样的陈述。

  注意，重述过程中出现的"true of"（之于……为真）不是一个外延语境，如果这是一个外延语境，那么当 a=b 时，之于 a 为真的也之于 b 为真。这里的"true of"是一个加引号语境。就上述例子而言，

  That he is wise is true of Socrates

的意义是

  INDCON⌒ • is • ⌒ • wise • is true (• Socrates • /INDCON)

这里的 INDCON 是一个适用于个体常项的非例举元语言分类词；这个陈述是说，当 INDCON 是 • Socrates • 时，一个 INDCON 串联一个 • is wise • 的表达式为真（*NAO*, Ch. 4, IX, ¶104; *FMPP*, Lecture II, II, ¶18)。

  第三，上述策略也可以运用到事件"发生"的语境。举塞拉斯的例子（*FMPP*, Lecture II, II, ¶¶21~24），一个事件，比如"苏格拉底在某时跑步"，可以有两种表达方式。一种是主谓语句，即

  Socrates ran at t,

另一种的语句主词是一个事件表达式，即

  A running by Socrates at t took place.

这个语句可以重构为（或者说，它的深层语法是）

  That he runs was true of Socrates,

它在逻辑上等值

  That Socrates ran at t is true,

由此得出

  • Socrates ran at t • s are S-assertible,

So, Socrates ran at t。

这样的重构还适用于"A running by Socrates at t occurred""Socrates performed a running"等。再举塞拉斯的另一个常用例子(*NAO*,Ch. 4,Ⅸ,¶101;*FMPP*,Lecture Ⅱ,Ⅱ,¶21),即

The coronation of George Ⅴ took place

它的变动如下:

That he is crowned was true of George Ⅴ

That George Ⅴ was crowned is true

• George Ⅴ was crowned • s are S-assertible

So, George Ⅴ was crowned。

第二节 谓述与实存

存在论是关于何物存在的理论(*NAO*,Ch. 1,¶1)。有一个问题与存在论密切相关,即(用英语来讲)

What is there?

或

What are there?

这个问题是在问"存在什么"或者"有什么"。可以说,这不是一个日常问题。或者说,在日常生活中,这个问题得补充一些信息才可以回答,比如,"有什么是红的?"相应的回答可以是"有苹果"。当然,对于原初问题的回答也可以是"存在狮子""存在老虎""存在人"等。不过,这通常不是哲学家(特别是存在论者)的焦点,他们关心的回答往往是"存在数字""存在属性""存在命题"等。在英语中,这个回答的形式是

There are Ks,

译作:存在 K,

其中"K"代表一个分类词(sortal)或一个可数名词,这样的语境带有存在论承诺。然而,至少从直观上看,属性、类别、命题之类的不同于狮子、老虎、人,在一个意义上,可以说它们存在,而在另一意义上,说它们存在会带来争议,特别是在问这样的问题时:

Are there *really* Ks?

译作:真的存在 K 吗?

总之,如塞拉斯所言(*GE*,Ⅺ,¶46),在我们日常使用的语言中的确有会引起

柏拉图幽灵般的单数词项和通名。确切地讲,我们的确作出一些实存陈述,比如我们的确做出诸如"存在一个性质(比如 triangularity)……""存在一个类(比如 dog-kind 或 the class of white things)……""存在一个命题(比如 that Caesar crossed the Rubicon)……"这样的陈述,这些陈述在柏拉图主义者看来就是他们的实质立场。不过,问题不在于我们做出这样的陈述,而是在于怎么看哲学家们给这种陈述做出的分析,特别是他们让这种陈述背负的柏拉图主义的存在论承诺。塞拉斯将继续从语言分析的角度来谈论这个问题。

一、量化语境与实存

塞拉斯指出,分析哲学中有一种可以称为"实存量化"(existential quantification)的步骤,它将经验陈述符号化为一个量化陈述。比如,"O is triangular"通过量化谓词变为"(∃f)O is f"。有哲学家认为,这个步骤将一个经验陈述变为一个实存陈述,从而断定一种实体实存,这种实体比感知个体高一次序。而塞拉斯通过细致的分析表明,这是一个错误的教条。

塞拉斯的分析从对量化陈述的通俗解读开始。通常,"(∃f)O is f"被通俗地解读为

(1) There is an ʃ such that O is ʃ.

译作:存在一个ʃ,O是ʃ。

表面上看,这个解读作出了存在论承诺,即断定ʃ实存。不过,深入地看,情况并非如此,因为这个解读其实不是一个实存陈述。塞拉斯指出(*GE*,VI,¶20),实存陈述含有通名或具有通名效力的表达式,比如"There is a tree",或者更具体地讲(*GE*,VI,¶21):

> 我们最为清晰明确断定某类对象实存而使用的形式……是"There is an N"、"Something is an N"和"There are Ns",这些形式的符号逻辑是……(∃i)i is an N,其中"i"是将某类单数词项作为其值的变项,"N"是一个适当的通名。

因此,如果(1)中的第一个"ʃ"是一个变项,那么它的值是通名或具有通名效力的表达式。不过,问题在于,(1)中的第二个"ʃ"和第一个"ʃ"不是同一变项,或者说,它和第一个"ʃ"的值域不同。因为,在日常使用中,语境"a(n) ____"要求一个通名来填空(比如,"man"是一个通名),而语境"is ____"则要

求一个形容词来填空（比如，"triangular"是一个形容词）。经验陈述"O is triangular"中的"triangular"（即"f"的值）不是通名，因此，语句"There is a triangular such that O is triangular"不符合语法。对此，塞拉斯指出，给这个解读加入像"性质"(quality)、"特性"(property)、"属性"(attribute)这样的范畴语词也不可行。比如

(2) There is a quality, f, such that O is f.

译作：存在一个性质，即 f，O 是 f。

这个语句不符合语法。因为(2)意味着"f is a quality"，这里的"f"不是通名，而是专名，就像"Tom is a man"中的"Tom"一样。形容词"triangular"不是这里的变项"f"的值，即"triangular is a quality"不符合语法，因为"triangular"不是一个专名，与其相关的专名是单数词项"triangularity"。因此，(2)中的两个"f"不是同一变项，第一个变项"f"的值是"triangularity"（或"f-ness"）这样的单数词项，而第二个变项"f"的值是"triangular"这样的形容词。

另一个不可行的方式是将(2)改写为

(3) There is a quality, f-ness, such that O has (or exemplifies) f-ness.

译作：存在一个性质，即 f 性，O 具有（或例示）f 性。

这是一个符合语法的实存陈述。不过，这样的实存陈述不是来自量化逻辑，而是来自对量化陈述的通俗解读。换言之，这个实存陈述根本不是对"(∃f) O is f"的通俗解读，它不是将"f"当作变项，而是引入新变项"f-ness"，其变项的值也不是"triangular"这样的形容词，而是"triangularity"这样的单数词项。如果将这个实存陈述当作是对量化陈述的通俗解读，那么这样的量化陈述将带有柏拉图主义的承诺。当然，在符号逻辑中，有各种值域的量化陈述，除了有量化形容词的，还有量化通名、动词，甚至语句的。比如，举塞拉斯的例子，语句"S is a man"可以量化为"(∃K) S is a K"，或语句"Tom is clever or Tom is tall"可以量化为"(∃p)p or Tom is tall"。若给它们的通俗解读加入范畴语词，这些通俗解读就可以改写为实存陈述，即

There is a class, K-kind, such that S is a member of K-kind

译作：存在一个类别，即 K 类，S 隶属 K 类

和

There is a proposition, that-p, such that that-p is a disjunct of that Tom is tall.

译作：存在一个命题，即 that-p，that-p 析取汤姆是高的。

就像之前的 f-ness 对应 f，这里的 K-kind 对应 K、that-p 对应 p。

总之，塞拉斯通过分析实存量化公式的日常语言解读，表明在实存量化

的公式和实存陈述之间不存在普遍对应(GE，VI，¶20)①。如果认为两者普遍对应，那么实存量化的公式将带有柏拉图主义的承诺，即通过实存量化形容词、通名和语句来断定属性(或性质、特征)、关系、类别(或种类)、命题这样的抽象实体实存。不过，正如塞拉斯对真势谓词的阐释所表明的，尽管(例如)"O is triangular"(或"(∃f)O is f")与"O has triangularity"(甚至是"There is an quality which O has")不同义，但是两者在逻辑上是等值的。

对此，新弗雷格主义者可能会提出一个观点，即"(∃f)O is f"中的变项"f"不断定实存"triangularity"这样的抽象"对象"，而是断定实存特性(properties)或概念(concepts)这样的"非对象"(non-objects)。塞拉斯指出，根据彼得·吉奇(Peter Geach)的论点②，陈述

O is triangular

衍推(或对应)

There is something which O is

不衍推(或不对应)

There is something which O has。

前一个"something"是指"triangular"，而后一个是指"triangularity"。因此，结合前文关于量化的讨论，"(∃f)O is f"对应"There is something which O is"。不过，吉奇将"There is something which O is"视为实存陈述，认为这个语境不是承诺"triangularity"这样的抽象实体实存，而是承诺"triangular"这样的(他称为的)"特性"实存。因此，吉奇认为，"(∃f)O is f"这样的量化陈述承诺非个体实体(non-individual entities)实存，即"非对象"实存。非对象"……没有名称，却由名称之外的言说部分以某个方式代表"(GE，I，¶1)。

塞拉斯指出吉奇的错误之处，即"There is something which O is"不是一个真正的实存陈述(或不具有实存陈述的形式)，而是一个他称为"问题呼应"

---

① 塞拉斯这里提到，在实存量化的公式和实存陈述之间不存在"普遍"对应。这里的"普遍"意味着可能存在两者对应的情况，即(大致地讲)当变项的值是单数词项时。比如，当"S is a man"量化为"(∃x)x is a man"时，这个量化陈述可以通俗解读为"There is a man, x, such that x is a man"，译作"存在一个人，即 x，x 是一个人"。因此，塞拉斯指出："我们可以将其总结说，只有当所谓的'存在量化'是对'i is an N'这个形式的语境的量化，一个量化陈述才对应一个断定某类对象实存的陈述……毕竟这是分析的。"(GE，VI，¶22)或者说："只有其中的量化变项将对象名称作为其代入项的实存量化陈述具有实存陈述的效力。"(LT，II，¶28)

② Peter Geach, "What there is", in *Aristotelian Society Supplementary*, Volume XXV, 1951 (亚里士多德学会的"何物存在"专题讨论会的投稿)。

(question-echoing counterparts)的修辞手法①,它不以"There is a something…"开始,而是以没有"a"的"There is something …"开始;这个陈述中的"something"不是通名,而"特性"是通名,两者不可以等同。

由此,塞拉斯进一步指出(GE, VI, ¶26),"吉奇的特性与弗雷格的概念根本上是一回事"。弗雷格区分了概念和对象,概念是

what predicates stand for,

译作:谓词所代表的,

比如,概念是"what 'triangular' stands for"。不过,这样的表述是不正确的。因为,正如塞拉斯所言,陈述"There is something which 'triangular' stands for"不是一个真正的实存陈述,其中的"something"不是通名,而"concept"是通名。两者不可以等同。

塞拉斯指出,可能还有一个策略会有助于新弗雷格主义者断言实存特性或概念这样的非对象,即引入"虚类"(virtual class)概念②。具体而言(NAO, Ch. 2, IV, ¶22),

> 给出一个谓词或开句,我们就可以生成一个本身发挥谓词功能的"虚类抽象词";这个词逻辑等值它的来源。……虚类表达式的重点在于,虽然它们不是我们一开始的谓词或开句的相应类别的名称,但是它们的句法允许它们读作好像它们是隶属关系表达式。

比如,

x is tall

是一个开句,它可以生成虚类抽象词

/x: x is tall/

---

① 大致地讲,陈述"O is triangular"是对问题"What is triangular?"和"O is what?"的回答。因此,这个陈述的问题呼应可以是"O is what is triangular"和"Triangular is what O is"。其中,"Triangular is what O is"对应"There is something which is what O is"或(较简洁的)"There is something which O is"。虽然语词"triangular"在这个过程中变为语法上的主词,但是其形容词角色的一种衍生的修辞手法,它不是真正的主词(GE, VII, ¶32)。当然,这不是说"triangular"不可以是真正的主词,因为它在前文塞拉斯的意指语境中是真正的主词,而是说它在吉奇的代表语境中不是真正的主词。

② 塞拉斯指出(NAO, Ch. 2, IV, ¶22),这个概念源于《数学原理》,后来经过蒯因(W. V. O. Quine, *Set Theory and its Logic*, Cambridge: The Belknap Press of Harvard University Press, 1963)和理查德·M. 马丁(Richard M. Martin, *Intension and Decision*, Englewood Cliffs, New Jersey: Prentice-Hall, 1963)修改去除含糊和混淆之处后得到合理使用。

再通过加入前缀"∈"(读作"is a(n)")变成

∈/x: x is tall/

读作"is an x such that x is tall"。因此,

Jones is tall

也可以用

Jones∈/x: x is tall/

来表达。塞拉斯由此转向弗雷格的一个困惑,即如果"red"这样的谓词代表非对象,那么怎么会有"Red is a concept"(其中的"red"看起来是一个代表对象的单数词项或名称)这样的表述。根据上述策略,已知语句

Everything is ƒ or not ƒ

或(将其符号化之后的)

(x)ƒx ∨ ~ƒx

如果把其中的"ƒ"理解为变项,那么这个开句可以生成虚类抽象词

/ƒ: (x)ƒx ∨ ~ƒx/

再加入前缀变为

∈/ƒ: (x)ƒx ∨ ~ƒx/

读作"is an ƒ such that everything is ƒ or not ƒ"。因此,语句

Everything is red or not red

可以用

Red ∈ /ƒ: (x)ƒx ∨ ~ƒx/

来表达,并将其通俗解读为"Red is an ƒ such that everything is ƒ or not ƒ"。在塞拉斯看来,潜藏在吉奇和达米特(Michael Dummett)的新弗雷格语义学中的一条思路是,弗雷格的"概念"或吉奇的"特性"就是"something which everything is or is not",比如"ƒ"。因此,"Red is an ƒ such that everything is ƒ or not ƒ"可以得出或等同"Red is a concept"或"Red is a property",其量化陈述是"(∃ƒ)ƒ is a concept"或"(∃ƒ)ƒ is a property",这将会被解读为

There are concepts

或

There are properties

从而做出明确的存在论承诺。

塞拉斯指出,这里的关键在于,新弗雷格主义者能否借助虚类抽象词得出"Red is a concept"。如果可以,那么这将会进一步量化为

(∃ƒ)ƒ is a concept

和解读为

There are concepts,

从而做出明确的存在论承诺。对此,塞拉斯的回答是不能。因为,如果新弗雷格主义者可以做到的话,那么他们就是认为虚类抽象词(例如)"/x: x is tall/"是一个分类词,特别是认为其中的"x"是一个分类词,并将其解读为"x such that x is tall"。这显然不正确,因为"/x: x is tall/"本身是一个谓词常项,而其解读将它变为一个开句。而且,根据塞拉斯早年的分析,若这解读中的第一个"x"是一个分类词,那么第二个"x"就不会是。因此,不能认为"/x: x is tall/"是一个分类词,从而也不能给它补充前缀"∈"——即不能将其置于"is (an)"之后——从而变为"Jones ∈/x: x is tall/"。塞拉斯认为,"/x: x is tall/"应该解读为"something such that it is tall",其中的"something"不是"some thing",不然第一个"x"又将变为分类词。同样,虚类抽象词"/f: (x)fx ∨ ~fx/"不是一个分类词,不能将其解读为含有分类词"f"的"(Red is) an f such that everything is f or not f",而是应该解读为"(Red is) something such that everything is it or not it"。若是这样,新弗雷格主义者就不能得到"Red is a concept"①。

塞拉斯认为,"(∃f)O is f"的通俗解读是

O is something.

译作:O 是什么。

这样不但去除了"There is an f"的实存陈述解读,即这个解读没有做出明确的存在论承诺,而且保留了"... is ..."的形式。但怎么看其中的语词"something"? 塞拉斯曾指出(GE, VI, ¶28),在断定某类对象实存的实存陈述形式中,"Something is an N"(其中"N"是一个通名)是一个含有"something"的实存陈述形式,它具有"There are Ns"的效力。换言之,在英语中,具有形式

There are Ks(或 There is a K)

或

Something is a K

的语句是带有存在论承诺的典型语句。比如,"something is a lion"具有"There are lions"的效力。有哲学家认为,表达式"something"联系一切对象,却不依靠确定指称。逻辑学家将这个语句变换为"(∃x)x is a lion",甚至在

---

① 塞拉斯指出(NAO, Ch. 2, VIII, ¶¶ 63~67),就指称理论而言,吉奇和达米特也将"概念"或"特性"解释为"what is referred by predicates",从而将(例如)指称陈述"'man' refers to men"变为"man∈/K: a predicate refers to Ks/",就会得到导向实存陈述的"Man is a concept"或"Man is a property"。不过,塞拉斯对虚类抽象词的分析同样表明这行不通。

语义学上将其进一步变为"(∃s)s satisfies 'x is a lion'"(其中的"s"即"something"),也没能回答不确定指称的问题。

这种"something"陈述中的指称表达式"something"怎么联系世界?在塞拉斯看来,与"Tom is a man"中的"Tom"不同①,这里的"something"虽然也与对象相关,但并非确定指称一个对象并且将其归类为狮子。这里的"something"也不像"everything"一样不确定指称一切对象,而是不确定指称一切相关的对象。不过,"something is a lion"不会等同"里奥是狮子或尼克松是狮子或直布罗陀是狮子,等等",因为后者想要表达的确定指称列表根本无法实现,即列举将是无限的,从而不会有两者的等值或同义。也不能进一步将"'something is a lion'为真"等同于"某个确定指称一个对象且将其归类为狮子的陈述为真",因为后者提及的确定指称陈述是无限的,而自然语言中的确定指称表达式是有限的。

上述问题不但适用于日常对象,也适用于抽象对象。"something"怎么联系像 triangularity 这样的抽象对象? 其实,就抽象对象而言,上述问题不但适用于像"something"这样的不确定指称表达式,也适用于像"triangularity"这样的确定指称表达式。此外,抽象词项"triangularity"怎么联系抽象对象 triangularity? 这些问题需要在更大的语境中展开。

总之,塞拉斯通过分析量化陈述批判了两种实在论。一种认为语句(例如)"O is triangular"中的"O"和"triangular"都指称物或对象,尽管其中的"triangular"指称的是共相或抽象对象。另一种的不同之处在于,它认为其中的"triangular"指称的是非物或非对象。这两种实在论者将分别利用这些语言外的实体来解释语句(例如)"O is triangular"的真与假。而塞拉斯的分析表明,经典量化理论是"清白的",它没有承诺抽象实体存在。至于抽象实体,塞拉斯的观点是"……当然存在像属性这样的抽象对象……尽管存在属性,但是并非真的存在属性"(*NAO*, Ch.3, Ⅰ, ¶1)。换言之,像属性这样的抽象实体是作为语言实体存在,不是作为非语言实体存在。例如,"triangularity"只不过看上去是一个指称非语言实体的名称,它实际上是一个指称谓词"triangular"功能的元语言分配单数词项。如果塞拉斯的批判是对的,那么语句的真与假将从何谈起? 这得从塞拉斯对谓词身份的探讨开始。

---

① 塞拉斯指出(*NAO*, Ch.1, ¶11),可以说,像"Tom is a man"这样的英语语句指称一个对象,即汤姆,并且将这个对象归类,即归类为人。这种关于"对象"和"归类"的语境可以具有形式"x is a K",也可以具有形式"x is Φ"(其中"Φ"可以表示一个分类词,也可以表示一个形容词谓词)或形式"Φx"(其中"Φ"可以表示一个动词)。

二、可有可无的谓词

塞拉斯指出(*NAO*, Ch. 3, I, ¶4),弗雷格语言哲学的一个主要优点是强调谓词扮演一种独特的角色,它们在这方面不同于名称(即指称对象的表达式)。而新弗雷格主义者试着表明,如果重视谓词的这种独特角色,那么就会直接导致对一个谓述实体(它们是由谓词指称的非对象)域的存在论承诺。塞拉斯对谓词的身份有自己的描述。总的来讲,他和弗雷格一样认为谓词的角色是独特的,但不赞同弗雷格对谓词身份的描述,更不赞同吉奇和达米特这样的新弗雷格主义者进一步对非对象做出的存在论承诺。

塞拉斯从维特根斯坦谈论基础陈述(或原子陈述)及其意指的一些段落中找到一条线索。这条线索的核心是(*TC*, II, ¶36):

> 基础陈述是名称的配置,这些名称的配置描画对象的配置。……在使用名称指称一个或多个对象、使用谓词刻画它们的陈述中,非名称(即谓词)在扮演截然不同的一个角色,它们可以被完全摒弃,如果我们用(与要取代的各种谓词相对应的)各种配置来书写名称的话。比如,我们不是使用各种二位谓词来言表各对对象以各个方式关系,而是可以就书写这些处于各个相互二元关系的配对对象的名称。

这条线索可以进一步展开。维特根斯坦在《逻辑哲学论》①中说:

> (3.1432)我们绝不能说,"复杂指号'*aRb*'言表'*a*和*b*处于关系*R*'";但我们必须说,"'*a*'和'*b*'处于某一关系言表*aRb*"。

这里的"*aRb*"通常指"a is larger than b""a is next to b""a is below b"这样的关系陈述,其中"a"和"b"都是名称,"R"是指关系(relation)。塞拉斯认为(*NS*, I, ¶3),维特根斯坦告诉我们,表面上看,"aRb"这个陈述是"a""R""b"三个部分的串联,进一步看,它是两个词项构成的陈述,"R"在陈述中使表达式"a"和"b"以某一方式二元关联起来,即把"R"置于"a"和"b"之间来使表达式"a"和"b"关联起来。他要阐明的是,任何言表 aRb 的陈述的根本不在于名称"a"和"b"有一个关系语词在它们之间("aRb"),或在它们之前("Rab"),或

---

① 本书中的《逻辑哲学论》引文参考了英译本(Ludwig Wittgenstein, *Tractatus Logico-Philosophicus*, C. K. Ogden trans., New York: Barnes & Noble, 2003)和一些中译本。

与它们处于其他关系,而是在于这些名称以某一方式(二元)关联起来,不管这其中是否使用第三个记号设计。因此,简言之,要表达一个二元事实,就要把两个名称关联起来,这种关联可以使用谓词来达成,也可以不使用谓词来达成。

对于维特根斯坦的话,塞拉斯设想了两种语言来说明,第一种是混沌人的混沌语(Jumblese)①,第二种是《数学原理》的 PM 语(PMese)。混沌语是清晰语言,只含有和英语一样齐备的名称,不含有谓词(因此不含有关系语词"R"),因而是一种非主谓语言;PM 语是含糊语言,含有和英语一样齐备的名称和谓词(因此含有关系语词"R"),因而是一种主谓语言。就两个对象处于某个二元关系这个事实而言,即就 a is larger than b、a is next to b、a is below b 等这样的 aRb 而言,两种语言有不同的表达式来言表 aRb。具体来讲,清晰语言将不使用二位谓词(two-place predicate)来关联两个对象的名称,比如清晰语言将 a 的名称写在 b 的名称上面,而含糊语言的关联将使用二位谓词,就像英语一样。如果用图式来表示的话,那么它们将是

"^a_b"(在混沌语中)意指 aRb,

"aRb"(在 PM 语中)意指 aRb。

这两种语言的两个表达式都是名称"a"和"b"的二元配置,并且表达同一事实或命题,不过清晰语言的表达式没有使用谓词。换言之,这两个表达式既有相同的句法,也和语言外的对象有相同的联系,不同之处在于前者不通过使用谓词(或者说不通过使用辅助符号)来将名称"a"和"b"置于二元关系。据此,塞拉斯指出(SM, Ch. IV, VI, ¶47),"维特根斯坦得出的正确结论是,谓词表达式是辅助表达式,就指称表达式不可或缺而言,谓词表达式可有可无"。不过,塞拉斯还指出(NAO, Ch. 3, I, ¶36),维特根斯坦自己没有领会他的分析的全部意义,这可以归结为他关于事实的存在论。因为,在塞拉斯看来,不但谓述表达式可有可无,而且谓词发挥的真正功能也可有可无。具体来讲,这个事实——把"a"置于"b"的上方——在"^a_b"中发挥的功能,是这个事实——有一个"R"在"a"和"b"之间——在"aRb"中发挥的功能,不是"R"在"aRb"中发挥的功能;换言之,"a"置于"b"的上方对应"R"置于"a"和"b"之间,不对应"R"。因此,在"^a_b"中没有什么发挥谓词"R"在"aRb"中发挥的功能,"R"的功能可有可无②。

---

① "混沌人"(Jumblies)又(音)译作"琼布里人"或(意)译作"混沌怪",出自爱德华·利尔(Edward Lear)的荒诞诗。

② 蒯因认为名称也可有可无(Willem A. deVries, *Wilfrid Sellars*, Bucks: Acumen, 2005, p. 291, n. 18)。

如果认为复杂指号"aRb"言表 a 和 b 处于关系 R,那么会陷入布拉德雷(F. H. Bradley)的关系困惑。布拉德雷认为,"aRb"中的"a""b""R"都是虚假名称,前两个命名殊相 a 和 b,第三个命名关系 R-hood。要是这样的话,如果"aRb"要为真,那么仅 a、b 和 R-hood 构成一个集合是不够的,还要有一个关系(比如 R′-hood)将三者联系起来产生一个事实。因此,若要陈述"aRb"为真,就得肯定这个关系存在,并且指称这个关系,不管这指称是隐含的还是明确的。如果将这个关系明确并且赋予它指称"R′",那么"aRb"将变为(比如)"R′Rab"。问题在于,这样的分析还会继续下去,还会有一个关系将 a、b、R-hood 和 R′-hood 联系起来,然后用"R″"指称它,由此会得到"R″R′Rab"等,以至无穷。

这样看来,维特根斯坦的话的寓意是,我们只能将两个对象的名称(或相应的指称表达式)置于某一关系来言表两个对象处于某个关系。比如,我们只能将名称"a"和"b"置于某一约定的二元关系来言表 aRb。就此而言,"aRb"是两个名称的二元配置,即二元原子陈述,它表示对象 a 和 b 的二元配置,即二元原子事实。

问题在于,是否存在一元原子陈述?从上述两种语言的角度看,可以使用清晰语言来表示一元原子事实。正如名称"a"(与"b")处于一个二元关系可以清晰表示 aRb,名称"a"处于一个一元关系也可以清晰表示 Φa。塞拉斯认为(NS,I,¶17),"……我们可以想象一位哲学家,他说在清晰语言中,一元原子事实会通过以各种颜色或各式字体书写[或以某个方式发声]其中单个对象的名称来表示"。比如,黑体的"**a**"清晰表示 Φa。由此,他断言(TC,II,¶38):"……由一或多个指称表达式和一个刻画表达式组成的任何陈述都可以翻译为一种(人工的)清晰语言,其包含指称表达式来翻译指称表达式,但不包含刻画表达式,而是使用一个书写指称表达式的方式来翻译刻画表达式。"①

塞拉斯通过考察《逻辑哲学论》认为(NS,II,¶41),维特根斯坦很可能认为存在一元原子事实,确切地讲,明显存在这样的事实,但用日常语言写不出来任何例子。当维特根斯坦写道:

(2.0272) 诸对象的配置生成原子事实。

(2.031) 在原子事实中,诸对象以明确的方式组合。

(2.03) 在原子事实中,诸对象相互之间像链条一样环环相扣。

---

① 关于 PM 语和混沌语在名称、陈述、函项、量化方面的具体翻译实例,参见 NS 第 I 节。

此时,维特根斯坦没有考虑一元原子事实,因为这些表述中的"对象"均是复数,所以原子事实至少是二元的(即原子命题至少含有两个名称),也就是说,最简单的事实是关系事实。特别是当他说"(2.01)原子事实是诸对象(诸实体、诸物)的组合"时更为明确。

不过,维特根斯坦也写道:

> (4.24)名称是简单符号,我用单个字母("x""y""z")来指示它们。我将基础命题写作名称的函项,形式是"fx""φ(x, y)"等。或者我用字母 p、q、r 指示它们。
>
> (4.22)基础命题由名称组成,它是名称的关联,即串联。

当维特根斯坦说"φ(x, y)"(即"aRb")是一个基础命题时,其中的"φ"不是名称,而是一个谓词,即一种手段,使名称"x"和"y"二元关联;而当他说"fx"(即"Φa")是一个基础命题时,其中只有"x"是名称,"f"是一个谓词,它使名称"x"以某种方式出现。在塞拉斯看来(NS, II, ¶28),这是维特根斯坦最近乎于明确地说存在一元原子命题和相应的一元原子事实的地方。

当维特根斯坦说基础命题由名称组成时,可能会认为"fx"是由一个名称组成的,即它是由名称"x"组成的,也可能会认为"fx"是由两个名称组成的,即它是由名称"x"和"f"组成的。后者意味着基础命题至少是由两个名称组成的。塞拉斯指出(NS, I, ¶23),如果认为原子陈述至少含有两个名称,那么很可能会错误地认为最小原子陈述不是含有两个殊相的名称,而是其中含有一个共相的名称;也就是说,两个名称中一个指称殊相,另一个指称共相。这将走向古斯塔夫·贝格曼(Gustav Bergmann)的逻辑原子主义(一种柏拉图主义的实在论),即否认世界中的对象只有殊相。这样,在原子陈述"Φa"(即"a 是 Φ")中有两个对象的名称,其中一个对象是殊相,另一个对象是共相(即性质 Φ);或者,在原子陈述"aRb"中有三个对象的名称,其中两个对象是殊相,另一个对象是共相(即关系 R)。这个观点认为世界中的对象有殊相也有共相,谓词"Φ"和"R"都指称真正的对象;这里的"R"会涉及布拉德雷的关系困惑。

若是这样,"Φa"和"Rab"就不是一元和二元配置的含糊语言表达式了,它们分别是二元和三元配置的清晰语言表达式。因为清晰语言(即混沌语)只有名称,而这两个表达式都是由名称组成的。那两者的含糊语言(即 PM 语)表达式是什么呢?贝格曼会加入一个二位谓词,即"例示"(exemplify),比如

> a exemplifies Φ
>
> 译作：a 例示 Φ

或

> a and b jointly exemplify R.
>
> 译作：a 和 b 共同例示 R。①

贝格曼认为，名称的配置所清晰表示的只是"例示"。这样的例示是一个连结，不是一个关系。只能通过将共相名称和适当数量(n)的殊相名称置于一个约定的(n+1)元关系来表达它(NAO, Ch. 3, I, ¶24)。

维特根斯坦认为，名称的配置所清晰表示的是世界中的经验关系。经验关系通常认为是指"空间并列"和"时间相继"这样的关系(NS, I, ¶8)，或者说，我们称为的"真正的关系"是在对象之间的(NAO, Ch. 2, VIII, ¶58)。关系的基本原则似乎是关系项必须实存②。在这个意义上，关系不是对象，也不实存。因此，如果贝格曼是对的，即关系是共相对象，而且关系实存，那么"例示"就不是通常称为的经验关系③。这样，因为"例示"不是关系，贝格曼似乎借助"例示"概念停止了布拉德雷关于关系的无穷倒退④。

不过，贝格曼面临的问题是，如果将上述例子进一步表述为"Triangular a"（即"a is triangular"），那么它的含糊语言表达式将是"a exemplifies triangular"。这个语句非常怪异，因为似乎合适的表述是"a exemplifies triangularity"。相比之下，"Red a"（即"a is red"）的含糊语言表达式"a exemplifies red"就不是这样的怪异。塞拉斯指出，原因在于，"red"和"triangular"不同，"red"在日常用法中既发挥形容词的功能也发挥单数词项的功能，而"triangular"只是形容词，不发挥单数词项的功能。因此，如果"Red a"是"a exemplifies red"的清晰语言表达式，那么其中的"red"和"a is red"中的"red"有不同的意义，前者是 redness 意义上的单数词项，而后者是一个形容

---

① 塞拉斯指出(NS, I, ¶9 注释)，还有一种值得反思的表述，即"a exemplifies being R b"，比如(举他的例子)"a exemplifies being larger than b"或"a and b jointly exemplify below-ness"。

② 词项"实存"(exist)的使用包含现在实存、过去实存或未来实存。因此，说关系项实存即它们要么现在实存，要么过去实存，要么未来实存。

③ 塞拉斯曾提出一个存在论观点(FMPP, Lecture II, III, ¶¶ 40～45)：不存在时间关系。他指出，在原子语句(比如)"a 紧邻 b"(a is next to b)中的关系语词是谓词。"在……之前"(before)、"在……期间"(during)、"在……之时"(while)、"在……之后"(after)等是时间连接词，它们和逻辑连接词一样不是关系语词。举塞拉斯的例子，在"Socrates ran before he dined"(苏格拉底在他吃饭之前跑步)或"Nero fiddled while Rome burned"(尼禄在罗马大火之时拉琴)中，位于"before"或"while"两侧的表达式不是单数词项，而是语句。

④ 尽管贝格曼认为"例示"(exemplify)不能被命名，但是"exemplification"(例示)看起来和关系语词"juxtaposition"(并列)一样都是名称，贝格曼没有对此做出解释。

词。正如塞拉斯所指出的(NS，III，¶42)，"……哲学家们……聚焦颜色而被……带入逻辑理论中的错误。危险源于这个事实，即(例如)'red'这样一个语词实际上是三个语词融为一体，一个形容词、一个通名、一个专名。因此，我们可以同等恰当地说 The book is red、Scarlet is a red、Red is a color"[①]。

塞拉斯还指出(NS，II，¶30)，"如果一位哲学家联合这两个论点，即

(1) 不存在只牵涉一个殊相的原子事实，

(2) 所有对象是殊相，

那么就可以说他承诺一个裸殊相(bare particulars)的学说。因为，通俗地讲，他认为，尽管对象处于经验关系，但它们没有性质"。贝格曼认为，世界中的对象有殊相也有共相；而这一位哲学家认为，世界中的对象只有殊相，而且原子事实至少要有两个殊相。换言之，这位哲学家会认为存在 aRb 这样的事实，但不存在 Φa 这样的事实。说不存在 Φa 这样的事实，就是说一个对象没有颜色、形状之类的性质。因此，假如维特根斯坦认为不存在一元原子事实，那么他将承诺裸殊相的学说。

欧文·柯匹(Irving M. Copi)认为维特根斯坦作出了这个承诺，他通过考察《逻辑哲学论》给出了若干论证。首先，他指出，

(2.0232) 大致地讲，对象没有颜色

是维特根斯坦认为对象是裸殊相的确凿证据，而且这个语境不只是想否定颜色性质，还想否定所有物质特性[②]。塞拉斯认为这是一个错误理解。塞拉斯指出，维特根斯坦的原文是：

(2.0231) 世界的实有只能确定一个形式而非任何物质特性。因为这些首先由命题展现——首先由诸对象的配置生成。

(2.0141) 对象的形式是它出现在原子事实中的可能性。[③]

(2.014) 对象包含所有事态的可能性。

---

① 塞拉斯在别处同样指出，"颜色语词众人皆知在这个意义上是含糊的：它们有时发挥形容词的功能，有时发挥单数词项的功能……有时发挥通名的功能(例如在'Crimson is a shade of red'中)"(TTC，¶12，n.2)。

② Irving M. Copi, "Objects, properties, and relations in the *Tractatus*", in *Mind*, Vol. 67, No. 266, 1958, p.163.

③ 原文没有列出(2.014)，也没有这样排列。不过，做出这样的改动将展现一个更清楚的论证结构。

(2.0232) 大致地讲,对象没有颜色。

这就是说,对象不确定事实,对象的配置(即命题)才确定。比如 a 不确定 Φa,即使 a 确实是 Φ,这个事实也不由 a 确定。对象确定事实的范围,Φa 是这个范围内的一个事实。因此,维特根斯坦说:

(2.0123) 如果我知道一个对象,那么我也知道它在原子事实中出现的所有可能性。

这也可以说,名称存在于一个逻辑空间,理解一个名称就是知道它在原子陈述中出现的所有可能性。其次,维特根斯坦认为对象被命名,而事态被描述,对此,柯匹指出,"……如果一个对象具有一个特性,那么那会是这样一个事实:对它的断定会构成对那个对象的描述。但对象不能被这样描述,由此推出对象没有特性"[①]。而塞拉斯指出(NS,Ⅱ,¶35),维特根斯坦的"描述"不是日常意义的"描述",而是指断定,在这个意义上对象只能被命名不能被断定,而在日常意义上对象可以被描述。不过,维特根斯坦也在日常意义上使用"描述"。比如:

(4.023) ……就像对一个对象的描述用其外在特性来描述它,同样命题用其内在特性来描述实在。

再次,柯匹认为:"……如果一个对象具有一个物质特性,那么它具有这特性就会是一个只牵涉一个殊相的事实。但没有事实可以只牵涉一个殊相,从而没有对象可以具有任何物质特性,所有殊相是裸的。"[②]对此,塞拉斯没有从《逻辑哲学论》中找到确凿反驳,而只是说他已经表明可以有一个名称的命题。最后,柯匹认为,维特根斯坦在《哲学研究》中说,《逻辑哲学论》中的对象就像《泰阿泰德篇》(21e)中描述的初级要素,只要证明《泰阿泰德篇》中的要素是裸殊相,或者证明维特根斯坦这样认为,就能证明这里的对象是裸殊相。对此,塞拉斯认为并没有理由做出这个证明(NS,Ⅱ,¶37)。

塞拉斯指出(P,Ⅱ,¶¶6~8),假如混淆了殊相和事实,就会错误地说世

---

① Irving M. Copi, "Objects, properties, and relations in the *Tractatus*", in *Mind*, Vol. 67, No. 266,1958, p. 164.

② 同上。

界中存在裸殊相或没有特征的基底(Featureless Substratum)。这个混淆在于(比如)殊相 a 例示 Φ,不过 Φ 不是 a 的组成部分,而是 Φa 这个事实的组成部分,但这个事实不例示 Φ,因此 a 是一个裸殊相。这个混淆将殊相等同事实,也就是说,将殊相 a 视为由 Φ 和一个殊相 a 构成的事实。消除这个混淆就会认为,a 本身例示 Φ,却不是一个裸殊相。由此,塞拉斯进一步指出(P, II, ¶9),"……只有我们犯下这个混淆错误,才可能是认为一个基本殊相例示不止一个简单的非关系共相!"对此,他建构了一个空间,即一个殊相域,其中每一个殊相只例示一个简单的非关系共相。这样的殊相称为"基本殊相",这样的共相称为"感质"(qualia)。在这个空间中,若干例示简单共相的基本殊相可以复杂起来成为例示若干共相的单个殊相。因此,如果一个殊相是两个感质的例证,那么这个殊相是基本殊相的复杂,不是共相的复杂。不然就会承诺某项是由基本殊相和某一共相组成的,从而承诺基本殊相是裸殊相。这里,塞拉斯其实是在理论建构,这要以他的科学实在论为背景来理解。

塞拉斯认为可以存在一元事实,这其实就是认为一种理想语言的原子描述陈述只包含殊相的名称(NS, I, ¶24)。这与维特根斯坦的看法一致,即认为世界中的对象只有殊相,对象的名称即殊相的名称。尽管在含糊语言中有一些表达式类似名称,尽管它们有意指,但是不命名殊相,因此不会翻译为清晰语言的名称。这些表达式不是真正的名称,它们提及的"对象"是伪对象,它们"……不在世界中,关于它们的陈述也不告诉我们世界是怎样的。用维特根斯坦的术语来讲,没有关于这样的对象的陈述是'图画',因此在'图画'有意义的意义上它们没有意义"(NS, I, ¶5)。

塞拉斯对谓述表达式身份的分析表明,一个陈述和相关对象的关系涉及两个维度,也可以说语言和世界的关系涉及两个维度(NAO, Ch.3, I, ¶44):

(a) 在一个维度,每一名称都是一个对象的语言对应,可以说,它指称那个对象;

(b) 在一个维度,名称因具有某一特征而形成陈述……而且可以说,它们刻画被指称的对象。

含糊语言陈述"aRb"和清晰语言陈述"a_b"中的名称"a"和"b"都分别指称对象 a 和 b,两者的不同在于前者靠有一个辅助符号"R"置于其间来描述对象 a 和 b,而后者靠"a"置于"b"的上方。据此,如果要谈论一个陈述的真与假,那么显然不必谈论谓词"R"是否联系一个抽象实体(不管这抽象实体是对象还是非对象),因为清晰语言陈述"a_b"中没有谓述表达式。

三、逻辑图画

塞拉斯想给出一种意义来回答关于"经验真理怎么对应世界中的对象或事件"之类的问题。他是通过考察维特根斯坦的《逻辑哲学论》来引入关于"描画"的观点。维特根斯坦在《逻辑哲学论》中说：

(4.03) 命题是事态的逻辑图画。

塞拉斯改写了维特根斯坦的这句话，将其表述为"陈述是事实的'逻辑图画'(logical picture)"(TC, II, ¶25)。

在塞拉斯看来(TC, II, ¶28)，维特根斯坦的《逻辑哲学论》主张世界由原子事实组成，而基础陈述是这些事实的逻辑图画。这里的"基础陈述"也称为"原子陈述"，即"Φa"或"aRb"这样的陈述。然而，要说出一个基础陈述描画一个原子事实，就需要使用一个陈述。比如：

S (in L) pictures aRb,

译作：S(在 L 中)描画 aRb,

其中 S 是一个基础陈述，aRb 是一个原子事实。不过，这个陈述不是 S 的为真函项，这看起来与《逻辑哲学论》中的一个论点相悖，即"一切真正的陈述(或专业意义上的陈述)都是基础陈述的为真函项"(TC, II, ¶27)①。这个论点意味着，我们可以辨识将陈述和语言外事实联系起来的描画关系，却不能用陈述来表达这个关系。因此，在不是基础陈述为真函项的陈述和是基础陈述为真函项的陈述之间形成了一个张力。塞拉斯对这个问题的解答很简单，就是拓宽陈述的范围，或者说"描画"陈述是一种非为真函项的陈述。

"描画"陈述还有另外一个问题。如果"描画"是一个关系，那么被描画的应当是对象(即 a 和 b)，而非关于对象的事实(即 aRb)。当然，在一个意义上，可以说事实是一个对象。要是这样，它就是一个古怪的对象，即塞拉斯所言的分配对象，它其实是一个语言实体。这样的话，虽然维特根斯坦的"描画"是陈述与事实之间的关系，但其实两者都在语言次序中，因此它是陈述与陈述之间的关系，不是在语言次序和非语言次序之间的关系。由此，如果世界由这样的事实组成，那么这将导向一种彻底的语言观念论。

---

① 塞拉斯指出，这里的陈述是"什么'是'这样"(Something is the case)，不是"什么'应当是'这样"(Something ought to be the case)、"什么'将要是'这样"(Something shall be the case)或"什么'可能会是'这样"(Something might be the case)。

针对这个问题,塞拉斯提出一种将语言次序和非语言次序联系起来的描画关系,这是一种在语言对象和非语言对象之间的关系。这其实不难理解,"因为,在日常生活中,我们说物或人的图画,而非事实的。大致地讲,一个对象或一组对象是另一对象或另一组对象的图画"(*TC*,Ⅲ,¶42;*NAO*,Ch. 5,Ⅷ,¶84)。换言之,塞拉斯的"描画"是自然次序中的对象之间的一种关系。这意味着,处于这种关系中的语言对象属于自然次序。因此,尽管这种语言对象涉及规则,但在这种描画意义上,我们需要用经验特性和事实关系来谈论它们。塞拉斯将这样的语言对象称为"自然语言对象"(natural-linguistic object)。

这里,塞拉斯继续沿用他前文指出的"维特根斯坦的洞见,即一个基础陈述出现要被理解为指称对象的名称以某一方式出现"(*TC*,Ⅲ,¶50;*NAO*,Ch. 5,Ⅷ,¶92)。这就是说,名称的 n 元配置,言表 n 元事实,描画对象的 n 元配置。比如名称"a"和"b"的二元配置"aRb",它言表二元事实 aRb,描画对象 a 和 b 的二元配置。或者用图式来表示(*TC*,Ⅲ,¶50;*NAO*,Ch. 5,Ⅷ,¶92):

(自然语言对象)O_1'、O_2'、……O_n'靠关于 O_1'、O_2'、……O_n' 的某某事实构成一幅关于(对象)O_1、O_2、……O_n 的图画。

其中,尽管自然语言对象靠关于它们的事实来描画对象,但处于描画关系的是对象,不是事实。在塞拉斯看来,这不是说名称的出现方式是对象的出现方式的约定符号,而是说名称的出现方式是对象的出现方式的一个投影,这投影依照一套极其复杂的投影规则。

塞拉斯认为(*TC*,Ⅲ,¶53;*NAO*,Ch. 5,Ⅷ,¶95),"对原则的支持反映在执行的齐一性中"。齐一性可以用事实语言来描述,塞拉斯经常谈及三个齐一性范畴(*TC*,Ⅲ,¶¶55~56;*NAO*,Ch. 5,Ⅷ,¶¶97~98):

(1)情境-陈述。这种齐一性这样说明,即一个人,面对标准条件下一个绿的对象,想(大致来讲)"Green here now",从而(根据我们的假定)自发做出相应的陈述。

(2)陈述-陈述。这些齐一性在外显层次对应被支持的推论原则。刻画这些齐一性的前提是它们牵涉符合这种语言的"生成规则"的言语模式。

(3)陈述-情境。这种齐一性涉及从陈述到情境的转变,比如,当一个人说"我将要向右迈一步"时继而这样做。

在观察情境中,语言和情境之间的联系涉及齐一性,表现为使用陈述(而非指称表达式)来回应对象,比如,使用"This here now is green"来回应绿的对象。塞拉斯想象了一位超级书写者(Super-inscriber)来将这一点展开(*TC*,III,¶65~76;*NAO*,Ch. 5,VIII,¶¶107~120)。超级书写者通过在蜡上书写陈述来"言说",他既是一位书写者也是一位思想者。他写得极快,一下子可以写无穷多,但他想到的思想比他书写表达的思想要多得多。他使用一种"坐标语言",知道怎么使用步长和心跳来计量。比如,他在面对一个绿的对象时写下"/x, y, z; t/is green"。这串文字中只有一个名称,即"/x, y, z; t/",它是一个有序数组,前三个代表空间(即此地),最后一个代表时间(即此时),其中的"green"不是名称,整串文字只是书写这个名称的一种方式。此外,这位超级书写者还具备大量的归纳知识,他可以运用这些知识找到相应的两个书写所组成的序列——其中一个描述已观察到的事件,另一个描述由此推论出的事件——从而做出推论。总之,这些书写作为自然语言对象以上述方式来描画非语言对象,"就是这样的将自然语言对象相互连接以及连接它们作为其语言投影的对象的齐一性,使描画成为一个在自然次序对象间的事实关系"(*TC*,III,¶74;*NAO*,Ch. 5,VIII,¶116)。

由此可以展开关于思想与世界的"同构"或"对应"的话题。塞拉斯聚焦词句来谈论这个话题。因为根据他的心灵哲学,思想是通过类比词句得到的派生概念,所以探讨词句得出的观点可以类比到思想。塞拉斯认为,这同构表现在两个维度:第一个维度是在实在次序(或自然次序、因果次序)的同构,第二个维度是在逻辑次序(或概念次序、意向次序)的同构。他指出(*BBK*,II,¶33),当说

X pictures Y

译作:X 描画 Y

时,X 和 Y 都属于实在次序,而非逻辑次序;当说

X signifies Y

译作:X 意谓 Y

时,两者都属于逻辑次序,而非实在次序。

塞拉斯设想了一个类人机器人以展开这个观点。这个机器人可以向环境(包括自己的身体)发射高频射线,这些射线反射回来投射出环境的结构,它使用语句来回应反射回来的射线,并将其印在磁带上,比如"位置 p 时间 t 的三角形对象",它能反复播放这些语句,也能对其进行扫描。此外,它自身

的线路图可以使它依靠逻辑和数学程序从一个语句或一组语句计算出其他语句,并将这些语句印在磁带上。再者,它能进行归纳计算,如果(例如)磁带上有些语句组合的形式是"位置 p 时间 t 闪电,位置 p+Δp 时间 t+Δt 雷声",而且没有语句组合的形式是"位置 p 时间 t 闪电,位置 p+Δp 时间 t+Δt 平静",那么它会印下"每当位置 p 时间 t 闪电,位置 p+Δp 时间 t+Δt 雷声"这种语句①。最后,线路图会印下"每当我在情境 C,我将要做行动 A"这种语句,每当机器人印下"我将要现在做 A"时就会继而做 A。总之,它漫步世界,扫描环境,将扫描结果印在磁带上,并由此靠演绎和归纳计算来丰富磁带,靠实践推理来引导自己的行动。它对世界的认识越来越多,也越来越适应环境。

塞拉斯对此分析说,从电子工程师的角度看,这个机器人漫步世界,记录一幅越来越完善的世界图画。磁带上的模式要描画环境,它除了得是磁带上的模式之外,还需要涉及机器人怎么补充、扫描、回应磁带上的模式——总之,依靠机器人的物理习惯,根源在于它的线路图——否则磁带上的模式不是环境的图画。当磁带上有一个模式描画闪电时,两者是在实在次序中的同构。如果从语义的角度来谈论这个模式,比如:

'∷' (in Robotese) signifies lightning,

译作:"∷"(在机器人语中)意谓闪电,

那么,正如前文所言,这不是在谈论逻辑次序中的一项和实在次序中的一项之间的关系,而是在谈论逻辑次序中的两项之间的关系。可以说,这是一个作为语言的磁带模式和一个用英语表示的语言实体之间的同构。这种在逻辑次序中的同构以模式"∷"和闪电在实在次序中的同构为前提。总之,就"描画"而言,塞拉斯认为(*TC*, Ⅲ, ¶47; *NAO*, Ch. 5, Ⅷ, ¶89),"不管语言的其他功能是什么,它中心的必不可少的功能(即其他一切功能的必要条件)是使我们能描画我们生活的世界"。

第三节 语词与推论

一、先天综合

要理解塞拉斯怎么看待语言的身份,特别是语言的意指,就要理解他关

---

① 当然,还可以考虑较复杂的一些状况。比如,若出现矛盾的观察语句,线路图就会撤销这种归纳概括;或者暂时保留概括,进一步调查观察结果和相关的观察语句。

于推论的看法。这可以从他对"先天综合"的观点谈起。先天综合问题纵贯哲学史,其传统可以追溯到古希腊,特别是柏拉图和亚里士多德的理性主义,时至今日仍被分析哲学家视为知识论的战场之一①。不同的哲学家对"先天综合"这个术语的阐释既相联系也相区别。大致地讲,他们认为一个命题在两个维度得到区分,一个是"分析的"和"综合的",另一个是"先天的"和"后天的",先天综合是两个维度的一种组合。

就分析和综合的维度而言,塞拉斯指出($ITSA$,I,¶1):

……若一个命题是逻辑真理或在逻辑上为真它就是分析的。

因此,否定分析陈述就是明确的或隐含的自相矛盾。分析陈述的例子很多,常见的有"物体是有广延的""人是理性的动物""单身汉是没有结婚的"等。举其中一例来进一步说明,"没有结婚的成年男子是没有结婚的"是一个明确分析陈述,将其否定是明确自相矛盾的;而"单身汉是没有结婚的"是一个隐含分析陈述,将其否定是隐含自相矛盾的。这两种陈述的不同在于,隐含分析陈述得使用定义进行变换,用主词的定义项替代主词,这样其否定才是自相矛盾的。通常,"单身汉"被定义为"没有结婚的成年男子",因此,相关隐含分析陈述经过定义变换将变为"没有结婚的成年男子是没有结婚的"这一明确分析陈述,从而将其否定是明确自相矛盾的。总之,分析陈述的真不依靠题材,而是在逻辑上为真。一个陈述不能既是分析的也是综合的,由此推出综合陈述

既非在逻辑上为真亦非在逻辑上为假。($ITSA$,I,¶3)

换言之,"综合的"既不是"分析的",也不是"(明确或隐含)自相矛盾的"。

就先天和后天的维度而言,塞拉斯总结了先天知识的四个传统标准($ITSA$,X,¶63):

(1) 它是必然真理的知识;
(2) 它是确定的知识;
(3) 它是独立于经验的知识;

---

① 大致地讲,前期分析哲学普遍否认存在先天综合,而当分析哲学转向后期,先天综合的价值又重新得到讨论。

(4) 它是靠词项意指的真理知识。

塞拉斯认为这些标准根本上是一致的。因为先天命题是普遍命题,而且如果这种命题并非只靠事实为真,那么除了具有普遍性还得具有必然性——即如果"All A is B"(所有 A 是 B)是先天的,那么"All A is necessarily B"(所有 A 必然是 B)。那就是说,先天知识不是盖然的,而是确定的,这种确定不能依靠经验,而是要靠正确理解相关词项的意指。如果只靠理解相关语词的意指就能知道一个陈述为真,那么这个陈述就是先天的,而如果只靠经验支持就能知道它为真,那么它是后天的。这样,"单身汉是没有结婚的"是一个先天陈述,因为它的真依靠"单身汉"的定义所给出的意指;而"单身汉是富有的"是一个后天陈述,我们只能通过考察实例才能知道它是否为真。不难看出,在塞拉斯的阐释中,分析和综合是逻辑观念,而先天和后天是认识论观念。

问题在于,存在先天综合吗?因为分析命题不靠经验,这种命题要么本身是逻辑真理,要么依靠相关词项的意指而在逻辑上为真,因此可以存在先天分析命题,但不存在后天分析命题。再者,综合命题可以依靠经验考察实例来提供证据,因此存在后天综合命题。然而只有先天综合的身份难以确定,一代又一代哲学家对此进行探索。根据塞拉斯的解析,这其实就是在问(ITSA,I,¶9):"存在不是在逻辑上为真,而是靠相关词项的意指为真的普遍命题吗?"

针对这一问题,塞拉斯进一步指出(ITSA,III,¶12):"……'靠其词项的意指为真'可以说与'根据定义为真'意义相同。"因为,定义一个词项就是明确它的意指,比如"单身汉是没有结婚的成年男子"是一个明确词项"单身汉"意指的定义。说"单身汉是没有结婚的"靠其词项的意指为真,就是说根据定义用定义项替代主词"单身汉",得到明确分析陈述"没有结婚的成年男子是没有结婚的"。不过这一实例显然是分析的而非综合的,所以有些分析哲学家(比如 C. I. 刘易斯)认为不存在先天综合。那么,综合陈述可以根据定义为真吗?

塞拉斯认为可以,其中的关键在于区分两种不同的定义,即明确定义(explicit definition)和隐含定义(implicit definition)。明确定义是分析哲学的常见概念。比如,石里克说:"[明确定义]意思是通过其他概念结合来表达一个概念,从而这一概念无论在哪里出现,都可用这种概念结合来替代……"①亦或卡尔纳普说:"如果我们有一个具有形式 $E_1 = E_2$ 或 $G_1 \equiv G_2$ 的语句,那

---

① 〔德〕石里克:《普通认识论》,李步楼译,北京:商务印书馆,2010 年,第 59 页,译文略作改动。

么……在所有其他语句中 E_1 可以被 E_2 取代,或 G_1 可以被 G_2 取代,也可能反过来。这意味着,每一个明确定义的符号,只要它出现,就可以利用它的定义来消除。"[1]显然,

单身汉是没有结婚的成年男子

或

S 是单身汉 = Df. S 是没有结婚的成年男子

是词项"单身汉"的明确定义。不过,虽然"单身汉是没有结婚的"根据定义为真,却是根据明确定义为真,因而是分析的。隐含定义是另一种哲学定义。根据石里克的记述,这种定义可以追溯到数学[2]。他叙述说,几何中的基本概念或原始概念(比如点和线)不可定义,因为它们不能再分析为更简单的概念。之前理解这些概念要依靠直观,比如,指出一颗沙粒来理解点,拉紧一条绳子来理解直线。现在理解它们则要消除这种直观,因为数学结论不能从直观推出,只能从明确的命题推出。如果要确保数学证明的有效性,那么就要避开直观的不确定性。问题在于,若不依靠直观,怎么引入这些基本的或原始的概念,同时确保相关公理、定理或公设的有效性?数学家大卫·希尔伯特(D. Hilbert)基于前人的工作给出一种解答:"……就是规定,基本或原始的概念靠它们符合公理这一事实得以定义。这就是著名的公理定义或公设定义或隐含定义。"[3]这种定义确保提及基本概念或原始概念的公理的有效性,从而确保相关演绎或推论的有效性。这样,在数学证明中,公理扮演的推论角色不受相关概念的直观意指影响。同时,这些概念的直观意指也没有受到影响,仍可以(比如)通过一颗沙粒来理解点,或者通过一条拉紧的绳子来理解直线[4]。

石里克将隐含定义从数学领域引入哲学,因为哲学出现了类似的问题。

---

[1] Rudolf Carnap, *The Logical Syntax of Language*, A. Smeaton (trans.), London: Routledge, 2001, p. 25.
[2] 〔德〕石里克:《普通认识论》,李步楼译,第 51~53 页。
[3] 同上书,第 52 页。
[4] 蒯因指出,早在 1818 年,法国数学家和逻辑学家格岗尼(J. D. Gergonne)就已提出将公理描述为隐含定义。(〔美〕蒯因:《支持隐定义》,载于涂纪亮、陈波主编:《蒯因著作集》第 5 卷,北京:中国人民大学出版社,2007 年,第 121 页。)从格岗尼的这段话中可以清楚看到"隐含定义"的作用:"事实上,很容易理解,如果一句话只有一个语词我们不知道它的意指,那么说出那句话常常足以向我们揭示它的意指。例如,如果我们对某人——他知道语词'三角形'和'四边形',但从未听说过语词'对角线'——说一个四边形两条对角线中的每一条都将它分为两个三角形,那么他就立刻把握什么是对角线,想到这是能将四边形分为三角形的仅有的线。"(J. D. Gergonne, "Essai sur la théorie des definitions", in *Annales De Mathématiques Pures Et Appliquées*, Tome 9, 1818~1819, pp. 22~23.)

前期分析哲学追求确定的知识,希望通过分析定义的方法建立严格的认识论。定义一个词项就是确切列出它的成分,列出它们怎样联系。比如定义"单身汉"就是列出"没有结婚的""成年""男子"。不过,这种方法面临一个困境:定义一个词项能明确它的意指,而表达其意指的词项仍要靠定义得到明确,若这样下去,定义的链条要么因没有尽头而陷入无穷倒退,要么因回到被定义项而陷入循环定义,定义终将成为泡影。对此,有些哲学家指出(比如,石里克),定义链条很快会到达一个不能再定义的词项,即一个不能再进一步分析的概念。比如,观察谓词"red"通常是指向一个红的对象来做说明,而非继续分析定义。这样,定义就失去确定性,进而导致认识论失去严格性。解决问题的出路就在于隐含定义,正如石里克所言,"……一个概念的意指在于和很多其他概念的相互配合"①。塞拉斯仿效石里克,指出:"简要地讲,一些没有明确定义的谓词,如果它们出现在一组逻辑综合的一般命题中,这些命题被其所属语言的规则规定为公理或原始语句,那么就说这些谓词被隐含定义。"(ITSA,IV,¶18)这就是说,隐含定义,即相关语言的句法规则,规定某些含有相关谓词的语句是可无条件断定的,它们既不是从其他语句推导而来,也不靠在它们和观察语句之间建立盖然关系。例如,

(All) red is colored

译作:(所有)红的是有颜色的

就是这样一个语句。观察谓词"red"表达一个可感知特性,是不能再分析定义的一个词项。将"red"和"colored"联系起来构成一个原始语句,即"red"的隐含定义。这种综合陈述根据隐含定义为真,因而是先天综合陈述。

总之,塞拉斯认为,根据明确定义为真的陈述是分析的,根据隐含定义为真的陈述是综合的。若论证到此为止,可以说塞拉斯已经证明存在先天综合:大致地讲,根据隐含定义为真的综合命题是先天综合命题。若是这样,日常语言中的每一个原始描述谓词(即基础观察谓词)都会依靠隐含定义得到相关的意指,而且,它们会出现在一个或者多个综合命题中,这些命题靠隐含定义为真②。

---

① 〔德〕石里克:《普通认识论》,李步楼译,第57页。
② 塞拉斯认为,"隐含定义"这样的逻辑概念完全可以用于自然语言,像"生成规则"(formation rules)或"转换规则"(transformation rules)这样的逻辑概念已经融入自然语言之中。人们可以用逻辑学家的方式讨论自然语言,逻辑学家也同样要借助自然语言谈论所谓的人工语言。在这个意义上,日常用法并没有明确的对立面。如果有所谓的日常外用法的话,那么也是实际用法,与日常用法其实是一回事。当今语言哲学在日常语言方面的成功正是因为出色运用了《数学原理》的工具,而且,在塞拉斯看来(ITSA,III,¶12),这种工具在哲学困惑的探索中还尚未得到充分使用。

二、概念经验主义

哲学家针对上述观点会提出一些异议，塞拉斯认为其中最根本的是：明确定义和隐含定义似乎只揭示了一个词项的语言意指，没有考虑到它的语言外意指或实在意指（real meaning）。两种定义看起来只是将一个词项与另一词项或另一些词项联系起来，并且规定一个词项意指另一词项或另一些词项。前文已经指出，这样的结果要么是陷入循环，要么是无穷倒退。不管结果终于循环定义还是隐含定义，语言看起来都是一个抽象的符号演绎系统。这个异议会指出，日常语言毕竟不同于数学证明，要理解一种语言，不仅要把握其词项间的推论关系，还要把握它们的经验运用。C. I. 刘易斯出于这种理由区分出一个词项的两种意指。他指出："一个表达式的语言意指是它的这一内涵，即能代替这一表达式却不改变任何陈述的真假、或者不改变任何其他语境（其中这个相关表达式应该是代入项）的意谓的所有表达式的共同属性。……我们用感官意指这一短语指示心中的标准这一内涵，通过参照它，我们能将相关表达式运用或拒绝运用于显现的（或想象的）事物或情境。"①在他看来，虽然两种意指相互补充，并非相互独立，但感官意指是基础认知现象，而语言意指只是派生现象。因为，从他的话可以看出，语言意指只揭示表达式之间的句法关系，感官意指才使这种语言还得到经验运用。他认为，"如果没有感官意指式的意指，那么就根本没有意指"②。

这个异议其实指向了先天综合问题的根本，即是否存在关于实在对象的必然知识。先天综合知识的经典学说仔细区分了这种知识的存在论方面和认知方面。在存在论方面，相关共相之间有实在联系（real connection），这是必然性之所在。在认知方面，有一个认知事实：直观这一实在联系，即现象学家的直观（Schau）。因为共相之间的实在联系带来的必然结果是，其中一个的任何例示也必定是另一个的例示，因此，看到这实在联系就是理性确定相应的普遍命题不会被未来任何经验所证伪。

断言实存实在联系的哲学家承诺实存未现实化的可能性。因为他在说"所有 A 必定是 B"时，显然是想说事实上所有 A 的实例过去、现在是 B 的实例，将来也是 B 的实例。他其实在说不存在其中有非 B 的 A 的可能世界。因此，如果"所有 A 是 B"靠相关词项的意指为真，那么仅靠定义授权断定还

---

① C. I. Lewis, *An Analysis of Knowledge and Valuation*, La Salle, Illinois: The Open Court, 1946, pp. 132~133.
② 同上书，第 141 页。

不够,根本要依靠相关词项的实在意指与世界的关系。那就是说,只有所有符合"A"的实在意指(即共相 A)的实例也符合"B"的实在意指(即共相 B),"所有 A 是 B"才为真,否则即使有定义授权断定它也为假。

据此,若"所有 A 是 B"由明确定义授权,则在逻辑上要么 B 和 A 相同,要么 B 在 A 之中。A 和 B 的分析关系担保词项"A"和"B"的分析关系,从而担保"所有 A 是 B"为真。若"所有 A 是 B"由隐含定义授权,且"A"和"B"是综合必然关系,则只有 A 和 B 之间有实在联系它才为真。总之,若"所有 A 是 B"靠相关词项的意指为真,它就要满足这个标准:任何例示"A"的实在意指的也例示"B"的实在意指。不然就只能说它至多是语言中偶然的经验概括。

一些哲学家敏锐地指出,这个标准也是一个综合陈述,即使"任何例示'A'的实在意指的也例示'B'的实在意指"为真,它也是事实为真。塞拉斯则指出这个异议背后的概念经验主义(concept-empiricism)立场,这是更深层次的问题。塞拉斯区分了两条概念经验主义起源的思路(ITSA, VII, ¶¶ 37~44)。第一条是心灵之眼(the mental eye)的一种,这是一种比较保守的概念经验主义。它认为心灵通过殊相觉知抽象实体,一个符号或语词由此与这个抽象实体关联起来并获得意指。换言之,它坚持语词(比如)"red"和"between"靠关联抽象实体 redness 和 between-ness 得到意指,这关联依靠觉知抽象实体来促成。这种概念经验主义或者相信抽象实体实存于殊相中,或者相信抽象实体潜藏于感觉中,之于某个殊相的觉知引起之于相关共相的觉知,心灵由此与这些抽象实体建立关系。第二条是走出心灵之眼的一种,它也坚持语词靠关联相关抽象实体得到意指,不过,这关联不要求依靠觉知抽象实体来促成,只要求(比如)"red"的殊型和 redness 的殊相共同出现在经验中。那就是说,只要某人在看到红的某物时说出"red",语词"red"就关联 redness 得到意指。

两条思路都坚持"性质和关系的概念通过殊相来生成"(ITSA, VI, ¶ 30),这是塞拉斯提到的自洛克以来的概念经验主义的典型表述。概念经验主义断言,想到一个简单性质或关系的能力来自经验到具有这个性质的什么,或者通过感知,或者通过感觉,或者通过内省。比如,我们感知一个三角形,然后以某个方式产生思想三角形的能力。这种观点认为,我们能得到的要么是基本概念,即"在被称为的'所予'或'直接经验'中的殊相所例示的性质和关系概念"(ITSA, VII, ¶ 37),要么是由基本概念定义的概念。换言之,这些概念要么有例证,要么是有例证的概念的复杂概念。比如,半人马(Centaur)这一特性满足殊相,虽然在现实中没有相关例证,但是有人形和马形的殊相。总之,概念经验主义主张(ITSA, VI, ¶ 31),"我们不能得到不符合殊相的共相概念"。据此,实在联系的概念或综合必然联系的概念不符合殊相,虽然形而上学家常常认为这种联系是客观的、实在的、不靠心灵的,相信它就"在那里",但在殊相中没有发现它的实例。这个概念与经验主义传统的最基本原则相矛盾,因而在概念经验主义者看来,想通过领会"A"和"B"的实在意指之间的实在联系来担保"所有 A 是 B"的真是行不通的。

概念经验主义在某种程度上将语言和世界联系起来。不过这个观点也带来了问题,如果概念没有殊相例示就没有意指,那么除了实在联系之类的模态特性之外,很多其他概念也将没有意指。比如,合取、析取、否定等逻辑学概念,加、减、数字、单位等数学概念,还有理论物理学之类的学科的基础概念,比如分子、电磁场等。举例来讲,如果逻辑学概念"and"的实在意指是合取,那么就要实存被称为"合取"的殊相,这明显是荒唐的。对此,塞拉斯指出,概念经验主义的第二条思路已经迈出一步离开这个困境,尽管两条思路仍旧依靠心身二元论,不过第二条思路已经避开了抽象实体:语词"red"得到意指只要求某人在看到红的对象时说出"red",这其实就是按照某条语言规则来使用语词"red"。同样,语词"and"得到意指,就是按照某条语言规则来使用语词"and"。总之,一个语词得到意指,就是依照相关规则使用这个语词。

有些支持第二条思路的哲学家由此指出,词项或符号的使用依照两类规则(*IM*, V, ¶46; *ITSA*, VIII, ¶50; *SRLG*, ¶33):

(a) 将符号关系其他符号的句法规则;
(b) 基本事实词项靠其得到语言外意指的语义规则。

一些逻辑学和数学的概念被当作符号,它们得到意指是靠依照句法规则来使用它们,不是靠经验;而一些基本事实词项或描述语项(比如"red")得到意指是靠依照语义规则来使用它们,也依靠经验。这两种规则一方面似乎弥补了概念经验主义的不足,另一方面又添加了新的问题。因为,基本事实词项"red"的意指似乎不只是在于相关的语义规则,它作为符号也在于依靠相关的句法规则。

塞拉斯认为,根本不存在这样的语义规则。因为,规则总是在某种情境中做某事的规则,服从一条规则要求相关的主体知道当下情境是这条规则的适用情境。如若语词"red"靠这种语义规则得到意指,那么这条规则大概是

红的对象用语词"red"指涉(*ITSA*, VIII, ¶50)

或

  红的对象要称为"red"(*SRLG*,¶34)

或

  红的对象要用声音 red 回应(*IM*,V,¶46)。

服从这条规则首先要求认定这条规则的适用情境,而只有已经得到"red"的意指,即已经掌握这个概念,才能认定当下情境是语词"red"相关的语义规则所适用的情境,这意味着这条规则只能在掌握相关概念之后才会知道。塞拉斯拒绝这个观点,即承诺这种语义规则存在,就是承诺在学会依靠规则使用语言之前有关于抽象实体的觉知。

  概念经验主义就我们怎么得到概念提出了上述理论,而塞拉斯对概念经验主义的批判则表明(*EPM*,X,§45),"并非因为我们觉察那类什么才得到关于什么的概念,而是得到觉察一类什么的能力已经是(而且不能解释)得到关于那类什么的概念"。这个断言的核心意义是拒绝概念生成的抽象论,即拒绝概念是从感官印象中抽象来生成的。塞拉斯认为,虽然我们直到直接感知(比如)某物是红的时才掌握红的概念,但是这不是抽象得来的,而是一个复杂过程的终点。在他看来(*ITSA*,VIII,¶51),掌握一个概念框架,或者说学会一种语言,需要下面两个不同的逻辑阶段(而非时间阶段):

  (a)养成将声音和可视标记整理成模式和模式序列的习惯。养成这些习惯就像一台计算机接通一部分线路,"问题"或"信息"一旦输入,这部分线路就会接管。

  (b)习得物-词联系。这就像一台计算机接通一部分线路,这部分线路准许"信息"输入。这些联系就是习得使用各种言语模式来对各种情境作出回应。

塞拉斯分别将其称为"学会语言内变动"和"学会语言进入转变"。不过,他指出,还应该有第三个阶段,即语言离开转变。

  蒯因在《经验主义的两个教条》中明确拒绝对"分析的"和"综合的"根本区分,揭示和批判了经验主义的还原论;而塞拉斯则将两者的含义展开,进而批判了概念经验主义。两人的看法几乎是同时提出，可谓异曲同工①。不过，此时的蒯因看得还不够远。比如，他在文中说："肯定同义性到底是什么意思，两个语言形式要能够恰当地被描述为同义词，到底什么样的相互联系才是必要而又充分的，我们并不清楚。"②而塞拉斯在此之前就提出依靠规则主义来看先天综合。可以说，塞拉斯对传统先天综合的态度既非批判也非辩护，在某种意义上他甚至不是在回答这个问题，而是在借助这个问题来展开规则和行动的话题。在这个话题中，认识论问题、形而上学问题、伦理学问题等都可以重新得到审视。当然，蒯因也看到了这个方向："抛弃它们（两个教条）的一个后果是模糊了思辨形而上学与自然科学之间的假定分界线。另一个后果就是转向实用主义。"③

在塞拉斯的哲学系统中，探讨先天综合其实也是在批判所予神话。他曾说（LRB，¶¶ 24~25）：

……某些规则主义者，他们——由于没有清楚区分绑定的符号活动和规则管制的符号活动——将后者置于自身范围之外，忍不住认为有意指地使用语言基于不靠符号促成的直观认知。依照规则行动的前提是认知，而且，如果混淆使这些哲学家认为一切符号行为原则上……都是规则管制的，那么他们就承诺寻找一个符号外的认知方式来连结有意指的符号行为和世界。这个连接通常在于……对感觉材料的认知所予性的理解。……这里我们必须致敬约翰·杜威，他非常清楚地看到，感觉材料的认知所予性的理解既是理性主义的最后防线也是其开路先锋。这样，因为可以称为认知的一切都含有归类，所以感觉材料的认知所予性的理解的一个必要条件是共相的所予性。不过，粗心的经验主义者一旦承诺共相的所予性……他就已经在直通传统先天综合的道路上（除非他紧闭双眼止步不前）迈出第一步。毕竟，如果感官共相是所予，且如果它们之间存在实在联系，那么这些实在联系也得是所予……

---

① 塞拉斯最早在 1951 年就先天综合的问题作了系统陈述（Willem A. deVries, *Wilfrid Sellars*, Bucks: Acumen, 2005, p. 61），经过修改后于 1953 年发表（Wilfrid Sellars, "Is there a synthetic *a priori*?", in *Philosophy of Science*, Vol. 20, No. 2, 1953）。蒯因有关这个问题的论文于 1951 年发表（W. V. Quine, "Main trends in recent philosophy: two dogmas of empiricism", in *The Philosophical Review*, Vol. 60, No. 1, 1951）。
② 〔美〕蒯因：《经验论的两个教条》，载于涂纪亮、陈波主编：《蒯因著作集》第 4 卷，北京：中国人民大学出版社，2007 年，第 21 页。
③ 同上书，第 17 页。

三、推论规则

塞拉斯对概念经验主义的考察表明(ITSA，IX，¶59)，"……概念身份，即描述谓词和逻辑谓词(更不用说规范谓词)的概念身份,由(完全由)句法规则构成"。他特别指出的句法规则是推论规则,即有关能从这些词项所在的语句推论出什么的规则。对于这个话题,他借助卡尔纳普的论述来进一步展开。卡尔纳普将推论规则称为"转换规则",认为一种语言的关键在于转换规则。具体而言,在卡尔纳普看来,一种语言就是一种演算,句法元语言表述这种演算的转换规则或定义直接后果。不过,"这些规则最初用什么术语陈述并不重要;只要这是清楚的:这些规则一般适用何种表达式(我们因此得到'语句'的定义),以及在什么条件下允许一次转换或推论(我们因此得到'直接后果'的定义)……"①卡尔纳普认为,这些规则是掌握一种语言的逻辑结构的关键。

卡尔纳普区分了两种转换规则:逻辑外的转换规则和逻辑的转换规则。塞拉斯常常这样来表述两者的根本不同(P，III，¶19；ITSA，IX，¶59；IM，II，¶12)：

> 逻辑外有效的推论,其有效性依靠它们含有的描述语词(或事实谓词)实质出现；逻辑有效的推论,描述语词(或事实谓词)——使用蒯因的措辞来讲——空洞地(vacuously)出现在逻辑有效的推论中。

卡尔纳普将授权前者的称为"P 规则",即"物理规则"(Physical Rule)②,将授权后者的称为"L 规则",即"逻辑规则"(Logical Rule)。塞拉斯将两者分别称为"实质推论规则"(material rules of inference)和"形式推论规则"(formal rules of inference),即前文的隐含定义和明确定义③。而且,他认同卡尔纳普,认为 P 规则和 L 规则都具有两种表现形式(IM，II，¶19)：

(1) 它们可能会表述为推论规则。

---

① Rudolf Carnap, *The Logical Syntax of Language*, A. Smeaton trans., London: Routledge, 2001, p. 170.
② 卡尔纳普指出,这里的"物理"是在极为宽泛意义上理解的物理(Rudolf Carnap, *The Logical Syntax of Language*, A. Smeaton trans., London: Routledge, 2001, p. 180)。
③ 塞拉斯也将实质推论规则称为"贯通规则"(conformation rules)来表达它们给一种语言的诸表达式带来的融贯(P，III，¶19)。

(2) 它们可能会表述为这样的语句:大意是对象语言中的某些语句是"原始语句",即特许语句,因为这种语言的规则无条件授权对它们的断定。

由此,卡尔纳普还区分出 L 有效的推论和 P 有效的推论。具体而言,

$$\varphi x \cdot \Phi x \supset \varphi x$$

是 L 有效的推论(即 L 规则授权的推论),或者,如果"$(x)\varphi x \supset \Phi x$"表达一条自然规律(大意是"如果 x 是 φ 的一例,那么 x 是 Φ 的一例"),那么

$$(x)\varphi x \supset \Phi x; \varphi a; 因此 \Phi a$$

是一个 L 有效的推论。比如,如果"石蕊试纸遇酸变红"是一条自然规律,即"(x)x 使石蕊试纸变红 $\supset$ x 是酸",那么"(x)x 使石蕊试纸变红 $\supset$ x 是酸;a 使石蕊试纸变红;因此 a 是酸"是一个 L 有效的推论;而

$$\varphi a; 因此 \Phi a$$

是一个 P 有效的推论,授权这个推论的 P 规则的大意是:从由"φ"和一个个体常项组成的语句有效推论出由"Φ"和同一个个体常项组成的语句①。根据这两种规则可以得到两种语句:L 有效的语句和 P 有效的语句。用塞拉斯的话来讲(*IM*,II,¶13),

$$(x)\varphi x \supset \Phi x \ \& \ \varphi a : \supset \Phi a$$

是一个 L 有效的语句,

$$\varphi a \supset \Phi a$$

是一个 P 有效的语句,而

$$\varphi a \cdot \sim \Phi a$$

是一个 P 无效的(P-contravalid)语句。

塞拉斯就推论规则想要探讨的问题在于,如果一种语言有推论规则,那它是否既有 L 规则也有 P 规则? 就上述而言,卡尔纳普可能会说,如果一种语言没有描述语词,那么这种语言只有(也只能有)L 规则,而如果一种语言含有描述语词,那么它必须有 P 规则。不过,塞拉斯认为卡尔纳普并没有这个意思。卡尔纳普曾说:"在一种语言 S 的建构中,我们只表述 L 规则,还是也加入 P 规则,以及加入的话到何种程度,这不是一个逻辑哲学问题,而是约定问题,从而至多是便捷不便捷的问题。"②由此,塞拉斯认为卡尔纳普有这

---

① 塞拉斯指出(*P*,III,¶20),说"$(x)\varphi x \supset \Phi x$"是一条自然规律和说实质推论规则担保从"$\varphi x$"推出"$\Phi x$"其实是一回事。

② Rudolf Carnap, *The Logical Syntax of Language*, A. Smeaton trans., London: Routledge, 2001, p. 180.

个承诺(*IM*, II, ¶15):"对于每一种带有 P 规则的语言,都可以构建一种只带有 L 规则的语言,用这种语言可以言表用前者可以言表的一切。"这意味着一种含有描述语项的语言不必受 P 规则支配,即 P 规则可有可无。

这是塞拉斯和卡尔纳普的分歧所在。卡尔纳普认为,"……P 规则是一种奢侈,含有事实谓词的语言可以独自取舍。……[而塞拉斯认为]P 规则(或实质推论规则)……和 L 规则(或形式推论规则)一样之于一种语言必不可少"(*P*, III, ¶19)。塞拉斯的论证思路是要表明,P 规则具有异于 L 规则的独特功能,即 P 规则可以授权只靠 L 规则所不能授权的。他认为,P 规则授权虚拟条件句,这是 L 规则不能授权的。或者,德弗里斯将其表述为,"……不调用关于这种实质推论规则的观念,就没有对虚拟条件句的恰当解释……"①具体而言,如果一条规则授权从"时间 t 闪电"推论出"时间 t + Δt 雷声",那么这条规则可以授权一个虚拟条件句,即:

If there were to be a flash of lightning at time t, there would be thunder at time t + Δt.

译作:如果在时间 t 要是有一道闪电,那么在时间 t + Δt 将会有雷声。这个虚拟条件句与这条规则传达了相同的信息。不过,这个虚拟条件句不同于另外一个传达相同信息的"因为"陈述("since" statement):

Since there is lightning at time t, there is thunder at time t + Δt.

译作:因为在时间 t 有闪电,所以在时间 t + Δt 有雷声。

前一个虚拟条件句往往是在承诺"时间 t 闪电"为假,而后一个"因为"语句往往是在断定"时间 t 闪电"和"时间 t + Δt 雷声"。这个虚拟条件句所表达的规则看起来是实质推论规则,不是形式推论规则。因此,塞拉斯认为,"……不但存在实质推论规则之类的,而且(更加重要的是)它们之于任何准许表述这种不表达逻辑推论规则的虚拟条件句的概念框架必不可少。因为我们都意识到虚拟条件句在(形式的和经验的)科学中、在侦查工作中以及在日常生活中扮演的关键角色,所以这个断言(如果得到证实)的确会给实质推论规则一个显赫身份"(*IM*, III, ¶21)。

对此,有些经验主义哲学家会持有不同的意见,他们认为这样的虚拟条件句所带有的效力来自形式推论规则。这些哲学家会指出,例如

It is raining, therefore the streets will be wet.

译作:在下雨,因此街道会湿。

是一个省略推论(enthymeme),其完整明确的表述是

---

① Willem A. deVries, *Wilfrid Sellars*, Bucks: Acumen, 2005, p. 32.

> Whenever it rains the streets will be wet, it is raining, therefore the streets will be wet.

译作：每当下雨街道会湿，在下雨，因此街道会湿。

两个推论虽然表述不同，但是其有效性都依靠形式推论规则。这样的看法往往让人忍不住认为实质推论规则可有可无，因为形式推论规则可以授权所有由实质推论规则所授权的推论，并且认为实质推论规则的权威性源自形式推论规则。这些经验主义哲学家会在这个看法的基础上指出，虚拟条件句

> If it were to rain, the streets would be wet.

译作：如果要是下雨，那么街道将会湿。

其实是一个省略推论，其完整明确的表述是

> Since every time it rains the streets are wet, if it were to rain the streets would be wet.

译作：因为每次下雨街道都是湿的，所以如果要是下雨那么街道将会湿。

对此，塞拉斯指出，准许这个完整推论的形式推论规则看起来是"从'(x)φx ⊃ Φx'可以推出'φa ⊃ Φa'"。不过，这条规则授权的虚拟条件句将是

> If it were the case that (x)φx ⊃ Φx, then it would be the case φa ⊃ Φa.

译作：如果要是(x)φx ⊃ Φx，那么将会 φa ⊃ Φa。

这个虚拟条件句对应的"因为"陈述将是

> Since (x)φx ⊃ Φx, φa ⊃ Φa.

译作：因为(x)φx ⊃ Φx，所以 φa ⊃ Φa。

因此，就上述例子而言，这条规则授权的"因为"陈述应该是

> Since every time it rains the streets in point of fact are wet, it will rain ⊃ the streets will be wet.

译作：因为每次下雨街道事实上都是湿的，所以下雨 ⊃ 街道会湿。

在这个陈述中，后件不再具有虚拟语态，也不再断定可以从"下雨"推论出"街道湿"。这也不能从前件推出，因为这样就似乎断定前件可以变为相关的虚拟条件句。前文表明，虚拟事态否认"事实上"如此。即使将前件理解为一个衍推陈述，也不会达成反驳。那就是说，即使将这条规则授权的虚拟条件句变为

> If it were the case that (x)φx entails Φx, then it would be the case φa entails Φa.

译作：如果要是(x)φx 衍推 Φx，那么将会 φa 衍推 Φa。

我们还是得诉求实质推论规则来解释原初的虚拟条件句。因为，尽管衍推陈述和虚拟条件句有相同的效力，但是要做出上述变换就得引入实质推论规

则;说下雨衍推街道湿,就是说可以从断定下雨的语句推论出断定街道湿的语句。总之,似乎找不到形式推论规则来解释这样的虚拟条件句①。因此,这些虚拟条件句表达实质推论规则,而且其权威性不源自形式推论规则,"……实质虚拟条件句在自然语言中发挥的功能不可或缺,因此,如果它不是虚拟条件句在对象语言中发挥的,那么它一定是通过在元语言中直接表达实质推论规则来发挥的。换言之,当对象语言不准许我们说'如果 a 要是 φ,那么它将是 Φ',我们可以通过说'Φa'可以从'φa'推论出来达到相同的目的"(*IM*,Ⅲ,¶27)。

这些经验主义哲学家可能会诉求概念经验主义,指出推论规则(不管是 L 规则还是 P 规则)不是词项或概念实存的必要条件,即它们可能决定词项或概念的形式但不决定其意指。塞拉斯则指出,这里的关键是阐明什么是推论规则。

卡尔纳普认为,转换规则定义一个词项在一种语言 S 中的直接后果,或者说,转换规则是"S 中的直接后果"的定义②。这会使一条将两类记号设计关联起来的转换规则看起来只涉及在两类记号设计之间有结构关系。对此,塞拉斯指出(*IM*,Ⅳ,¶32):"……如果一个定义可以起到一条规则的作用,那么被定义项必须具有'应当''不应当'或'可以''不可以'所特有的规范意味。"不过,一些表述规则的定义并没有这个意味。比如,举塞拉斯的例子,在伦理学中,"幸福应当最大化"是一条道德规则,如果将其表述为

x is morally right = Df. x maximizes human happiness,

译作:x 是道德正当的 = Df. x 最大化人的幸福,

那么这个定义只能表明定义项和被定义项同义,或者至多能表明执行某种行动的情境,并不能规定应当这样做。同样,塞拉斯认为,卡尔纳普对"S 中的直接后果"的定义也没有这样的规范意味。塞拉斯还指出(*IM*,Ⅳ,¶33),规则总是规定做什么的规则。因此,除了规范意味,表述规则的语句还得提到行动。就句法规则而言,相关的行动是断定(asserting)。可以说,"……断定一个语句就是使得那个语句的一个殊型实存"(*IM*,Ⅳ,¶35)。在这个意义

---

① 塞拉斯还考察了另一种完整明确的表述,即

If it were the case both that every time it rains, the streets are wet and that it is raining, then the streets would be wet.

译作:如果要是每次下雨街道都是湿的且在下雨,那么街道将会湿。

他指出,准许这个推论的形式推论规则是"从'(x)φx ⊃ Φx 且 φa'可以推出'Φa'",这是一个逻辑真理,而虚拟条件句并非逻辑真理(*IM*,Ⅲ,¶25)。

② Rudolf Carnap, *The Logical Syntax of Language*, A. Smeaton trans., London: Routledge, 2001, p. 168.

上,说从一个语句 A 可以推导出另一个语句 B,就是说,我断定 A 就准许断定 B,以及我断定 A 不准许断定非 B。总之,一种句法元语言要表述规则就得满足两个条件(*IM*, IV, ¶35):

(1) 它含有一个代表断定活动的词项;
(2) 它含有一个具有"应当"效力的表达式。

由此,可以进一步谈论关于必然性的问题,即逻辑模态和物理模态的问题。举塞拉斯的例子来讲,根据卡尔纳普的观点,语句

If a is red and square, then it is logically necessary that a be red

译作:如果 a 是红的和正方形的,那么 a 是红的是逻辑必然的

与下述句法语句传达相同的信息

'A is red' is an L-consequence of 'a is red and square'.

译作:"a 是红的"是"a 是红的和正方形的"的 L 后果。

不过,在塞拉斯看来并非如此。因为后者没有揭示规范关系,或者说,没有考虑到句法规则的规则性。塞拉斯认为,传达相同信息的句法语句加入了具有规范意味的句法谓词"可推导"(derivable),即

'A is red' is L-derivable from 'a is red and square'.

译作:"a 是红的"可 L 推导自"a 是红的和正方形的"。

这里,"……卡尔纳普的分析变成这一断言,即牵涉短语'逻辑必然'的语句和句法规则(大意是我们在操作语言表达式时,可以这般做,不应当那般做)传达相同的信息……模态语言被解释为一种'置换的'规范语言"(*IM*, V, ¶39)。这一点也适用物理模态,即

φa necessitates Φa

译作:φa 必然 Φa

与句法语句

'Φa' is P-derivable from 'φa'

译作:"Φa"可 P 推导自"φa"

传达相同的信息。

由此也可以再看先天综合问题,它的面相也更清楚了。可以说,一种语言的规则规定每一个描述谓词都出现在一个或多个逻辑综合的一般语句中,从而建立推论关系。"这种语言的使用者会将语词'必定'(must)和'necessary'(必然)插入这些语句。他会说,它们表达的是必然如此,而不是碰巧如此。"(*LRB*, ¶35)

第三章　科学与心灵

　　塞拉斯相信（*SK*，Lecture III，I，¶1），知识是得到证成的真信念（justified true belief）。得到证成的（justified①）也可以说是有正当理由的，而得到证成的真信念就是有正当理由相信什么。要是这样，那得到证成的，或者有正当理由的，就是从某种理由推论出来的吗？未必如此。在塞拉斯看来，一定有得到证成的信念不是从其他得到证成的信念推论出来的，不管这里的推论是归纳还是演绎。换言之，有推论的知识，也有非推论的知识。问题在于，怎么会有非推论的合理信念？一个信念是合理的就是有一个理由，而理由看起来又与推论或论证是紧密相连的。表面看来，非推论的合理性似乎是语词的矛盾搭配，但其实不然。

　　塞拉斯对所予神话的批判在一定程度上已经解答了这个问题。不过，他的解答尚未结束。部分原因在于塞拉斯对所予问题的思考并没有到此结束，或者，至少在早期的批判中，只进行了一半，他早年曾说（*EPM*，VIII，§38）"……阐明印象或直接经验的逻辑身份，从而圆满结束我的论证一开始［对所予问题］的探索"。因此，可以说，另一半在于阐明内在片断的逻辑。塞拉斯区分了两种内在片断，一种内在片断称为"印象"或"感觉"②，另一种内在片断称为"思想"。在针对显象论的批判中，塞拉斯已经通过讲述约翰的故事对"看上去"语境做出了一种解释。尽管如此，他仍敏锐地指出（*EPM*，IV，§21），不能因为这是一个好的解释，就认为其他解释不会同样好或者更好。对于印象，他想给它一个合理的身份。对于思想，他既不同意经典二元论，也不同意哲学的行为主义。怎样来看内在片断？这是心灵哲学的一个关键问题。

　　塞拉斯认为，所予神话的一个根源在于混淆了这两种内在片断。比如，

---

① "justified"也译作"得到辩护的"。
② 塞拉斯指出（*SM*，Ch. VI，V，¶46），"感觉"和"感官印象"的一个区分在于："感觉"不蕴涵有什么作用于我们的感官，没有这作用感觉也能发生，比如在幻觉中；而"感官印象"蕴涵有这个作用。

他在批判感觉材料论时就曾指出,感觉材料这个经典概念看起来是下述两个想法杂交的产物(*EPM*, I, §7):

(1) 这个想法,即存在某些内在片断——例如,关于红或关于 C♯ 的感觉,没有任何在先的学习或概念生成过程,它们也能发生在人类(和野兽)身上;没有它们,在某种意义上就不可能看到(例如)一个物理对象的向面表面是红的和三角形的,或听到某一物理声音是 C♯。

(2) 这个想法,即存在某些内在片断,它们是非推论地知道某些项是(例如)红的或 C♯;这些片断给所有其他经验命题提供证据,是经验知识的必要条件。

塞拉斯指出,第一个想法是想对感知事实做出科学解释。比如,当根本没有物理对象在场,或者在场的物理对象不是红的也不是三角形的,感知者 S 也能得到一个可以描述为"S 貌似看到一个红的三角形物理对象"或"之于 S 看上去有一个红的三角形物理对象"的经验。这是因为,每当 S 得到这样的经验——不管这经验是否真实——他都得到关于一个红的三角形的感觉或印象这样的内在片断,没有这种片断就没有这种经验。而感觉材料论者将第一个想法中的片断(感觉或印象)混淆了第二个想法中的片断(思想),并由此来解释人类的知识。换言之,感觉材料论者将两种片断扮演的不同角色混淆:"一个是在产生观察知识的因果链条中的角色;另一个是在诸经验知识构成的证成链条中的角色。"①这样一来,古典感觉材料论者将认识的事实分析为非认识的事实,而在塞拉斯看来(*EPM*, I, §5),"……这个想法彻底错了——与伦理学中所谓的'自然主义谬论'一样的错误"。

塞拉斯认为,的确有一些理由会诱导哲学家将感觉同化思想,从而认为感官印象不但属于因果次序(即自然次序),而且属于意向次序(即概念次序),即具有意向性。根据他的论述,可以将这些理由归结为以下几点:

(1) 描述和指称感觉的表达式与描述和指称思想的表达式看起来十分相似,比如

S has a sensation of a red triangle

译作:S 得到一个关于一个红的三角形的感觉

和

---

① Willem A. deVries, *Wilfrid Sellars*, Bucks: Acumen, 2005, p. 103.

S has a thought of a golden mountain.

译作：S 得到一个关于一座金山的思想。

因此，可能会错将感觉的关于性（of-ness）同化思想的关于性，从而误认为感觉具有的伪意向性（pseudo-intentionality）是思想具有的真正意向性（参见 BBK，I，¶¶ 18～19）。

（2）感觉和思想都不具有相关物理对象的性质和关系。比如，一个红的三角形物理对象是红的和三角形的，但是关于一个红的三角形的感觉和关于一个红的三角形的思想都不是红的和三角形的。（SM，Ch. I，V，¶ 52）

（3）感觉和思想都具有非外延性（nonextensionality），即具有这个属性的语境不能做实存推论①。比如，"S 得到一个关于一座金山的思想"不衍推"一座金山实存"，同样"S 得到一个关于一个红的三角形的感觉"不衍推"一个红的三角形实存"。（EPM，V，§24）

（4）如果感觉和思想同化，那么感觉就是认识的事实。这样，感觉和心理过程之间的关系比外部物理对象和心理过程的关系要紧密得多，有利于经验知识的建构。（EPM，I，§7）

在塞拉斯看来，这些理由不能推出语境"关于……的感觉"是心理主义语境，即与"关于……的思想"属于同一类语境。确切地讲，他认为"得到一个关于……的感觉"或"得到一个关于……的印象"这样的语境自成一类，既不是认识的也不是物理的，而是有自己的逻辑语法。感觉可以是进入意向次序的一个必要条件，但本身不是一个认识事实，不属于意向次序，或者说（BBK，I，¶17）"感官只在使知识可能且是知识的根本要素的意义上是认知官能，它本身不认识什么"。在塞拉斯看来，将两类内在片断同化，就是混淆原因（causes）的域和理由（reasons）的域——"感觉"这样的内在片断在产生观察知识的因果链条上起作用，而"思想"这样的内在片断在经验知识的证成链条上起作用——而混淆的结果就是所予观念，会像感觉材料论者一样认为"一个关于一个红的三角形的感觉是经验知识的最佳范例"（EPM，I，§7）。

在哲学史上，感觉和印象的语境与心理主义语境同化的现象始终没有断绝。在塞拉斯的文献中，不难找到这样的历史记述。比如，在古希腊时期，

亚里士多德似乎认为感觉是（例如）觉知这个白物为白的（为一物），

---

① 塞拉斯也将这样的语境称为"内涵语境"（intensional context）。

从而将"判断的形式"S 是 P 引入感觉。当然,这样就是将感觉视为认知的和概念的,就是将感官和理智的差别理解为不是(一方面)"原料"(其不牵涉意识到任何什么为如此这般)和(另一方面)任何意识到什么为如此这般之间的差别,而是理解为感知意识到个体之物为确定的如此这般和从一般(所有 S 是 P)、属(S 是动物)和抽象(三角形性是复杂的)来讲的意识之间的差别。(PHM,Ⅱ,¶33)

再如,在中世纪时期,

托马斯主义的学说认为,本性(nature)能充实理智,也能充实(例如)蜡块。一块蜡由本性(例如)"三角形"充实而变成三角形的,同样,理智由此本性充实(不是变成三角形的)而变成非物质的三角形的。理智可以有两个动作,当理智处于第一动作时,就是它以独特方式被三角形这一本性充实,换言之,就是它能用这本性思想,而且倾向于用这本性思想。当理智处于第二动作时,就是它实际想到某物是三角形的。不过,若作为殊型的本性在理智内实存,其根源就在于作为普型的绝对本性在感官之内非物质地实存。那就是说,感官是一个认知官能,感官的动作在意向次序,即使感觉只能意谓这个三角形的物,并不判断此物是三角形的或这个三角形的物实存。(参见 BBK,Ⅱ,¶¶8~16)

亦或,在近现代时期,

笛卡尔使用语词"思想"既涵盖判断、推论、欲望、决断和关于抽象性质的(当下)观念,亦涵盖感觉、感受和意象。洛克本着同样的精神在相似的范围使用词项"观念"。……洛克和笛卡尔都认为,当下的抽象观念和感觉之间的基本差别在于后者内容的具体性和(特别是)复杂性。……笛卡尔认为感觉是关于其外部原因的含混思想;斯宾诺莎认为感觉和意象是关于身体状态的含混思想,同时还是关于这些身体状态的外部原因的更含混思想。有趣的是,笛卡尔和洛克(洛克是不自觉地)将抽象实体只有意向实存(它们的实存即被设想)这个概念论论点扩大到涵盖颜色、声音等"只在心灵中"实存(它们的实存即被感知)这个论点,贝克莱将其扩大到涵盖所有可感知性质。(EPM,V,§25)

当然,还有当代时期,就像塞拉斯在批判所予神话时针对的感觉材料论和显象论一样。在塞拉斯看来,感觉和思想属于截然不同的种类。而若要进一步揭示和阐明它们的身份,就要探讨塞拉斯的科学实在论思想。

第一节 科学实在论

说感官印象是理论建构,这似乎令人困惑。更确切地讲,塞拉斯认为,感官印象类似于理论建构的实体。通常认为,理论建构不是哲学的工作,而是科学的工作,哲学不是科学。不过,在塞拉斯看来,这个观点不但彻底错了,而且带来了极大的危害。他指出(SM, Ch. I, II, ¶ 29),"哲学也许是之于明晰的忠贞女神,但它也是假说之母。不要把明晰与洞见相混淆。后者才是哲学的真正根源,哲学所追求却始终未得到的洞见是一般洞见。如果古典哲学和中世纪哲学信奉'我不做假说'(hypotheses non fingo)这条格言,那么会不乏明晰,却没有科学,特别是我们当今知道的理论科学"。因此,哲学诚然不是科学,尽管"假说-演绎"的方法直到现代才空前地成功和繁荣,但这并不意味着哲学不从事理论建构。早在古希腊时期,哲学的事业中就已经有了很多这样的尝试——比如原子论者对于对象及其性质、灵魂以及认知,甚至对于神的阐释——这些尝试有力地推动了哲学事业的发展,甚至可以说是哲学事业发展的根本动力。不过,什么是塞拉斯所谓的理论建构?

一、理论的构成

一般来讲,一个理论是一个解释框架或一个解释系统。理论可以进一步划分为不同的类型。其中有一个类型是(TE, in PP, I, P321),"通俗地讲,解释某一域对象的表现,通过将这些对象'等同'另一域对象的系统,再从支配第二域对象的基本规律推导出支配第一域对象的规律"。这个类型的理论还可以再划分为两种(TE, in PP, I. P321):

(1) 用"不可观察的"东西来解释"可观察的"东西的表现,比如气体动力学理论。[①]

(2) 用另一个理论框架中的"不可观察的"东西来解释一个理论框架中的"不可观察的"东西的表现,比如用原子物理学来解释化学物质的表现。

[①] 气体动力学理论(the kinetic theory of gases)用不可观察的分子的活动来解释可观察的气体的体积、温度、压强等。

这里的"观察"(observation)是一个专业词项,是感官感知(sense perception)的意思,"可观察的即可感知的"(SRT,1,¶34)。塞拉斯指出(TE, in PP, I, P322),在感官感知中,我们直接通达公共的物理对象和过程,通过区分有利情境和不利情境,通过看、听等,可以诉说什么可感知特征能够可靠地归属这些对象和过程。这些可感知特征通常称为"可观察特性"(observable properties),其语言表达式通常称为"观察谓词"(observation predicates)。比如,琼斯观察到——看到——这有一个红苹果或这个苹果是红的。红性(being red 或 redness)是一个可观察特性,观察谓词"是红的"是它的语言表达式。

不过,塞拉斯指出,这种观察不同于琼斯通过电子显微镜观察到病毒或蛋白质分子。因为,后者这样的观察不但依靠感官感知,还依靠相关的理论。首先,这种通过工具的观察依靠一个关于这个工具的理论,不然不能做出这样的观察;其次,要将这样观察到的对象确定为"病毒"和"蛋白质分子",就要依靠相关的病理学和生化理论。当然,并非所有在这个意义上的观察都依靠工具。比如,琼斯观察到气泡室中的一个电子位移①,这依靠相关的微观理论,但没有借助工具。塞拉斯称像电子这样的实体是不可以独立观察到的,虽然这种观察不借助工具,但默默借助了相关的理论(NDL,VI,¶26,n.1)。相比之下,像苹果这样的物理对象是可以独立观察到的,即可感知的,不依靠工具也不依靠理论。

塞拉斯聚焦和探讨的是第一种理论框架,即通过将一个域的可观察对象等同于某些不可观察对象的系统来解释这个域对象的表现,或者更简明地讲,通过

假定没观察到的实体来解释可观察的理论现象(LT,I,¶2)

或

假定"不可观察的"微观实体来解释"中型"感知经验对象的表现(SRI, in PP,I, P337)。

---

① 气泡室(Bubble Chamber)是美国物理学家唐纳德·格拉泽(Donald A. Glaser, 1926—2013)发明的一种仪器,用来探测(比如)高能带电粒子或亚原子粒子的轨迹。气泡室中的液体温度高于常压沸点,但因为处于高压状态,所以不沸腾。当亚原子粒子冲入气泡室的液体中时,它经过的路线会更热一些。如果降低压力,更热的地方就会产生一条可见的气泡轨迹,这就是该粒子的移动路径。

塞拉斯指出(TE, in PP, IV, P328),这样的理论框架由两部分组成:

(1) 一个演绎系统,包括公设及其逻辑蕴涵的定理。这个系统的语汇包括两部分:(a)日常意义的逻辑和数学语汇,和(b)该理论的独特语汇,它又包括两部分:(b_1)原始词项、(b_2)定义词项。原始词项和定义词项都被认为属于这个演绎系统,两者都是未解释的。这不意味着……它们是变项。

(2) 一套对应规则,将前面属于(b_2)的一些表达式关联在 G_1……G_n 中出现的经验谓词。这些规则不足以将该理论的原始语汇关联经验谓词。不然,该"理论"(如果是成功的)就会以一个演绎系统的形式来表示经验概括。

这里的经验谓词即表达经验特性的谓词,不但包括观察谓词,而且包括用观察谓词和逻辑语汇来直接或间接定义的谓词(TE, in PP, II, P325)。比如,"水溶的"是一个经验谓词,它用"如果遇水,那么溶解"来定义。有效的经验谓词出现在归纳确立(inductively established)或归纳实证(inductively confirmed)的概括中,比如"所有 K 类对象是水溶的"或者"如果是 K 类对象,那么是水溶的"。经验概括也称为经验规律,可能是普遍的(universal),也可能是统计的(statistical)。我们用经验概括来解释相关的具体经验事实,即相关的可观察现象。不管怎样,可以使用 G_1……G_n 来表示一套关于某一域对象的经验概括,而塞拉斯对理论框架的分析就适用于这一套经验概括。

经验概括属于观察框架,不属于理论框架。通常认为对这两个框架之间关系的标准描述是(PHM, IV, ¶62):

理论框架是未解释的演绎系统,与可观察物的框架的某一部分这样协调:这部分中的每个归纳确立的概括都对应演算中的一个定理,在演算中没有定理对应在观察框架中得到否证的归纳概括。"对应规则"作出协调,它们在某些方面类似定义,因为它们将理论框架中的定义表达式(例如,"一群分子的平均动量")关联观察框架中的经验建构(例如,"气体压强")。对应规则只做出部分协调("部分解释"),因为它们不足以准许推导协调这理论的原始表达式(例如"分子")和观察部分的规则。

塞拉斯不接受这个标准描述(SRT, 1, ¶8),但他借助这个表述来阐述自己的观点。从这一段描述中可以看出,对应规则将理论谓词关联相应的经验谓

词,或者说将理论陈述关联相应的经验陈述①。比如,举塞拉斯的例子,

  R 区域的气压是…… ↔ R 区域的平均动量是……

是一条对应规则,它将一个经验陈述——关于一团气体可以通过实验得出的压力,带到一个理论陈述——关于一群分子的平均动量。不过,塞拉斯指出,对应规则的关键在于准许将理论中的定理关联经验概括或经验规律,比如波义耳-查尔斯定律②。对应规则不规定一个理论语句和相关的观察语言语句有相同的意义,这使对应规则区别于定义:定义是规定意义的等式,而对应规则规定两个语句表达的事实等值。这解释了这个事实:理论实体的配置是没有观察到的,却"真的"等同于可观察物。

二、理论框架的身份

科学实证主义认为,理论框架是一个辅助框架,它补充了日常话语③,日常话语就像一块大陆,科学话语是依附这块大陆的半岛(EPM, IX, §44)。根据这个观点,理论实体及相关命题是"计算手段",可以帮助我们从观察前提计算或推导出观察结论,其每一次成功的理论推导都是兑现观察框架中的某些命题,也可以帮助我们计算或推导出经验概括。不过,虽然这个概括可以从这个理论(特别是从相关的对应规则)推导出来,但是它的实证或否证不依靠这个理论。

在塞拉斯看来,科学实证主义承诺了一幅层级图画。在这幅图画中,观察框架是一个绝对非理论的框架,即日常世界中的可观察对象和特性以及相关建构的框架,适用这个等级的语言可以称为观察语言;而理论框架的任务是解释用观察语言表述的归纳概括,也就是通过对应规则推导出后者。根据这幅图画(LT, III, ¶¶39～40),"……我们不但用经验概括来解释单数经验事实,我们还(或似乎还)用理论解释这些概括。……确切地讲,认为理论的目的不是解释具体事实而是解释归纳概括,就是认为理论在原则上可有可

---

① 关于对应规则,塞拉斯进一步区分了实质的对应规则(substantive correspondence rules)和方法论的对应规则(methodological correspondence rules)。前一种对应规则要么将理论谓词关联理论谓词,要么将理论谓词关联适用于相关对象的经验谓词(这些经验谓词出现在适用于这些对象的经验规律中);后一种对应规则将理论谓词关联适用于非相关对象(比如分光镜这样的工具)的经验谓词。科学哲学家关注的是实质的对应规则,本书提到的对应规则也是指这种对应规则(TE, in PP, V, PP329～331)。
② 塞拉斯还指出,对应规则也将理论中的定理关联观察框架的一般命题。这些命题符合观察证据,但它们并非出于纯粹的归纳理由而被接受,即没有理论考虑就被接受(SRI, in PP, VI, PP359～360)。
③ 在塞拉斯的表述中,观察框架也会称为常识框架或日常框架,而理论框架也会称为科学框架。

无"。不难看出,这幅图画切断了理论和观察框架内的具体事实之间的直接联系,从而赋予观察框架一个绝对身份。也就是说,观察框架是自主的,免于理论的批判,从而理论在原则上是可有可无的。因此,科学实证主义会认为,观察框架的绝对身份支持它作出的存在论承诺,即观察框架中的对象(桌子、苹果这样的物理对象)真实存在,而理论框架中的实体(原子、电子这样的科学对象)不是真的存在。塞拉斯将表明,这幅图画是错误的,也是困惑的根源。

不过,在此之前,塞拉斯指出可能还会有另一幅层级图画。在这幅图画中,绝对非理论的框架不是观察框架,而是感觉内容的框架。20世纪初,一些洛克传统的哲学家会认为物理对象的框架类似于一个理论。正如我们没有直接感知分子,但可以假定它们存在来解释为何可感知物是其所是的表现,同样我们没有直接感知物理对象,但可以假定它们存在来解释为何感觉内容按照其所是的次序发生。塞拉斯认为这幅图画也是错误的,不能将物理对象框架和感觉内容框架之间的关系同化理论框架和观察框架之间的关系。因为,理论话语和观察话语之间的联系,在于协调观察话语中的归纳概括和理论话语中的定理。如果物理对象框架和感觉内容框架之间也是这样联系的话,那么就是承诺有可归纳实证的关于感觉内容的概括,而且这些概括基本不依靠物理对象的语言来表述。不过,事实上,物理对象的框架不但不可以翻译为感觉内容的框架,而且感觉内容的语言常常要借助物理对象的语言来表述,同时也没有使用感觉内容的语言来表达的归纳概括(参见 PHM, IV, ¶¶58~63)。因此,塞拉斯认为(LT, III, ¶38),我们应当"……拒绝物理之物的框架无可质疑的身份,但不将这框架理解为一个之于一个更基本层级的理论"。

塞拉斯的观点是,我们并没有认识到物理对象真实存在,而且,关键在于,理论不只是解释经验概括,理论解释也不等同于从其公设和对应规则来计算或推导经验概括。简言之,塞拉斯反对理论的"解释"就是"推导"(参见 SRT, 1, ¶¶22~23)。在他看来,科学实证主义没有正确理解什么是理论的解释。虽然理论可以推导经验概括,但这不是在解释经验概括,理论是用来解释可观察现象的,即解释为什么可观察对象是其所是的表现,进而来解释经验概括。

具体而言(LT, III, ¶41),"……关于可观察物的理论不是上述[层级图画]这样'解释'经验规律,它们通过解释为什么可观察物在其所在的程度上服从经验规律来解释这些经验规律;即,它们解释为什么在观察框架内的各个种类且处于各个情境中的个体对象以归纳确立的其所是的方式来表现"。

进一步讲(SRT,1,¶31),"理论,通过将观察框架中的单数事实等同理论框架中的单数事实并且解释后者,来解释为什么可观察对象是其所是地服从观察框架中的经验概括"。在这个意义上,理论直接解释具体经验事实。理论解释的基本图式是:

因为某某种类的摩尔对象"是"某某理论实体的配置,所以它们(近乎)服从某某归纳概括。(LT,IV,¶47)

比如,就气体而言,气体动力学理论给出的解释是,因为一团气体"是"一群以理论定义的方式来表现的分子,所以这团气体服从波义耳-查尔斯定律。

再者(LT,III,¶42),"……理论不但解释为什么可观察物服从某些规律,它们还解释为什么在某些方面它们的表现不服从观察框架中的可归纳证实的概括"。换言之,理论还解释对象的随机表现,即例外。塞拉斯举了一个人工例子来说明。已知黄金的样本和情境在观察上相同,在一定时间内发现样本置于王水中有时以一个速率溶解,有时以另一个速率溶解。假如现代化学理论提出,观察上相同的两个黄金样本可能是两个不同种类的微观实体的结构,一类微观实体构成的纯样本在特定压力、温度等条件下以不同于另一类微观实体构成的纯样本的速率溶解。如果观察上的黄金样本是这两类微观实体的混合,那么其溶解速率将随着构成比例变化,从而可以解释黄金溶解速率在观察上没有预测到的变化。因此,就一些情况而言,在观察上看起来是随机的,在理论上看却是有规律的。塞拉斯认为,正是对随机部分的解释表明理论不可或缺,也表明它是关于何物真实存在的知识。当然,关于溶解速率的经验概括是可以改进的。不过,就假定中的现有化学理论而言,这要求经验概括与这个化学理论融贯,而且这样的经验概括(用塞拉斯的话来讲)"至多是近似真理"(LT,III,¶45)。

不过,塞拉斯指出,相对于理论框架而言,观察框架在方法论上不可或缺。一个理论,或一个演绎系统,有时以教科书的方式来表述,有时以一个模型的方式表述。在这里,"一个模型,即……一个以常见方式表现的常见对象的域,我们会由此看到,要解释的现象若由这种东西组成会怎么出现。一个模型的关键在于,可以说,它配有一个评注来(既非精准亦非全面地)限定或限制常见对象与理论引入的实体之间的类比。即对(这样限定的)模型域中对象的基本表现方式的描述,转到理论实体,对应……[理论]的公设"(EPM,XIII,§51)。那就是说,理论可以参照一个模型来建构,或者说理论的概念框架依靠模型的概念框架,而这里的模型的概念框架常常是观察框架。

第三章 科学与心灵

当代科学哲学家强调"类比"(analogy)在科学理论的概念建构中扮演的角色,即通过类比模型的概念来生成理论的概念,这样的理论概念称为"类比概念"。相应的,通过类比得到的特性称为"类比特性"或"相似特性"。观察框架常常作为理论框架所类比的模型框架,比如,将理论框架中的分子类比观察框架中的台球。这里得注意,理论不是关于模型对象的理论,理论实体不等同于模型对象去除负面类比,理论谓词也不代表模型对象的特性。塞拉斯想强调的是,尽管理论可以从模型开始,但是理论之于观察框架或(宽泛地讲)之于常识的依靠是方法论上的,这"不是不兼容这个存在论论点,即常识设想的世界在康德意义上是现象的,也不是不兼容这个认识论论点,即理论科学的任务是给我们一幅关于事物的精准图画……"(SRI, in PP, V, P355)。简言之,塞拉斯想说的关键在于,在认识次序上在先的未必在存在次序上在先。他想论证,物理对象的概念在认识次序上先于理论实体的概念,但是理论实体在存在次序上先于物理对象。也就是说,原则上讲,相对于理论框架,观察框架在方法论上不可或缺,却为假。

针对科学实在论有一个异议,即理论实体本身是捏造的(fictions)。不过,根据塞拉斯对理论话语的解析,这个理由其实并不构成一个质疑。他指出(SRT, 1, ¶18):

> 正如我们可以认为理论用作工具却不是工具主义者,同样我们也可以认为理论实体(实质上讲)是制造的却不认为它们是捏造的。哲学家们很多年前自娱自乐地问:科学对象是发明还是发现?对此正确的回答是,我们发明它们,并且发现它们起我们要求被当作真实的东西所起的作用。

因此,如果这个理由构成一个质疑,那么这个质疑就是错将理论话语和非理论话语之间的方法论差异变现为理论实存和非理论实存之间的实质差异,从而断言理论词项不表达概念或不指代对象,以及理论实体不是真的存在。

这其实指向了"理论词项有没有意指"的问题。塞拉斯认为,一个词项的意指在于它的使用,不在于某个抽象实体,不论这个词项是理论词项还是观察词项。换言之,塞拉斯认为,诸如"'rot'意指 red"之类的语境不是在一个词项和一个抽象实体之间有一个"意指"关系的语境,而是将一个语词进行功能归类的语境。因此(PHM, VII, ¶101),"……一个理论词项的意指是它的使用(即与它相关的公设、定理和对应规则);如果有一个意义,在这个意义上有各个程度的'理论词项有意指',那么这就是这个理论在何种程度上满足一个好理论标准的问题,而非何种程度上可以翻译为可观察语言的问题"。

塞拉斯关于意指的看法是对概念生成的抽象论的否定,根本上是在批判所予神话。概念生成的抽象论(其最简单的一个形式)认为,我们只是凭借直接感知物理对象是确定的红的、三角形的等来习得基本概念。换言之,心灵将基本概念的逻辑空间从直接感知的物理对象中转移——用塞拉斯的话来讲,就像小杰克·霍纳转移李子一样[①]。在塞拉斯看来,这其实是错误理解了语言学习和使用中的实指要素,而且,"只要我们认为存在一个框架,不管是物理对象的框架还是感觉内容的框架,其绝对真实性由这个事实确保,即学得这个框架含有一个'实指步骤',我们就总忍不住认为理论话语的权威性是完全派生的,是一个计算辅助(即一个有效的启发手段)的权威性"(EPM,IX,§43)。

塞拉斯由此进一步谈论理论实体的实存问题。他指出(LT,II,¶25,¶27):"……名称指谓标准且命名符合这些标准的对象。……知道一个名称命名什么,就是知道某个对象符合这名称的指谓,从而符合这名称表达的概念。知道这一点,就是知道用名称和动词'实存'(to exist)生成的实存陈述所表达的。"比如,举他的例子,说"N 实存"(其中 N 是一个通名),就是说

$(\exists x)$x 符合 N 指谓的标准

或

$(\exists x)$x 符合 N 的概念

或

$(\exists x)$"N"命名 x。

由此,知道分子实存就是知道"$(\exists x)$x 是 $\varphi_1 \cdots \varphi_n$",其中"是 $\varphi_1 \cdots \varphi_n$"是在理论框架中满足分子概念的一个充分条件。一个理论通常会具备这样的陈述。不过,问题在于,如何在不同的理论之间抉择,从而选定关于何物存在的判决标准呢?塞拉斯认为(PHM,VI,¶75),"有好理由坚持一个理论,就是据此有好理由坚持该理论假定的实体实存",从而这样的理论是一个好理论。因此,如果动力学理论是好的,我们就可以说(例如)分子实存,而如果观察框架是好的,我们就可以说(例如)桌子实存。同样,如果感官感知的理论是好的,而且相关的理论实体是感官印象时,那么感官印象实存。根据塞拉斯对理论框架的阐释,理论框架在对世界的描述、解释、预言等方面明显优于观察

[①] 这出自美国儿歌,其大意是:"小杰克·霍纳,坐在角落,吃圣诞派,插入拇指,插出李子,说'我真是一个好孩子!'。"

框架,他由此承诺(PHM,VII,¶86;SM,Ch.V,IX,¶79),感知世界是现象的,真实的世界是可知的科学世界,不是不可知的形而上学世界。

三、显见意象与科学意象

塞拉斯继承了分析哲学传统,他的论证常常是通过使用分析的方法和工具。但他还着眼综合,这与当代分析哲学的研究方式截然不同。塞拉斯认为(PSIM,I,¶1),

> 哲学的目的,抽象地讲,是理解在最宽泛意义上的物怎么在最宽泛意义上结合。"最宽泛意义上的物"……不但有"卷心菜和国王"①,而且有数和责任、可能性和打响指、感性经验和死亡。

要达到这一点,或者说,哲学要成功,就得通过自由地反思大量的事实知识(或者说真理知识)来知道诸物。这里的"知道"(knowing one's way around)是"知道怎样"(knowing how),不是"知道这样"(knowing that)。

事实知识其实不是哲学的题材,而是各个专业学科的题材。每个专业学科,比如物理学、化学、心理学、社会学等,都依靠自身的专业主题来与其他专业学科相区别。各个学科的专家不但知道并且反思着这个学科领域,而且知道且反思着这个学科领域的周边。可以说,哲学不在这些专业学科之列。首先,哲学不像其他专业学科那样有专业题材。正如塞拉斯所言(PSIM,I,¶3),"如果哲学家确实有这样一个专业题材,那么他们可能将其移交给新的一批专家,就像他们在过去 2500 年间将其他专业题材移交给非哲学家一样,最早是数学、最近是心理学和社会学,当前是理论语言学的某些方面"。其次,哲学事业的突出特征是"着眼整体"(PSIM,I,¶7)。各个专业学科的专家不但熟知自己的专业题材(比如,历史学家熟知历史事件),同时也反思自己的工作(比如,史学研究的目的、标准、困境等);而哲学家可以说反思所有专业学科的题材,就像从一座城市的全景来看各座建筑,而非仅知道自己的居所和邻里。诚然,这不要求哲学家像各个学科的专家一样熟知每一门专业学科——这只是难以实现的理想——但这至少要求熟知各个学科的专业题材。就像要知道高速公路系统的整体就要知道它的各个部分一样。在这个意义上,哲学依靠其他专业学科。

哲学家不但反思其他专业学科,也反思哲学事业本身。当代哲学的一个

---

① 此短语出自刘易斯·卡罗尔(Lewis Carrol)的作品。

典型特征是坚持哲学即分析。这常会给人带来一种印象,即哲学似乎目光短浅,总在部分中探索部分。不过,"分析"也暗示哲学家已经知道这些部分的整体。就像一幅图画,其中的各个部分代表各个专业学科,哲学家知道各个部分在整幅图画中的位置,而专家只知道自己的部分以及周边部分,或者说专家不是从全景视角知道自己的部分,而哲学将揭示各个部分在这一幅统一图画中的位置。不过,问题在于,得到这样一幅统一图画是哲学尚未完成的一项任务。在塞拉斯看来,迄今为止,当代哲学家"……不是面对一幅图画,而是原则上面对两幅,事实上面对多幅……不是面对一幅复杂的多维图画……而是面对两幅根本上同等复杂的图画,每幅都标榜是一幅完整的在世之人的完整图画……在分别检查之后得将其融为一个画面"(PSIM,I,¶10~11)。塞拉斯将这两个视角分别称为在世之人的显见意象(Manifest Image)和科学意象(Scientific Image)。可以说,这两幅图画是在世之人在人类知性中的投影,塞拉斯将其理想化来展开对两者的进一步谈论。

塞拉斯指出,在世之人的显见意象可以用两种方式来描述。根据第一种方式,显见意象是一个框架,通过这个框架"人觉知自己是在世之人"或者"人第一次遇到自己",此刻人才成为人(PSIM,II,¶14)。换言之,在成为人之前,人和自己的前身处于完全不同的层次,其区别在于是否得到这个框架。这是一个半历史的描述方式。根据第二种方式,显见意象源于对原初意象的不断提炼或提升。这个过程可以从经验和范畴两个方面来看。

首先,经验提炼是通过归纳推论原则和统计推论原则来走近世界,在此过程中添加和删减凭借原初意象经所验到的关于世界的内容以及这些内容之间的关联。这也表明,显见意象不但是缜密的、批判的,而且利用科学方法,因而在这个意义上可以称为科学意象①。不过,塞拉斯指出(PSIM,II,¶18):"有一类科学推理按照规定不在其中,即它需要假定不可感知的实体,以及关乎它们的原理,来解释可感知物的行为。"因此,他继续指出(PSIM,II,¶19):"其实,我称为在世之人的'科学意象'并且与'显见意象'相对照的或许最好称为'假定的'或'理论的'意象。"

其次,范畴提炼是指非人的对象逐渐"去人格化"(de-personalization)而提升到显见意象。塞拉斯将原初意象建构为一个框架,其中的所有对象都是人,其中一切对象的所是和所做即人的所是和所做,或者说,其中的一切对象

---

① 塞拉斯指出(PSIM,II,¶17),第一种描述方式"……也是引人误解的,因为它暗示在显见意象和科学意象之间的对比,是在对在世之人的前科学的、非批判的、幼稚的理解和反思的、缜密的、批判的——总之,科学的——理解之间的对比。这根本不是我考虑的"。

都可以从事人的全部活动,而原初意象的范畴提炼是逐渐划分出非人的对象。具体而言,人的活动可以区分出很多种,其中主要可以划分出蓄意的活动(即带有目的和意向的行动)和纯粹出于习惯或冲动的活动。举塞拉斯的例子来讲,在原初意象中,原始人认为风吹倒某人的房子或者是蓄意的或者不是蓄意的;到了显见意象发展的早期,原始人不再认为风的行为是蓄意的,而是纯粹出于习惯或冲动,此时原始人不再认为风是人,或者认为它是删减的人;最后,原始人也不再认为风的行为是出于习惯或冲动,它的行为的含义再次被删减。总之,当原始人不再认为风是人的时候,他不仅不再相信风是人,而且他关于风的概念也发生了变化。此时的改变不只是信念改变,而是更彻底的范畴改变。范畴提炼揭示了显见意象的总体结构,它是在回答"显见意象的基本对象是什么?"或者,更深入地看,它是在回答"什么存在?"这个问题不是想索要一张列表,而是在要求做出归类。这种归类并非就是将其称为"对象"或"实体"这样简单,而是能综观框架中的各种内容。因此,对这个问题的回答将是:显见意象中有人和物,其中物又划分为有生命的物(动物、低等生命等)和无生命的物(纯粹物质之物)。

在显见意象中,人和物兼具倾向特性和非倾向特性,哲学家通常用这两类范畴来描述诸物[1]。塞拉斯指出(SK,Lecture II,IV,¶50),倾向是可以用测试条件以及可经验确认的结果来定义的条件状态(iffy states)。倾向特性的根本特征是条件性(iffyness),因此也称为条件特性或(宽泛地讲)因果特性[2]。倾向特性通常与虚拟条件句或假言句相联系,比如,其他条件均同,

(1) 如果盐粒置于水中那么溶解(水溶性);

(2) 如果铁屑置于通电线圈中的软铁附近那么被吸引(磁性);

或者(生物行为具有的倾向特性)

(3) 如果某时有某一刺激,那么做出某一反应;

或者(人在一个意义上也是生物)

(4) 如果问一个人某些问题,那么在每一间隔他会说什么或做什么。

非倾向特性也称为当下特性、非条件特性、纯粹当下特性。其中包括可感知性质,即(大致地讲)亚里士多德的特有可感项(proper sensibles)和共有可感

---

[1] 塞拉斯明确提出这两类区分的文献有 CDCM, II,§41;SRT,1,¶38;FMPP, Lecture II, I,¶¶2~5 等。

[2] 塞拉斯指出(FMPP, Lecture II, I,¶2),力量、能力、倾向、趋向等都可以称为"因果特性",因果特征的实质特征是条件性,而相关的因果性既是内在的(比如,一个封闭系统合乎规律地发展)也是外在的(比如,两个子系统之间相互作用)。

项(commom sensibles),比如颜色、形状、大小等①。塞拉斯指出,有些哲学家混淆了倾向特性和非倾向特性,比如他们认为粉红是一个粉红冰块的因果特性,即"在标准条件下引起正常观察者得到一个关于粉红的感觉",从而认为这是对关于颜色的常识观念的正确分析。某个当下特性(比如"入水")与其他特性(比如"溶解")联系起来可能构成一个因果特性(即水溶性),但是这个当下特性本身不是因果特性,也不由某个因果特性构成。

显见意象中的对象开始存在(come into being)、持续(endure)、终止存在(pass away),比如苏格拉底出生、存活、逝世。持续的对象可能会发生变化,即它们涉及事件;谈论事件就是谈论物之变化。举塞拉斯的例子来讲,

Socrates ran at t

译作:苏格拉底在 t 跑步

是一个比较简单的事件,其中的对象是苏格拉底。不过,塞拉斯指出(FMPP, Lecture II, III, ¶28),事件不是对象——除非在非常宽泛的意义上,即任何可以谈论的都称为"对象"——尽管表达上述事件的语句"Socrates ran at t"可以生成为一个单数词项出现在语句

A running by Socrates at t took place

译作:苏格拉底在 t 跑步发生

中,但是塞拉斯对真势谓词的分析表明已经给出了回答。总之,塞拉斯认为(TC, II, ¶31),"真正的对象被命名,而非被陈述,而事实[或事件]——即使它们在某个意义上可以被命名(不管怎样被指称),但是它们实质上属于被陈述的"。换言之,事件和事实是对象的意义不同于真正的对象是对象的意义。如果只有真正的对象在世界中存在,那么这意味着事件和事实在世界中存在的意义不同于真正的对象在世界中存在的意义。确切地讲,塞拉斯认为在显见意象中只有对象真的存在,即只存在可以发生变化的人和物,不存在事件。正如他所言(FMPP, Lecture II, IV, ¶74):"虽然(当然)存在事件,但是并非真的存在事件,因为事件不是显见意象装置中的基本单元……"

---

① 特有可感项和共有可感项是两类感觉对象,前者为各种感觉所特有,后者为全部感觉所共有。亚里士多德的解释是,"'特有的对象'这个词,我是指,它并非由任意的感觉所感觉,而且也不能张冠李戴,例如,视觉与颜色、听觉与声音、味觉与口味等各自相关。触觉有多种不同对象。每种感觉都有自己的特定范围,而且在辨别颜色和声音时不会张冠李戴,虽然在指出有颜色的东西是什么或在什么地方,以及发声的东西是什么或在什么地方时可能会产生差错。我们说这样的对象为某种感觉所特有。运动、静止、数目、形态、广延等则为多种感觉所共有。它们全都不是特有的,而是共有的。有的运动就既能为触觉又能为视觉所感知。"([古希腊]亚里士多德:《论灵魂》,秦华典译,载于苗力田主编:《亚里士多德全集》第三卷,北京:中国人民大学出版社,1992 年,第 45 页。)

与此密切相关的一个存在论观点是"不存在时间关系"。塞拉斯指出（FMPP，Lecture II，III，¶¶ 40~45），在原子语句（比如）

a is next to b

译作：a 紧邻 b

中的谓词是关系语词，而"before"（在……之前）、"during"（在……期间）、"while"（在……之时）、"after"（在……之后）等是时间连接词，它们和逻辑连接词一样不是关系语词。举塞拉斯的例子来讲，

Socrates ran before he dined

译作：苏格拉底在他吃饭之前跑步

或

Nero fiddled while Rome burned.

译作：尼禄在罗马大火之时拉琴。

其中位于"before"和"while"两侧的表达式不是单数词项，而是语句。尽管就前一个例子而言，"before"两侧的表达式可以变为单数词项"the running by Socrates"和"the dining by Socrates"，从而整个语句改写为

The running by Socrates was before the dinning by Socrates,

译作：苏格拉底跑步在苏格拉底吃饭之前，

但是根据塞拉斯对真势谓词的分析，这个改写语句的深层语法是

The running by Socrates took place before the dinning by Socrates took place.

That he ran was true of Socrates before that he dined was true of Socrates.

That Socrates ran is true before that Socrates dined is true.

• Socrates runs • was true before • Socrates dines • was true.

• Socrates runs • s were true before • Socrates dines • s were true.

其中的"before"仍是时间连接词，不是关系谓词。

布罗德认为，显见意象中存在没有对象的事件，比如

嗡嗡(It buzzs)

下雨(It rains)

打闪(It lightnings 或 There was lighting)

打雷(It thunders 或 There was a clap of thunder)

等。表达这些事件的语句都没有真正主词——有的只具有虚假主词"it"——也不能改述为具有真正主词的语句。布罗德将这种语句表达的事件称为"绝对过程"，并且认为绝对过程会变化，比如，一个声响从 $C^{\#}$ 变为 $F^{\flat}$

135

再变为 G♯。

对此,塞拉斯指出(*FMPP*,Lecture Ⅱ,Ⅳ,¶63),"过程的特征是我们用动词谈它们"。比如,"buzzing"(嗡嗡响)这个过程联系动词"to buzz"。不过,陈述

It buzzs

或

There is a buzzing

并不是在谈论绝对过程,因为这个陈述的语法是

That it buzzs is true of something

这又在逻辑上等值

That something buzzs is ture。

这里的"something"指一个对象,比如蜜蜂,因此"蜜蜂嗡嗡响"。同样,声调从 C♯ 到 F♭ 再到 G♯ 的变化也来自一个对象,比如一个可变音叉。总之,塞拉斯认为(*FMPP*,Lecture Ⅱ,Ⅲ,¶73),"buzzing"是一个事件分类词,是动词"to buzz"的元语言名谓化,正如"being red"是"is red"的元语言名谓化一样。就语言分层而言,事件是语言中的存在,不是世界中的存在①。

然而,塞拉斯也指出(*FMPP*,Lecture Ⅱ,Ⅵ,¶¶102~103),世界中的每一个基本事态都可以使用"It buzzs"这样的结构来表达,比如,"red"可以表达为"It reds",或者"red triangle"表达为"It triangle reds"(其中"triangle"的语法是一个副词),等等。这样的建构将走向赫拉克利特的存在论,即"万物皆流,无物常驻";那就是说,不存在对象,世界是一系列正在发生的发生。这样一来,"人"的概念也将随之发生变化,即由此会提出一个关于人的捆束理论,其中一个人就是一捆绝对过程(*FMPP*,Lecture Ⅲ,Ⅶ,¶125)。

接下来进入塞拉斯称为的科学意象。科学意象也可以称为"假定意象"或"理论意象",源于假定理论的建构。正如前文所言,显见意象和科学意象的对比不是非科学意象和科学意象之间的对比。因为,尽管关联的方法和假定的方法都是科学方法,而且两者已经辩证地联系起来,但是前者属于显见意象。两者也不是历史的划分,因为设计理论来解释可观察现象并非完全出自近代科学,理论语言在前科学阶段就已经在人类话语之中了。

现在尚没有这样一幅关于世界中的人的科学意象是依靠假定的实体和过程来建构的。不过,当下有很多谈论人的科学理论,比如理论物理学、生物化学、生理学、行为学、社会学等。从方法论上看,每个科学理论都是一个被

---

① 关于带主词的过程和不带主词的过程,参见 *FMPP*,Lecture,Ⅱ,Ⅳ,¶52。

显见世界支持的意象或结构。换言之,显见意象提供一个基础,各个理论意象在此之上建构。科学意象将整合这些科学理论。

首先,有些理论可以叠套为一个理论。比如,当理论物理学可以解释生化反应时,并且在做出充分地准备之后,可以统一生化理论和理论物理学。两者假定的理论实体"等同",即生化合物"等同"亚原子粒子的模式。不过,这并不使两个学科等同,也不使两个学科的原理等同,而是使两个学科合并为一个理论框架。换言之,原则上可以在生化理论和理论物理学语汇的基础上制定一套统一的语汇,其中用理论物理学语汇来定义生化理论对象及其特性,由此来赋予生化理论语汇一个新的使用。两个理论在这个意义上达成统一,原来两者之间的对应规则被定义取代。统一之后的两个理论仍有一个自主维度,即仍留有各自牵涉经验维度的对应规则来将各自的理论实体关联经验世界的可观察现象。塞拉斯在说明这样两个理论的关系时做出过形象的说明(参见 TE, in PP, VI, P334)。他把这两个理论比作两个气球,它们各有一套绳索连着地面,它们之间还有一套垂直的绳索让彼此连接。其中连着地面的绳索是理论-经验的对应规则,而两个气球间的绳索是理论-理论的对应规则。这幅图画将被另一幅图画取代,即有一个更高的气球,其较高的部分有一套绳索连接地面,其较低的部分有一套绳索连接地面。生理学和生物化学的统一也可以这样来考虑。

其次,行为学或行为主义确立的关联指向一个假定理论,这个理论将和生理学叠套。塞拉斯指出,行为学可以区分出两种意义。在第一种意义上,行为主义认为可公共观察的行为是心理事件的证据,这样的行为主义是在显见框架内的精深;在第二种意义上,行为主义不但坚持可公共观察的行为是证据,而且试图找到用(比如)"刺激-反应"语言所描述的行为之间的关联,即生物的倾向特性。就是在第二种意义上,不管行为学自身是否含有关于假定实体的陈述,它确立的关联会在科学意象中有对应部分。

总之,在塞拉斯看来,在科学意象中,人是一个复杂的物理系统(即一个粒子系统),人的活动(包括感觉和思想)是粒子的状态和关系的变化。就此,塞拉斯不同于二元论者。二元论者(比如笛卡尔)会认为心灵是一个独立的实有,并且与另一个独立的物质实有(即身体)联系紧密,由此人是心灵和身体的组合。不过,笛卡尔可能会认为物理对象是粒子系统,但不认为人是一个复杂的粒子系统,也不认为感觉和思想之类的可以理解为粒子之间的复杂作用。而塞拉斯认为感觉和思想可以是通过类比得到的概念:在显见意象中,感觉通过类比相关的外因来理解,而思想通过类比相关的外显言说来理解。不过,正如在人类知识达到不可感知的粒子水平之前,人们可能不会接受物理对象是粒子系统。同样,在笛卡尔时代,理论科学尚未达到神经生理学的水平,他不会接受思想是相关粒子的复杂相互作用。如果他了解当今神经生理学的发展,他的二元论态度可能会有所改变。当今神经生理学的发展已经让人看到将感觉和思想置于神经生理学的语境中并非没有希望。正如塞拉斯所言(SK,Lecture II,IV,¶63):"我们现在在等候神经生理学的繁荣。"

在笛卡尔时代,显见意象与科学意象的冲突在于无生命的自然。当时的科学意象将物理对象理解为不可感知粒子的系统,这个系统不具有显见意象中的物理对象的可感知性质。因此,显见意象中的物理对象是不可感知粒子的系统之于人类感知或心灵的"显象"。

有人据此会断言,物理对象是理论实体的配置,而且理论在做解释时也会这样来表述。比如,"一团气体是一群分子""一块冰是一个 H_2O 体域"等等。问题的关键在于怎么理解这些表述中的语词"是"。"是"似乎代表"等同"(identity①)。不过,这等同不是在说将冰的陈述分析为 H_2O 的陈述,也不是在说将冰及其可观察特性关联 H_2O 及其理论特性,"而是说一个框架(在更大的语境中适当调整)可被另一个取代——可消除以支持另一个。这取代会由新框架更强的解释力来证成"(FMPP,Lecture II,V,¶95)。在这个复杂意义上,冰的概念将用微观物理粒子来定义,因此,这样理解的冰将真的等同微观粒子的系统。科学实在论认为,有效的理论框架是一个渴望取代观察框架的框架;观察框架是一个较差的解释框架,有更好的框架可以取代它,不过这个框架不是感觉内容的框架。

有人据此会断言"物理对象其实不存在"或"物理对象其实没有颜色"。这个断言在显见意象中显然是荒谬的。对此,常识哲学家会指出,

> 我们通常认为,椅子、桌子等等不会是不具有可感知性质的粒子系统的显象,因为我们知道这些物理对象存在,而且椅子、桌子等等具有可感知性质是它们的一个框架特征。

相比之下,塞拉斯会指出,这样的断言是针对物理对象框架提出的,不是在这个框架内提出的,"它不是否定框架内的一个信念,而是质疑这框架"(PSIM,V,¶75)。当说"物理对象其实不存在或不具有可感知性质"(比如,说"这个苹果其实不存在或没有颜色")时,这并不是说人们通常信以为真的其实为假。在显见意象中说一个可见对象不存在或没有颜色的确是荒唐的,

---

① 又译作"同一性"。

因为只要在物理对象的框架之内，就理所当然地会使用这个框架提供的标准来评判具体的物理对象和相关的感知陈述。不过，"物理对象存在和具有可感知性质"这样的断言在显见意象内得到推论支持，却没有从显见意象之外得到推论支持。换言之，在常识框架内，"物理对象不存在或没有颜色"是一个经验命题，只要现有的日常框架在使用中，就不能在这框架内来说物理对象没有颜色或者不在时空之中；而在常识框架之外，这个命题所表达的是拒绝常识框架，支持科学框架。正如爱丁顿（A. Eddington）的两张桌子——一张是理论的桌子，一张是观察的桌子——在某种意义上是同一张桌子，但只有理论的桌子真实存在。

显见意象牵引着哲学反思。无论是在古代、中世纪，还是在近代、当代，英美和欧陆的伟大思索体系都围绕显见意象展开。塞拉斯相信（PSIM，Ⅱ，¶20），"所有这些这哲学都可以被富有成果地理解为对在世之人的显见意象做出的近乎充分的描述；这些描述然后被当作对人和世界的真实所是做出的充分又完整的一般描述"。塞拉斯将这样的描述称为在世之人的"长青哲学"。这种哲学认为显见意象是真实的，理论科学的成就要用这个框架来理解。可以说，这个框架就像一幅真实的大尺度地图，科学带来的是读取细节的指针和技术。

塞拉斯试着全面考察显见意象与科学意象之间的关系。他的考察表明，虽然科学意象在方法论上依靠显见意象，而且在这个意义上不是独立的，但是这不意味着显见意象也实质上先于科学意象。或者，更明确地讲，显见意象可以说是科学意象的历史前提，科学意象从显见意象中发展出来。然而，尽管科学事业始于显见意象，但科学意象标榜是一个完整意象，它终将摆脱显见意象，并将与显见意象形成竞争，最终取而代之。换言之，科学意象将在竞争中居于首要地位，即"在描述和解释世界的维度，科学是万物的尺度，是什么是其所是的尺度，也是什么不是其所不是的尺度"（EPM，Ⅸ，§41）。

塞拉斯认为，科学框架将取代观察框架。这取代不是将"桌子""苹果""红"这样的词项从日常话语中去除，而是科学话语取代日常话语。当然，塞拉斯承认，经过数千年社会演变而来的时空物理对象的框架是一个精细融贯的框架，已经给出一个坚实的演算基础来满足日常生活。不过，科学框架更适合，这个框架原则上可以发挥我们在日常生活中实际使用的框架的所有功能。理论表达式可以占有观察表达式的直接回应角色或语言进入角色。而且，在现有的一些语境中，我们已经可以放弃对应规则，使用理论框架来直接与世界互动。当然，科学探索事实上尚未结束，科学意象尚不完整，而且也没有考虑在感情和审美之类的实践生活中使用的观察概念。因此，科学家放弃常识框架的时间不是"现在",在没有确定科学框架提出的世界图画取代日常框架之前,仍要使用日常语言来理解物理对象。这个发展的眼光也表现出塞拉斯拒绝所予神话的一个维度(SRI, in PP, V, P353):

> ……拒绝所予神话,不是承诺这个想法,即现在这样构成的经验知识没有真正观察谓词的最底层。而是承诺这个想法,即当即使它确实有一个最底层,它原则上仍可被其他概念框架(这些谓词,严格地讲,没有出现于其中)取代。就是在这个意义上,而且只有在这个意义上,我拒绝了就观察谓词而言的所予性教条。

塞拉斯的这些关于理论的观点可以称为"科学实在论"(SRT,1,¶1)。工具主义和科学实在论都将理论比作工具。不过,工具主义者认为理论陈述只是推导观察陈述的工具,不直接对应或者(用塞拉斯的术语来讲)不描画世界,他们不认为(比如)一块冰是一群水分子构成的整体;科学实在论者则恰恰承认一块冰是一群水分子构成的整体,相关的分子陈述是关于世界的图画。因此,可以说理论陈述是真正的事实真理。在塞拉斯的哲学著作中,与科学实在论密切相关的哲学话题之一是心灵哲学,即心灵在科学的语境中会找到一条路径,但这个话题又要再次宏观地从语言谈起。

第二节 语言与规则

人类是怎么学会使用语言的?这不同于在问某一个人(比如琼斯)是怎么学会一种语言的。可以说,这不是一个日常问题,也并非只是一个历史问题,即并非在时间上追溯人类语言的起源。哲学家们在这个方面的探讨总是潜藏在认识论的讨论之中。人类的语言非常丰富,不但有不同的语种,还有不同的学科分类。当然,其中最受关注的是人类的日常语言,因为这种语言关乎人类之于经验世界的知识。哲学史上有很多学说在争论这个问题,塞拉斯也对这个问题展开过大篇幅地讨论。至少他对所予神话以及概念经验主义的批判都表明,哲学家们并不能合理解释人类怎样掌握像"红"这样的基本概念,也不能合理解释怎么学会使用像"这是红的"这样的语句。而且,这个问题还涉及很多其他领域,不但对关于语言交流问题的理论非常重要,而且对认识论、心灵哲学、科学哲学、实践哲学都非常重要。

20世纪英语世界的一个核心哲学主题是语言,尤其是强调语言受规则支配。这个时期的哲学家们通常认为，一种语言是一个由表达式构成的系统，它像一些游戏（比如象棋）一样受制于某些规则。用来表述这些规则的语言被称为"元语言"或"规则语言"，而适用这些规则的语言被称为"对象语言"。大致地讲，元语言被用来表述对象语言的使用规则[①]。对塞拉斯而言，探讨语言往往得进一步探讨规则和行动，而这其实也是在表述和辩护"一个词项的意指在于它的用法规则"（P，III，¶19）。

一、服从规则的无限倒退

有哲学家认为，学会使用一种语言就是学会服从其表达式的使用规则。塞拉斯指出（SRLG，¶2），这种观点面临一个尖锐的反驳，即会陷入一个无限倒退：

> 论点：学会使用一种语言（L）就是学会服从 L 的规则。
>
> 不过，一条规则（它责令执行一个行动（A））是一种语言中的一个语句（它含有代表 A 的一个表达式）。
>
> 从而，一条规则（它责令使用一个语言表达式（E））是一种语言中的一个语句（它含有代表 E 的一个表达式）——换言之，是一种元语言中的一个语句。
>
> 结论，学会服从 L 的规则预设能使用表述 L 的规则的元语言（ML）。
>
> 因而，学会使用一种语言（L）预设已学会使用一种元语言（ML）。以此类推，学会使用 ML 预设已学会使用一种元元语言（MML），等等。
>
> 不过，这是不可能的（恶的倒退）。
>
> 因此，这个论点是荒唐的，必须予以拒绝。

这个反驳的核心思路不难理解。如果要学会服从某些规则，那么首先得知道这些规则，即学会表述规则的元语言。换言之，只有先知道规则，即先学会使用元语言，才能服从规则。不过，这元语言本身也是一种语言，受制于某些规则。因此，如果要学会这元语言，即学会服从这元语言的规则，那么首先得学

[①] 塞拉斯关于"对象语言"和"元语言"的区分是受卡尔纳普的影响。卡尔纳普曾说："……我们关注两种语言：首先是作为我们的研究对象的语言——我们会将这种称为对象语言（object-language）——其次是我们用来谈论对象语言的句法形式的语言——我们将这种称为句法语言（syntax-language）。"（Rudolf Carnap, *The Logical Syntax of Language*, A. Smeaton trans., London: Routledge, 2001, p. 4）

会表述其规则的元元语言。这样下去将无穷无尽,因此人永远不能学会一种对象语言。而且,这个倒退也将表明人永远不能学会任何有规则的人类活动,比如象棋,因为要学会它就得先学会相关的规则语言。这明显与事实相悖,因此是荒谬的。怎样停止这个无休止的倒退?或者说,问题会在哪里?对此,塞拉斯介绍了两条出路(参见 SRLG, ¶¶ 3~10)。

第一条出路的关键是区分"服从规则"(to obey the rules)和"符合规则"(to conform the rules)。在一个规定的意义上,服从一条规则——比如,这条规则责令在情境 C 做行动 A——不同于符合这条规则。符合这条规则只要求当情境是 C 时做 A,不要求知道和想到这条规则,从而不要求使用表述这条规则的元语言语句;而服从这条规则就要满足全部这些要求。换言之,两者的不同在于符合规则不必先知道规则,即不必先学会使用元语言。由此,如果将倒退反驳中的"学会服从 L 的规则"替换为"学会符合 L 的规则",从而上述论点就变为"学会使用一种语言就是学会符合它的规则",那么学会使用一种语言将不预设已经学会使用元语言,从而倒退到此停止。而且,其他有规则的人类活动(或者说其他游戏)的倒退看起来也到此停止。不过,这条出路看起来只是在游戏规则和游戏之间建立了一种"外在"联系。因为,有些行为尽管符合规则,但其实不在游戏之中,它们不是由规则引起的,而只是恰巧符合规则。比如,通常认为,一个人无意间触碰了一颗棋子,使它在棋盘上发生了一次移动。尽管他的行为看起来符合某一条象棋规则,但他不是真的在下棋,从而这次移动也不是真的在走棋。

第二条出路的关键是区分一条规则的语言表述和这个语言表述意指的规则自身。这里,规则之于规则语句就像命题之于事实语句,规则语句表达规则,而事实语句表达命题。不管在柏拉图主义者眼中,还是在概念论者眼中,规则自身(就像命题一样)是"……心灵在它能够给其一件言语外衣之前就可以考虑到的实体"(SRLG, ¶ 7)。比如,

  Do A in C!
  Faîte C en A!
  Tun A in C!

这些规则语句表达同一条规则,正如

  This apple is red.
  Cette pomme est rouge.
  Der Apfel ist rot.

这些事实语句表达同一个命题一样。这样,虽然服从一条规则就得觉知这条规则本身,具备相关的执行能力,从而在处于相关情境时被这条规则所驱使,

然而这不必学会使用表述它的语言。换言之,服从一条规则就是当情境是 C 时做 A,这需要觉知这条规则,但无需表述这条规则的语言。因此,学会一种语言就是学会服从它的规则,而学会服从这些规则不预设学会使用相关的元语言。这样一来,倒退就停止了。然而,正如塞拉斯对命题这样的抽象实体的反思所表明的,关于这样的规则的觉知其实仍是语言的事,觉知本身也是在玩一种游戏,而学会这种游戏又牵涉作为一种游戏的觉知,等等,因此,倒退其实并没有由此停止。

这两条出路都试着不引入元语言来将行为和规则关联起来。第一条想通过取消规则意识来停止倒退,却只能建立"外在"联系;第二条想通过保留规则意识来建立"内在"联系,实质上却未停止倒退。不过,塞拉斯指出(*SRLG*, ¶12),真正的出路就孕育其中,关键在于看到这两条思路所预设的一个错误二分:

(a) 纯粹符合规则:在 C 做 A、在 C′ 做 A′ 等,这些行为"只是碰巧"促成一个复杂模式实现;

(b) 服从规则:在 C 做 A、在 C′ 做 A′ 等,带有意向去满足一个设想的规则系统的要求。

这个二分假定,玩一种游戏(包括语言游戏)只能靠行动者想到相关的规则且意向将其实现,才可以有力解释游戏中一系列动作的发生;换言之,除非行动者想到相关的规则,否则这些动作一定是碰巧或偶然符合这个游戏。不过,塞拉斯指出,关键在于这里的语词"偶然"有两种用法。一方面,它是指"非意向的",与"意向的"对立;另一方面,它意指"碰巧的",与"必然的"对立。如果这里的"偶然的"是指"非意向的",那么它与"必然的"不对立,因为"非意向的"与"必然的"不对立。若没有分辨这两种用法,就会认为"非意向的"就是"碰巧的",从而与"必然的"对立,这是错误的,并因此导致了上述错误的二分,忽视了一种"非意向的"且"必然的"符合规则。换言之,即使一个动作和整套动作之间的关系是非意向的,也可能是必然的;那就是说,行动者即使没有觉知一条规则,也可能必然将其实现。因此,如果学会使用一种语言是学会这样的行为,那么,因为这样的行为不预设规则意识,即不预设元语言,倒退将到此停止,同时也保留了行为与相关规则之间的"内在"联系。

二、模式支配的行为

塞拉斯其实是区分了两种规则支配的行为,一种是服从规则的行为

(rule-obeying behavior),这种行为预设使用元语言,另一种是模式支配的行为(pattern-governed behavior),这种行为没有作出这样的预设,但是"必然"符合规则。塞拉斯指出(*NAO*, Ch. 4, III, ¶27):"语言规则的概念的关键在于其与模式支配的语言行为的复杂关系。"

模式支配的行为是个常见的一般概念,大致地讲,这样的行为"……展示一个模式,不是因为通过意向它展示这个模式将其实现,而是因为发出这个模式行为的趋向已有选择地加强,而发出不符合这个模式行为的趋向已有选择地压制"(*NAO*, Ch. 4, III, ¶27)。

塞拉斯指出(*SRLG*, ¶13),模式支配的行为普遍存在于世界之中。他认为,可以说,地球上的各个物种是其所是的存在,并且与它们生活的环境处于生物学上的融洽。在进化过程中,各个物种始终不断地适应环境来维持这种融洽,或者说进化现象因为这种融洽而发生。但这不必意味着有一个心灵设想了这种融洽,做出了一个宏大的计划,并且意向按照这个计划来实现这种融洽,从而在这个意义上物种进化过程中的各个阶段因为这个意向而发生。而是这种融洽可以用具体生物及其遗传路线是否与它们的环境处于这种关系来解释的。

塞拉斯举出蜜蜂的例子来进一步说明。一只蜜蜂从苜蓿园飞回蜂巢,一次又一次地进行旋转和摆动。这只蜜蜂的行为像一支舞蹈,展示了一个复杂模式。怎样解释这种现象?一种解释是引入表述意向和目的的心理主义语言,说这只蜜蜂想到这支舞蹈,同时产生将其实现的意向,进而做出这样的行为。根据这种解释,蜜蜂是在服从规则,它的每次旋转和摆动都是因为整支舞蹈(即按照相关的一套规则)而发生。不过,在显见意象中,蜜蜂的行为通常不这样来解释。另一种解释是引入一种进化论来确保蜜蜂的行为因为这支舞蹈而发生,这种解释会说这只蜜蜂的行为包括以下几点(*SRLG*, ¶15):

(a) 这个模式(这支舞蹈)首先由具体的蜜蜂以一种方式(这种方式不可描述为实现这个模式的相继动作因这模式而发生)示范。

(b) 得到一张在这个模式中得到表达的"线路图",这具有生存值。[①]

(c) 经过遗传和自然选择机制,最终所有蜜蜂都得到这张"线路图"。

[①] 生存值(survival value)大概是指拥有一种能力或具备一个特征能使拥有者更好地繁衍生息。

这种解释支持这只蜜蜂的每一步舞蹈行为都是因整支舞蹈而发生。也就是说,每一步都是在"必然"完成这支舞蹈,而不是"碰巧"完成了这支舞蹈。而且,关键在于这种解释与第一种不同,即蜜蜂跳这支舞蹈的能力不源自抽象概念,而是从蜜蜂的行为示范开始,最终靠自然选择的力量获得。

学习现象和物种进化之间的相似之处十分有趣。可以说,蜜蜂在进化的过程中掌握了一种语言,即靠这支舞蹈传递花粉信息,而且掌握这种语言不预设元语言。蜜蜂的旋转和摆动是模式支配的行为,尽管是非意向的,却不是偶然的。再进一步讲,动物经过训练之后的行为可谓是模式支配的行为的范例。比如,我们可以训练一只狗在我们打响指时坐起来,这只狗的行为是非意向的,却受到"这只狗应当在我们打响指时坐起来"这条规则支配,这只狗在我们打响指时坐起来的行为是"必然"符合这条规则的,但这必然性不在于它觉知这条规则并意向将其实现。这让人不禁想到,虽然人类行为与环境的联系方式往往不同于动物,但是人类养成回应我们环境的模式与动物适应环境的进化过程看起来完全一样,或者说,我们训练一个孩子在有一个苹果在他面前时发出"苹果"的声音与我们训练一只狗在我们打响指的时候坐起来是完全一样的。经过训练,这个孩子可以养成相关规则要求的行为习惯,从而获得这样做的能力,但是无需假定他最开始就在心中有了这些规则。这里,不管是动物还是孩子,它们习得的都是模式支配的行为。"学习模式支配的行为,就是去习惯将可感知要素整理成模式,再将这些模式生成更复杂的模式和模式序列。很可能,这样的学习可以用 S-R 强化的语言来解释,有机体逐渐通过在其完成这些模式的空缺步骤时得到奖励(等)来回应整个模式。"(SRLG, ¶17)

据此,塞拉斯指出,人类学会使用一种语言就要学会三种模式支配的行为。或者说,任何语言的根本在于下述三种模式支配的语言行为(MFC, PP. 423~424; NAO, Ch. 4, IV, ¶31):

(1) 语言进入转变(Language Entry Transition):其他条件均同,说者用适当的语言活动回应感知情境中的对象,回应自己的某些状态。

(2) 语言内转变(Intra-linguistic Transition):说者的语言的概念片断往往以(理论的和实践的)有效推论的模式发生,往往不以违反逻辑原则的模式发生。[①]

(3) 语言离开转变(Language Departure Transition):其他条件均同,

---

① 塞拉斯原来称为"语言内移动",参见 ITSA; SRLG; NAO。

说者用手的向上运动等回应像"我现在将要举起我的手"这样的语言的概念片断。

塞拉斯早年通过类比象棋游戏来对模式支配的语言行为做出过形象的说明(参见 SRLG, ¶¶ 18～24)。他认为,语言游戏与象棋游戏一样,是一个由移动和位置构成的系统。在象棋游戏中,象棋玩家将各个棋子从盒子里拿出,按照规则摆上棋盘。每颗棋子首先处于一个初始位置,然后按照种种走棋规则,从一个位置移动到其他位置。这表明一颗棋子占据一个游戏位置的两种情况:象棋棋子首先从棋盘外的一个非游戏位置移动到棋盘上的某个游戏位置,然后在棋盘上从一个游戏位置移动到另一个游戏位置。同样,在语言游戏中,我们可以占据一个位置,这个位置不是从这种语言中的其他位置移动到那里,这即是语言进入转变;我们也可以从这种语言中的其他位置移动到一个位置,这即是语言内变动。换言之,语言游戏中的观察语句就是这种初始位置,这种语句来源于一个语言外的情境,或者说,占据这个位置是从一个不是语言游戏位置的情境向一个语言游戏位置转变。比如,琼斯看到一个红苹果说"这个苹果是红的"。语言游戏中的推论是从一个语言游戏位置向另一个语言游戏位置移动。再如,琼斯在说出"这个苹果是红的"之后说"这个苹果不是绿的"。

不过,塞拉斯也指出了两个游戏的不同之处。在象棋游戏中,棋子或者因为摆棋得到初始位置,或者因为吃棋失去位置,甚至因为将死使得全部棋子失去位置。在这个意义上,可以说,没有得到位置的棋子不在象棋游戏中。而语言游戏并非如此,在占据一个语言位置之前的非语言位置的情境处于语言游戏之中,而在失去一个语言位置之后的举动也处于语言游戏之中。比如,当琼斯说"我应当现在举手"时举起他的手,即通过语言离开转变进入行动。这些模式支配的行为可以使用刺激-反应联系(即 S-R 联系)来解释。但是得指出,语言进入转变中的 S 不是一个游戏位置,而 R 是一个游戏位置,语言内转变中的 S 和 R 都是游戏位置,语言离开转变中的 S 是一个游戏位置,而 R 不是一个游戏位置。一个刺激在一个语境中可能是一个语言游戏位置,而在另一个语境中可能不是,比如,redd 这一声音可能被当作一个语词"red",也可能被当作一个走调的音符。除此之外,塞拉斯还指出第三种占据一个语言游戏位置的方式。这种方式没有类比象棋游戏:"我们处于某些位置,不是从其他位置变动到此(由此看它像观察),也没有做出一个语言进入转变(由此看它像推论)。这样的位置是'自由'位置,行之有理就可以随时恰当占据。"(SRLG, ¶25)塞拉斯将这种位置称为"辅助位置"。通常,这个位置是由元语言规则规定的原始语句,即可无条件断定的语句。我们通过服从这规则就可以占据这位置,而占据这位置不是模式支配的行为。

塞拉斯就模式支配的行为特别指出(*NAO*, Ch. 4, III, ¶29):

(1) 一次模式支配的行为本身不是行动(尽管行动可以由模式支配的行为的序列组成);

(2) 其正确或不正确不是行动的正确或不正确,而是不是行动的事件的正确或不正确。

他就上述三种模式支配的语言行为特别指出(*NAO*, Ch. 4, IV, ¶32),"从事这样的出声地想的能力不但作为模式支配的活动习得,而且它们一直是模式支配的活动"。那就是说,这三种模式支配的语言行为——塞拉斯常将这些语言活动和相应的内在片断分别称为感知认定(觉察或当下相信,亦或观察报告、感知报告)、推论、决断①——绝不会是服从规则的行为。语言模式的范围非常广泛,不仅有常见的逻辑原则展现的齐一性,比如"所有 A 是 B;这是 A;因此这是 B",还有很多其他模式,其中的根本在于结构语言学家强调的递归模式。这三种模式支配的行为构成一个基础,在此之上矗立着人的行动,包括语言行动和非语言行动。

总而言之,塞拉斯认为(*SRLG*, ¶16),就学习语言而言,"我们需要的是区分'模式支配的'和'服从规则的'行为,后者是一个牵涉前者但不要等同前者的更复杂的现象。在某种意义上,服从规则的行为包含游戏和元游戏两者,在玩作为一次服从规则的行为的前一游戏时服从的规则属于后一游戏"。由此也表明,关于语言习得的探讨需要继续展开关于规则的话题。

---

① 塞拉斯曾指出(*ITSA*, VIII, ¶51, n. 8; *SRLG*, ¶36),只有语言使用者不但在正常情境中一个绿的对象向他的感官显现时使用殊型"这个对象是绿的"来做出回应,而且能使用元语言从"这个对象是绿的这一思想在情境 C 时间 t 位置 p 发生在 X 身上"推论出"一个绿的对象在时间 t 位置 p 向 X 的感官显现",语言进入转变才会完全构成一次观察;同样,只有语言使用者不但符合句法规则,而且服从句法规则,语言内变动才会完全构成一次推论。再者,塞拉斯还指出(*NAO*, Ch. 4, IV, ¶32),尽管琼斯的

所有人是会死的;
因此,没有不死的是人。
与史密斯的
如果我有资格享有"所有人是会死的",那么我有资格享有"没有不死的是人";
我有资格享有前者,我这样来陈述:所有人是会死的;
因此,我有资格享有后者,我这样来陈述:没有不死的是人。
都含有"所有人是会死的"和"没有不死的是人"的序列,但是只有琼斯是从前者推论后者,而史密斯做出的是一次关于语言资格的实践推理。

三、批判规则与行动规则

塞拉斯指出(*LTC*, in *EPH*, I, P94; *OAPK*, I, ¶4),"规则"(rule)这个词项多年来已经得到一个专业的意义,在这个意义上,它适用于这样的一般陈述:关于什么应当做或不应当做,或者什么应当是这样或不应当是这样,或者什么应当允许或什么不应当允许,等等。

就塞拉斯的论证而言,一条规则大致来讲就是一个一般"应当"(ought)陈述,这样的陈述在传统上又区分出假言(hypothetical)"应当"和定言(categorical)"应当"。这两种"应当"既相互区别,也密切联系①。假言应当的形式通常是

If one wants to bring about E, one ought to do A.

译作:如果我们想要实现 E,那么我们应当做 A。

比如,"如果琼斯想要抬起重物 O,那么他应当使用杠杆 R 等等"。这种蕴涵式将事态 E 和执行 A 带入实践推理②。相比之下,定言应当不是在这个意义上的假言应当。一般定言应当的形式通常是

If one is in C, one ought to do A.

译作:如果我们在 C,那么我们应当做 A。

尽管这个陈述在形式上是条件句,看起来像假言应当,但它是定言应当,可以写作

One ought to do A in C.

译作:我们应当在 C 做 A。

塞拉斯将这个形式的定言应当称为"应当做"(ought-to-do)或"行动规则"(rule of action)③,这样的规则"规定某人应当做什么"。与之不同的是另一个形式的定言应当,比如

Xs ought to be in state Φ, whenever C.

译作:每当 C 时,x 应当处于状态 Φ。

塞拉斯称之为"应当是"(ought-to-be)或"批判规则"(rule of criticism),这样的规则"规定某物应当是怎样"。批判规则与行动规则的不同在于,行动规则要

---

① 塞拉斯在多处探讨了这两种"应当"的关系,以及定言应当关联的两种规则及其区别和联系,比如 *OAPK*、*LTC* 等。

② 根据塞拉斯关于实践推理的观点,大致来讲,首先,"S 想要实现 E"的意义是"S 意向实现 E",这将一个意向内容"我将要实现 E"归属行动者 S;其次,根据相关的因果蕴涵式"'S 实现 E'蕴涵'S 做 A'"得出"'我将要实现 E'蕴涵'我将要做 A'";最后,据此可以作出实践推理"'我将要实现 E',因此'我将要做 A'"。这将在下文关于"实践推理"的话题中详细谈论。

③ 塞拉斯有时也称之为"执行规则"(rule of performance)(*SM*, Ch. III, VI, ¶39)。

求规则主体具有恰当的概念能力或认知能力。批判规则解释模式支配的行为的发生,行动规则解释服从规则的行为(即行动)的发生。依照批判规则的行为不要求规则主体掌握一系列的概念,比如,什么是处于状态 Φ 之类的,只要求当什么的确是这样时 x 处于状态 Φ。而依照行动规则的行为要求规则主体掌握一系列概念,比如,什么是做 A、什么是处于 C、某种情境要求一个行动是怎么一回事,等等。而且,说行动者依照行动规则,就是说他在相信情境是 C 时会着手做 A,在实际处于具体情境 C 时执行 A。

尽管"应当是"区分于"应当做",但是它们有根本联系。大致地讲,这联系在于"应当是"蕴涵"应当做"。举塞拉斯的例子来讲(*LTC*, in *EPH*, II, PP. 95~96; *OAPK*, II, ¶¶ 10~11),

(*Ceteris paribus*)(Westminster) clock chimes ought to strike on the quarter hour

译作:(其他条件均同①)(威斯特敏斯特)时钟报时装置应当每十五分钟敲响一次

是一条批判规则,其中的规则主体不必具有概念能力,况且时钟报时装置作为无生命的对象本身也不会具有概念能力。这条批判规则蕴涵一条行动规则,比如

(*Ceteris paribus*) one ought to bring it about that clock chimes strike on the quarter hour.

译作:(其他条件均同)我们应当实现时钟报时装置每十五分钟敲响一次。

其中的规则主体(即我们)必须具有相关的概念能力。当然,批判规则的规则主体也可以是有生命的对象,比如批判规则

(*Ceteris paribus*) dogs ought to sit up when one's fingers snap②

译作:(其他条件均同)狗应当在我们打响指时坐起来

---

① 有时塞拉斯也将"其他条件均同"写作"Other things being equal and where possible"或(更简写成)"Other things being equal"(*OAPK*, II, ¶ 11, III, ¶ 17)。
② 塞拉斯早年没有区分模式支配的行为,而且将批判规则混为概括。具体而言,他早年"……区分纯符合一条规则的[行为]和因为一条规则而发生的[行为],并且指出,就纯符合一条规则的[行为]而言,一条规则不是一条规则,而只是一个概括。……规则这样表达:或者以非陈述的语法形式,或者以带有某些诸如'正确的''适当的''正当的'等等之类的用来把它们与概括区分开来的专门术语的陈述句"(*LRB*, ¶ 17)。他用来作说明的例子是,在训练一只狗在我打响指的时候坐起来时,这只狗的行为是纯符合一条规则的行为,不是因为一条规则而发生的行为,而且这行为只是符合"这只狗在我打响指的时候坐起来"这条概括,而非一条规则。不过,根据后来的文献可以看出,他认为狗的行为是规则支配的行为,即受到批判规则的支配。

和相应的行动规则

(*Ceteris paribus*) one ought to bring it about that dogs sit up when one's fingers snap.

译作:(其他条件均同)我们应当实现狗在我们打响指时坐起来。

批判规则的规则主体还可以是人,比如语言的批判规则

(*Ceteris paribus*) one ought to respond to red objects in sunlight by uttering or being disposed to utter 'this is red'①

译作:(其他条件均同)我们应当发声或倾向于发声"这是红的"来回应日光下红的对象

和相应的语言的行动规则

(*Ceteris paribus*) One ought to bring it about that people respond to red objects in sunlight by uttering or being disposed to utter 'this is red'.

译作:(其他条件均同)我们应当实现人们发声或倾向于发声"这是红的"来回应日光下红的对象。

不过,上述这样的其规则主体是人的批判规则以及相应的行动规则还要区别于这样的行动规则,即

(*Ceteris paribus*) one ought to say 'this is red' in the presence of red objects in sunlight,

译作:(其他条件均同)我们应当在日光下红的对象在场时说"这是红的",

它具有形式

(*Ceteris paribus*) one ought to say such and such, if C.

译作:(其他条件均同)如果C,那么我们应当说什么什么。

在这样的行动规则与前面批判规则之间的区分导向了在作为行动的"说"(saying)和作为模式支配的行为的(纯粹)"发声"(uttering)之间的区分。不管怎样,语言的行动规则的规则主体必须已经具备一个概念框架,比如,什么是红的对象、什么是日光、什么是实现、什么是一个情境要求一个行动等,而语言的批判规则的规则主体不必具备其中任何概念。进一步讲,不管批判规

---

① 塞拉斯指出,当依照批判规则的规则主体是人时可能会产生混淆。比如,"我们应当同情丧失亲友的人(one ought to feel sympathy for bereaved people)"或"我们应当感激恩惠(one ought to feel gratitude for benefits received)"等,这些看起来像行动规则,而且也要求相关规则主体掌握相关概念,但是"同情""感激""感到悲伤"之类的根本不是行动。只有在十分宽泛的意义上,即所有主动语态的动词都表达行动时,它们才可以说是行动(参见 *SM*, Ch. III, VI, ¶38; *LTC*, in *EPH*, II, P96; *OAPK*, ¶13)。

则的规则主体是无生命的物,还是有生命的动物和人,它们可以对情境作出有区别的回应——这是一个意义上的认知能力,但是这个回应不是概念回应——这是另一个意义上的认知能力。

上述关于规则的讨论已经暗示出了一幅关于语言训练的图画,即父母或老师等教儿童学习一种语言的图画。其中,可以说,父母或老师是训练者,儿童是受训者,训练者是行动规则的规则主体,服从相应的行动规则(即应当做),而受训者是批判规则的规则主体,符合相应的批判规则(即应当是)。在训练的过程中,作为规则主体的训练者已经得到一个概念框架,其中包括欲想的受训者状态的概念和这个状态处于的情境的概念,但受训者不必得到其中任何概念。就语言学习中的批判规则而言,塞拉斯指出(LTC, in EPH, IV, P100):

> ……有截然不同种类的语言的应当是:不但有语词-对象的应当是(或……语言进入转变),而且这些应当是由生成规则和转换规则表述。支配发声(其作为之于情境的感知回应)的应当不是应当做……同样,支配推论的应当不是应当做。推论不是举动意义上的做……不但有应当是将语言回应和语言外对象联系起来,而且有同样根本的应当是将语言回应和语言对象联系起来。……最后……有关乎实践语言的使用的齐一性……

不难看出,这是前文提到的三种模式支配的语言行为,即语言进入转变、语言内变动和语言离开转变。由此,受训者习得模式支配的语言行为库,其中的语言行为将始终是符合批判规则的行为。在此基础上,受训者还会习得一个拓展的语言行为库,即他学会归类语言行为,将自己的语言行为进行理论推理和实践推理等,其中的语言行为可以是服从行动规则的行为①。

对此,塞拉斯早年做出了这样的评述(LRB, ¶15):

> ……在人学会回应环境刺激——我们称之为他的绑定行为——的

---

① 塞拉斯通过类比象棋来阐明怎么以服从规则的方式来玩语言游戏。假定象棋游戏中的一个场景,比如黑棋将军。由此棋局的刺激可以进入象棋语言位置"……对方的象将自己的王",通过辅助位置"如果象将王,垫兵!"可以移动到促动位置"垫兵",最后离开这个位置,白方棋手作出垫兵的行动。同样,对于一个语言场景,比如有人问2加2等于几。由此问题的刺激可以进入规则语言位置"……2+2=?",通过句法规则(比如"如果有人问2加2等于几,说4!"可以变动到促动位置"我将要现在说'4'",最后离开这个位置,我回答说"4"。总之,儿童可以从学会玩对象语言游戏到学会玩元语言游戏(参见 $SRLG$, ¶¶53~74)。

基础上屹立着一个上层结构,即近乎发达的规则管制的符号活动的系统,它构成了人的理智画面。我们就是用这种规则管制的符号活动的系统,来理解爱因斯坦把握其他自然规律结构,莱布尼茨看到的所有可能世界的总体,逻辑学家探讨极为多样化的公设系统,康托向超穷进军。相比较于像狗学会坐起来或白鼠跑迷宫那样学会的行为,这样的符号活动很可能被刻画为自由的——当然,我不是说没有原因。另一方面,规则管制的符号活动的结构(其本身是自由的)构成了人通过他的绑定行为(即他学会的之于他的环境的回应习惯)来对这个世界(即他生活的世界)、它的历史和未来、它据以运作的规律的理解。说人是理性动物,就是说人不是依习惯而是依规则行事的生物。当上帝创造亚当,他在他的耳边轻声说:"只有辨识摸索规则这条规则,你才会在一切行动背景中辨识规则。当你不再辨识规则,你会四足行走。"

语言习得的过程表明,并非所有的语言规则都是行动规则,否则就不能依靠语言规则的话语来解释掌握概念是怎么一回事。

当然,儿童不会一直是受训者,他可以学会批判他人以及自己的语言动作,从而可以成为训练他人和自己的训练者:

> ……一个语言共同体中的成员虽然最初是语言学员,只是潜在的"人员",但是随后是语言教员,拥有由此蕴涵的丰富概念框架。他们一开始是应当是的题材主体,然后过渡到应当做的行动主体的身份。语言的应当是通过训练转化为齐一性。正如维特根斯坦强调的,就是这个作为自存整体的语言共同体是可以用来理解概念活动的最小单元。……直到我们不但通过展示要求的齐一性来符合语言的应当是……而且把握这些应当是……本身(即知道语言规则),我们才是这语言共同体中的完全成熟的成员。因此,我们必须知道自己是一个行动者,不但是应当是的题材主体,而且是应当做的行动主体。……是一个语言使用者,就是设想自己是受制于规则的行动者。(*LTC*, in *EPH*, IV, PP. 100~101)

总而言之,塞拉斯认为(*NAO*, Ch. 4, III, ¶28),"如果模式支配的行为可以通过'自然'选择产生,那么它也可以通过训练者有目的的选择产生。"受训者应当展示一种模式行为,而我们训练者应当使之展示出来。这也正如维特根斯坦所言,"教孩子说话靠的不是解释或定义,而是训练"①。塞拉斯在将这个观点展开的过程中也表明,生物在刺激-反应的语境中可能会开始玩语言的游戏。

学会一种语言之人的一次发声的意指是它的功能,或者说,功能给学会一种语言之人的发声以意指。一次出声地想和一次纯粹发声之间的不同就在于意指。在掌握一次发声的功能之前,儿童的发声不是在说话,而是鹦鹉学舌。在一个意义上,人和鹦鹉都可以说理解声音(比如)"你好"。不过人超越了鹦鹉,除了能回应一个对象之外,还能在一个符号系统中发挥功能,即将其认定为一个词句,或者养成(比如)一发声(或倾向发声)

I shall raise my hand now

译作:现在我将要举起我的手

就举起自己的手的习惯。在这个超越的意义上,人学会了说话。

儿童只有掌握了语言的功能才学会了说话。塞拉斯指出,我们可以想象儿童学习一种他能依之感知、推论、行动的初级语言。其间,他起先发出听起来像语词和语句的声音,最终发出是语词和语句的声音。虽然我们可能会使用带引号的词句来描述他在两个阶段的行为,不过,在早期阶段我们是在将他的发声归类于声音,只是出于礼貌预先归类于词句。只有当儿童掌握了他的发声怎么在语言中发挥功能,才能恰当地描述他在说"这是一本书"或"我将要举起我的手"或"没在下雨"或"现在闪电,马上雷声",等等。

而且,他掌握语言功能的过程大致如下(SK, Lecture II, II, ¶¶ 20~21; NAO, Ch. 4, III, ¶¶ 24~26):

> 训练他的人(比如他的父母)考虑这些功能发挥,试着确保他的言语行为为示范它们。就此而言,训练者不但在受训者的层级操作,即想着关于物的思想,而且在更高的层级,即想着关于第一层级的语言借以得到其具有的意指的功能的思想。用传统语言来讲,训练者知道支配语言正确发挥功能的规则。语言学习者起先符合这些规则,自己不把握它们。只有到后来,语言学习者变成完全成熟的语言共同体成员,他思想(理论和实践的)思想,不但关于非语言的项,而且关于语言的项,即(从VB②的视角看)关于第一层级的思想。他那时已从他人训练和批判的

---

① 〔英〕路德维希·维特根斯坦:《哲学研究》,陈嘉映译,上海:上海人民出版社,2005年,第5页,第5段。

② "VB"即下一节提到的"言语行为主义"。

对象，发展到他能训练和批判其他语言使用者，乃至他自己。确切地讲，他现已达到这个层级，即他能表述新的精深标准，用来重塑他的语言和发展新的思维方式。

不过，塞拉斯还指出（*NAO*, Ch. 4, IV, ¶35）：

> 不可以认为学会一种语言就像制作一个夹层蛋糕：首先对象语言，其次元语言，然后元元语言，等等，或者首先描述表达式，其次逻辑语词，然后意向表达式，等等。语言学习者同时在所有这些维度摸索。而且，每层的成就更确切地描画为不同维度的依次就位，而非加盖新的一层。

当琼斯可以指着什么说"我看到一个苹果，这个苹果是红的"，或者当琼斯能够看到这个苹果是红的，他已经经历了一个复杂的学习过程。他在这个过程中逐步建立起多元语言模式，比如，学会用语言表达式回应非语言对象和语言对象，学会在语言游戏中进行推论，学会用元语言表达式回应对象语言表达式，等等。我们和琼斯一样，若要学会使用（比如）"red"这样的观察谓词，

> ……我们不但得被我们的教员置于标准条件下去习惯性地回应——例如用"red"来回应红的对象，而且我们得学会辨识这些情境是标准的。换言之，观察的语言是整体学会的；除非我们（或许是粗略简要地）得到它的全部，否则我们得不到其中任何一个。我们习得谈论时空物理对象（从而做出几何语词具有的实质变动）的能力的同时习得了使用颜色语词以及用其他观察谓词归类感知情境的能力。当观察谓词取得了这样的身份，不再只是孤立的习惯性回应时，它们的使用需要依照具有形式"在情境 C_i，一个对象看上去是红的，当且仅当它是红的""在情境 C_j，一个对象看上去是蓝的，当且仅当它是绿的"等的原则来做推论的能力。得到一组这样的原则就是知道物有颜色是怎么一回事。……我能"一眼看到"某物是红的，只是因为我得到一幅概念图画，即我自己身处一个由如此置于时空的某某对象组成的情境中，我不断地检验和修改这幅图画，它的任何部分、它的任何原则都可以被置于危险之中，但不能同时全部被置于危险之中。（*SRLG*, ¶46）

这也让人想到语言起源的问题。因为根据训练者和受训者的关系可以不断地追溯第一位训练者，这将陷入无穷倒退。在塞拉斯的语境中，"……我

们不能假定,讲语言的人的存在可以归结为这个事实,即某些原人表述并且传播了语言游戏的规则"(SRLG,¶5)。不然,要么会陷入服从规则的无限倒退,要么会进而继续追溯这些原人的训练者。语言如何起源?塞拉斯虽然没有详细回答过这个问题,但是他指出了明确地方向。一方面,可以说,他认为人类的语言从"洞穴中的咿咿呀呀"开始(EPM,XVI,§63)。另一方面,从他的观点中不难看出,人类的语言源于一个自然过程,在这个过程中有纯粹自然的力量,也有原始语言共同体的力量。德弗里斯说,"或许进化心理学的进一步工作会对这个话题有更多的认识"①。不管怎样,塞拉斯对模式支配的行为的阐释表明,一个人在自然环境的影响下习得有规则的语言行为是可能的,而语言共同体中的教员也可以训练学员习得这样的行为。塞拉斯曾说(AAE,III,¶31),"在这方面,语言共同体扮演一个非常类似自然环境在其致使关联时扮演的角色"。这可以理解为,自然环境本身可以引起模式支配的发声、书写、手势之类的行为,这个变化可以发生在一个人身上,发生在一群人身上,也可以发生在不同的人群身上,甚至不同种类的生物身上——比如,塞拉斯将蜜蜂的"舞蹈"称为蜜蜂的"语言"(NAO, Ch. 4, III,¶27)——在十分宽泛地意义上,这些行为可以称为"使用语言"。

第三节　思想与感知

很多人认为,像"我们现在在想什么?"或者"我们的心灵中在发生什么?"这样的问题要回到笛卡尔的框架。然而,塞拉斯对科学实在论的探讨表明,还可以像建构一个理论一样来解释"思想"(thinking)这样的内在片断。塞拉斯认为,就"思想"而言,可以有两个解释框架,一个是"精细的"(fine-grained),另一个"粗糙的"(coarse grained)。"粗糙的"框架不使用心理理论的语言,或者正面来讲,这个框架就将思想等同真正的言语过程。"精细的"框架可以理解为是对"粗糙的"框架的理论丰富。正如微观理论世界的图画是对感知世界的图画的修改和丰富,作为内在概念片断的思想图画是对作为可公共感知语言的思想图画的修改和丰富。

不过,塞拉斯指出,这个"粗糙的"框架是一个原心理学框架,它是独立的,依其自身就可以描述、解释、评价语言活动。而且在他看来,典型的人的思想就是这个框架所描述的,他将这个观点称为言语行为主义(Verbal

---

① Willem A. deVries, *Wilfrid Sellars*, Bucks: Acumen, 2005, p. 45.

Behaviorism,简称 VB)。他同时也指出,虽然言语行为主义是一个过于简单的框架,不能充分描述思想,但是它有助于阐明语言哲学中的一些关键问题。

一、言语行为主义

言语行为主义是一个赖尔式立场。它的主要内容如下:

> 言语行为主义认为,"想 that-p"(thinking that-p),在这里的意思是"有思想 that-p 在我们身上发生"(having the thought occur to one that-p),其首要意义是说"p"(saying "p");其派生意义是代表一个短期的近前倾向(disposition 或 propensity)去说"p"。倾向往往会现实化(关于这个期间的一个逻辑点)。当它们没有现实化,我们就说它们(例如)"受阻"(blocked)。VB 认为,阻止将说 p 现实化的有关抑制因素不在出声地想的心境内。假如我们将其理论化,我们可能会使用总"开关"的模型,当儿童学会只想不说,总开关就装入了他的"线路图"。[①]

对此,有几点需要作出说明。

第一,在言语行为主义中,"想 that-p"不是心理执行,即不是自愿控制的,因此"说 p"不是以言行事的动作(illocutionary act)。换言之,言语行为主义中的"说"是人工意义上的,不是日常意义上的。在人工意义上,将一次发声描述为"说",这次发声就是指一次自发地或坦诚地出声地想(thinking-out-loud)[②]。塞拉斯指出,出声地想是自立的语言行为,是语言行为无拘无束地流露;这里的"无拘无束"(free-reined)大致是指"并非靠意向去传达某某一条具体信息来实现的"(NAO, Ch. 5, Ⅱ, ¶10)。因此,在人工意义上,"说"作为"出声地想"不是指向他人的传达(communicating)、断定(asserting)、陈述(stating)、吩咐(telling)、告诫(warning)、许诺(promising)[③]——或其所属的承诺(making a commitment)——等这样的言语行动或者奥斯汀细心总结的任何其他的言语执行;而在日常意义上,"说"可能是自发的出声地想,也可能是蓄意的语言行动或执行。不过,尽管单独的一次出声地想不是行动,但是诸多次出声地想构成的序列可以是行动,例如,"出声地琢磨"(pondering-out-

---

① 塞拉斯在多处或简或详地阐释了言语行为主义,比如 AAE, Ⅲ, ¶¶ 22~34; SK, Lecture Ⅱ, ¶¶ 9~10; NAO, Ch. 4, Ⅱ, ¶ 9。
② 赖尔将坦诚言说(candid speech)称为"出声地想"(think-out-loud)。
③ 许诺是承诺(making a commitment to 或 committing myself to)的一种(CPCI, Ⅵ, ¶ 60)。

loud)①。

第二,这个模型将"想"比作"说",将"that"分句用作引语,也就是给"想"的内容(即 that-p)加引号来作为"说"的内容。这同文学作品中的处理十分相似,当文本在描述某个人物的心理活动时,常会给这个人心想或心说的内容加引号,就像给他口说的话加引号一样。这样,一个人的所想就是他说出的话或倾向于说出的话。比如,举塞拉斯的例子,当

The thought that 2 plus 2 = 4 occurred to Jones,

译作:思想 2 加 2 等于 4 在琼斯身上发生,

这在言语行为主义的模型中会变为

Jones said (or had a short-term proximate disposition to say) '2 plus 2 = 4'.

译作:琼斯说(或有一个短期的近前倾向去说)"2 加 2 等于 4"。

不过,塞拉斯指出,将两者这样等同有些狭隘,这里的引语既涵盖不同种类的语言,比如英语、德语等,也涵盖同一种类语言的不同形式,比如书写、言说等。

第三,在言语行为主义中,说一个人说什么,或者(更一般地讲)说一种发声说什么,就是将这发声进行功能归类。这个功能归类需要专门(例举)使用听者可能熟悉的归类表达式,即在他的背景语言中的表达式(SK, Lecture II, II, ¶16; NAO, Ch. 4, III, ¶19)。比如,当我们说讲 PM 语的琼斯出声地想"ʃa"或(在这个意义上)说"ʃa"时,我们是在将他的发声进行归类,这归类不但是描述上的(比如语音)而且是功能上的。当然,人类的语言活动不仅有说,还有写,甚至打手势。因此,当我们说讲 PM 语的琼斯书写地想(thought-in-writing)"ʃa"或(在这个意义上)写"ʃa"时,我们是在将他的书写进行描述的(比如语形)和功能的归类。由此,塞拉斯指出,就某一次书写 t 而言,说

t is an "ʃ"

译作:t 是"ʃ"

就是说 t 属于某种语言,其本身具有的描述特征以分类谓词"ʃ"引号内的记号设计为范例,而且它发挥这样的记号设计在这种语言中发挥的功能。塞拉斯由此进一步指出(NAO, Ch. 4, VI, ¶43),"现在,显然可以设想这样的例举分类词,即适用于在任何语言中发挥例举项在某一基础语言(其使用能力已预设)中发挥的功能的项……为了哲学重构,这种语言可以等同于我们此时此地的语言"。因此,说

"Rot" is an・red・

---

① 塞拉斯在多处提到这个区分,比如 FD, II, PP151~153。

译作:"rot"是・red・

就是说殊型"rot"在德语言中发挥＊red＊在例举语言(即讲英语的人的语言)中发挥的功能。

使用一个元语言功能分类词来将一次发声或一次书写进行归类,就是在揭示其意指什么。塞拉斯指出(AAE,Ⅲ,¶27),"言语行为主义者赞同维特根斯坦,认为一次发声的意指是它的使用,不过,不同于维特根斯坦,他细心区分了工具意义上的"使用"(在这个意义上发声被理解为奥斯汀的执行)和作为功能的使用。就是在后一意义上,(例如)逻辑语词的意指是其使用。"换言之,塞拉斯认为(NAO,Ch.5,Ⅳ,¶47),"……虽然语言的的确确用作工具,但是这个角色基于实存一个非工具的语言行为阶层,其规则支配的模式构成相关语言项的真正意指(角色)"。

第四,怎么理解

Jones says "ʃa"

译作:琼斯说"ʃa"

中的"ʃa"发挥的功能?塞拉斯认为(NAO,Ch.4,Ⅵ,¶38),"……'ʃa'发挥动词'说'(says)的副词修饰语的功能"。因此,当琼斯说"ʃa"时,这可以表示为

Jones "ʃa"s.

译作:琼斯"ʃa"。

这里的"ʃa"是一个动词,说琼斯"ʃa"就是说他先"ʃ"然后"a"。当然,语言的使用除了说之外,还有写、打手势,等等。当琼斯不是说"ʃa"而是写"ʃa"时,他写下的

ʃa

就是两个符号的线性串联,即一个"ʃ"右边串联"a"。就此而言,表达式"ʃ""a""ʃa"都是归类语言殊型的分类谓词。这归类既是描述的(即按照语音和语形来归类),也是功能的。

第五,有关发声归类的功能可以就其方式来做进一步划分。有一些功能关系是纯粹语言内的,关联生成规则和转换规则;也有一些功能关系在于使用语言来回应情境中的对象引起的感觉刺激;还有一些功能关系将实践思想联系相关的行为。其中后两者都是某种形式的思想与其发生语境之间的概念联系,一个是在说(或有短期的近前倾向去说)"瞧,这有一个红苹果"①和有一个红苹果向感官显现之间,另一个是在说(或有短期的近前倾向去说)

---

① 有时塞拉斯将"lo"(瞧)用作一个人工算符,它表明相关语句是对一个感知对象做出的感知回应,就像塞拉斯将"shall"(将要)用作一个人工算符,它表明相关语句表达意向(参见 AAE, Ⅲ, ¶28, n.6)。

"现在我将要举起我的手"和举手行动之间。不难看出,这些功能的划分对应前文提到的三种模式支配的对象语言行为,即语言进入转变、语言内变动、语言离开转变。这些功能的划分也对应三种元语言行为,即使用元语言来回应言语行为,做关于言语行为的推论,进行关于言语行为的实践思想。这些方式具有齐一性,包括消极的齐一性和积极的齐一性。语言在齐一性的层次才有功能发挥。当塞拉斯使用引语来描述一个人的发声时,他是在暗示这个发声体现了它发挥功能的某些具体方式,暗示相应的声音在相关言语行为中正确地发挥功能,暗示这些方式的齐一性出现在相关言语行为和其近前倾向中。

最后,根据言语行为主义,当学会出声地想的儿童学会普遍抑制,他就学会了不再喋喋不休,他学会了只想不说——即当他沉默的时候,他可能是在思想。这里的思想是一个短期的近前倾向,而如果这个倾向未被抑制,那么他就会出声地想。思想的变化就是短期言说倾向的变化,以闪电般的"速度"进行,(用塞拉斯的话来讲)就像电铃的铃碗和铃锤一样急速的产生和失去吸引(SK, Lecture II, III, ¶25)。比如,在某一情境中的某一时间,某人首先倾向于说"该死,我刚刚错过了巴士",之后马上停止,变为倾向于轻声抱怨自己错过了(AAE, IV, ¶39)。不过,思想的时候并没有"词句在心中流过";短时倾向于说"p"并不是内在隐蔽地说"p",就像汽油的可燃性(即倾向于燃烧)并不是内在隐蔽地燃烧一样。言语行为主义也表明我们怎么认识思想。因为这里的思想的首要存在方式是"人们说什么",即一个可公共观察的片断。在这个意义上,我们可以听到自己的思想,比如,我们可以听到自己说(即出声地想)"我刚刚错过公交车"。我们也可以进一步想到"我刚想到我错过公交车",这是对之前的出声地想的听觉感知回应。

塞拉斯指出(AAE, III, ¶24),"……言语行为主义为解决心灵哲学中的关键问题提供了一个有用策略;尤其是关乎感知、推论、行动的问题"。比如,在一个感知情境中,琼斯看到有一个红苹果在他面前。他得到一个经验,其中包括思想"这有一个红苹果",或者,使用言语行为主义的语言来讲,

Jones thinks-out-loud 'Here is a red apple'.

译作:琼斯出声地想"这有一个红苹果"。

这个思想片断要在认识上得到证成或者说具有权威性,并非"……琼斯正确地从某些他有好理由相信的前提推论出有一个红苹果在他面前。因为我们在探讨一个典型的非推论信念。这思想的权威性以截然不同的方式传递给它。这可以归结为这个事实:琼斯学会了怎么在感知情境中使用相关的词句"(SK, Lecture II, III, ¶37)。如果我们无意中听到他的话(或报告),而且我们有理由相信不存在相悖情境,那么我们有正当理由这样推理:

琼斯出声地想"这有一个红苹果";

因此,有好理由相信有一个红苹果在他面前。

除此之外,从琼斯的视角也可以作出一个推理,不过,这个推理的前提是对自己的出声地想的回应:

我刚才出声地想"这有一个红苹果",

因此,有好理由相信有一个红苹果在我面前。

再如,塞拉斯指出,

that-p 蕴涵 that-q

这样的陈述是规范陈述,表述一条批判规则,大意是想 p 应当伴随想 q,不应当伴随想非 q。根据言语行为主义,习得这条规则的人想 p 会引起他想 q,不管两者之间是关联关系还是推论关系。也可以说,此人习得在某类音位的发声之后作出某类音位的发声的能力。

二、内在片断:思想

塞拉斯想要借鉴科学哲学的类比方法表明,作为真正的内在概念片断的思想可以类比言说,或者说,思想的命题形式是有意指的外显言说(overt speech)或外在言说(outer speech)的命题形式的类比延伸。因为思想内在发生,因此可以将其理解为内在言说(inner speech),即心语(Mentalese)在心灵中发生。塞拉斯指出,将思想类比言说是一个古老的想法。这个想法可以追溯到柏拉图,他认为思想是"灵魂内的对话"①,甚至也可以追溯到智者们,他们开启了对语言和语言力量的研究。

在塞拉斯的科学哲学语境中,这个想法得到进一步的发展。据此,"思想"就像一个科学理论假定的理论实体一样被用来解释某些现象。关于思想的建构想要解释的现象,塞拉斯在不同的地方给出了不同的表述:

(1) 人不论在其举止萦绕一串外显言语片断时,即在出声地想时,还是没有可观察言语输出时,其行为表现都是理智的。(参见 EPM, XV, §56)

(2) 人不论是在出声地想还是在沉默的时候,他的出声地想的趋向都会发生改变。(参见 SM, Ch. VI, III, ¶23)

而且,塞拉斯指出,根据这个建构,外显发声只不过是一个始于某些内在片断

---

① 塞拉斯在多处提到这一点,比如 TC, I, ¶9; LTC, in EPH, III, P98; TTC, V, ¶19。

的过程的终点。换言之,外显言语行为是一个始于内在言说的过程的终点。塞拉斯在他的洛克讲座中对这个建构作出了详细说明。他指出(SM, Ch. VI, III, ¶23),这个建构中的内在片断:

(a) 类似于出声地想;
(b) 在坦诚言说中终于它们具体类似于的出声地想;
(c) 关联言语趋向,这些趋向现实化的时候现实化为这样的出声地想;
(d) 发生,即,作为一个以(可以说)外显言说(或无声言说)"公开"的过程的初始阶段,不但在我们沉默时而且在坦诚言说时发生,而且没有这个终点也可以发生,当我们习得只想不说的能力的时候这样发生。

其中有趣的是,这个建构要解释的现象是外显言语行为,同时这个建构类比的模型也是外显言语行为。

塞拉斯早年在伦敦讲座后半部分用一种虚拟历史的方式讲述了内在片断的逻辑。用他的话来讲,他编写了一部简短的人类学科幻小说,即"琼斯的神话"(the Myth of Jones),来讲述我们怎么会谈论内在片断和直接经验的,确切地讲,谈论思想以及下文谈论的感官印象。

琼斯的神话从一个史前时期开始。在这个时期,人类的祖先或(布兰顿所谓的)"赖尔人"(the Ryleans)[①]讲赖尔式语言。这种语言的"……基本描述语汇谈及时空中公共对象的公共属性。……尽管它的基本资源有限……其总的表达力却非常强。因为,它巧妙利用合取、析取、否定和量化这些基本逻辑运算,尤其是虚拟条件句。……它表现出日常话语较宽松的逻辑关系……'含糊'且'开放'"(EPM, XII, §48)。比如,赖尔人可以说:"这个苹果是红的。"不过,这种语言资源尚不足以使这些赖尔人谈论思想和印象这样的内在片断,赖尔语还需要两个阶段的发展,或者说还需要补充两种话语资源,即语义话语和理论话语。

首先,语义话语被用来谈论词句的意义、真假等,它可以使赖尔人做出(例如)

"rot"意指 red

或

---

① 〔美〕罗伯特·布兰顿:"导读",载于《经验主义与心灵哲学》,王玮译,上海:复旦大学出版社,2017年,第134页。

"Snow is white"为真,当且仅当雪是白的

这样的语义陈述。塞拉斯认为,语义陈述可以使赖尔人来描述各自的言语行为。换言之,赖尔人之前可以从因果的维度谈论言语行为,而现在可以从语义的维度来谈论。比如,语义陈述"'rot'意指 red"的意思是讲德语的人的发声"Rot"的因果和讲英语的人的发声"Red"的因果相同,或者(简言之)两者扮演相同的角色。这样,赖尔人向关于思想的谈论又进了一步,"因为思想的特征是其意向性、指称性或关涉性,关于言语表达式的意指或指称的语义谈论显然与关于思想关涉什么的心理主义话语结构相同"(EPM,XII,§50)。其次,理论话语可以使赖尔人从理论维度来谈论内在片断,甚至认定它们实存。大致地讲,建构一个理论就是假定一个实体域和相关的原则,并且将这些实体的系统与非理论的对象及情境联系起来。特别是,理论的基本假定一开始往往是通过类比一个模型来建构的,由此,思想可以类比外显言说来建构。而且,虽然内在片断可以作为理论实体引入,可能在方法论上依靠观察语言,但是不在存在论上具有派生的身份。

琼斯的神话在补充两种话语之后进入了新赖尔文化时期。在这个时期出现了一位名为琼斯的天才,他是一场心理学运动的无名先驱。这场运动被称为"行为主义"。塞拉斯区分了两种行为主义。第一种是哲学的行为主义或分析的行为主义,它主张常识心理学概念可分析为关乎外显行为的概念。第二种是科学的行为主义或方法论的行为主义,它没有这个主张。琼斯的行为主义是第二种,这个论点不是要分析现有的心理学概念,而是要从头开始建构新概念来科学描述人类的可观察行为。正如物理学和化学这样的科学没有要求其概念必须通过使用可观察属性和行为进行明确定义来建构,行为主义不要求其概念必须通过使用外显行为进行明确定义来建构,尽管它们都可以这样来建构。这里的关键在于,一些行为主义概念是作为理论概念引入的,这些理论概念不仅不用外显行为定义,也不用神经、突触之类的科学对象定义,甚至不依靠通过等同神经生理学概念来解释行为现象,尽管两者可能在关于人类行为的总的科学图画出现时会有某种等同。

然后,在这个背景下,琼斯在试着解释人的言说现象时发展出一个理论。根据这个理论,外显发声是一个过程的终点,这个过程开始于某些被称为"思想"的内在片断。琼斯的理论有一些关键点。首先,思想在语言使用者"之内",就像分子在气体"之内",而非幽灵在机器"之内"。不过,尽管它们作为未观察到的实体引入,但不意味着不可以有好理由认为它们实存;而且,尽管它们不是作为生理学实体引入,但是不意味着未来不会认为思想等同(比如)大脑皮层的复杂事件。其次,虽然思想(作为内在言说)类似于外显言语,但

是它们不是一条隐藏的舌头在摆动,也不发出任何声音。再次,根据这个理论,思想是理智的非习惯性行为的真正原因。比如,举塞拉斯的例子,一个人看到食物说出"有食物"并且开始吃,他行动的真正原因不是这个外显发声,而是这个语句的内在言说。第四,这个理论将语义范畴用于思想。正如之前赖尔人谈外显发声的意指,现在琼斯开始谈思想的意指。这里的关键在于,"对外显言语片断的语义描述是语义词项的首要使用,语义描述的外显语言事件是这一理论引入的内在片断的模型"(EPM, XV, §58)。因此,不能用思想的意向性来分析外显言语片断的意指;换言之,不能认为思想的意向性是首要的,言语的语义特性是衍生的。

琼斯教他的同胞们用他的理论来解释彼此的行为。举塞拉斯的例子来讲,汤姆注视着迪克,当汤姆有行为证据担保他说"迪克在想 p",迪克也可以用这个证据说"我在想 p"。后来通过训练,迪克可以在不观察自己行为的情况下做出相当可靠的自我描述。大致地讲,这种训练是在行为证据有力支持理论陈述"迪克在想 p"时赞许迪克的发声"我在想 p",在证据不支持这个理论陈述时不赞许迪克的发声"我在想 p"。由此,赖尔人开始谈论每个人之于自己思想的"特权享有"。通过这样的训练,原来只有理论使用的语言获得了一个报告的角色,就像一位物理学家训练自己或他人去报告一个粒子在云室中的表现一样。

可以说,原始的赖尔语是一种只有行为主义心理学的非理论语汇的行为主义语言,而现在的语言则是加入了相关理论语汇的非赖尔语言。关键在于,这种建构并未提到直接经验之类的概念。换言之,思想不是直接经验。

"思想"(thought)这个词项具有广泛的适用范围。它可以进一步划分子类,比如,臆断(assumptions)、解答问题、感知、感知认定、觉察、当下相信(occurrent believing)①、意愿(willing)或决断(volition)②、意向(intending)③、寻思(wondering)、愿望(wishing)、决心(resolving)、判断(judging)、推理(reasoning)等④。这个词项的使用也是含糊的,前文表明,可以区分思想的两个意义。

第一个是倾向意义上的思想。这个意义上的思想与信念密切联系,即信

---

① 短语"当下相信"暗示了对一个命题内容的断定。较之于这个短语,塞拉斯更喜欢用"当下思想"(occurrent thinking that)(VR, I, ¶1, n.1)。
② 塞拉斯指出(VR, I, ¶3),"to will"被用来支持名词"volition",比如 Person wills to do A then and there(译作:人决断那时那地做 A)。"to will"之于"volition"就像"to occurrent believe"之于"occurrent belief"。
③ "intending"是实践思想。
④ 塞拉斯在多处提及思想的子类,比如 LTC, in EPH, V, P101; PHM, II, ¶30。

念(belief)是思想倾向,持有一个信念就是倾向于思想什么①。具体来讲,

  to believe that-p

  译作:相信 that-p

就是

  to be disposed to have thoughts that-p,

  译作:倾向于得到思想 that-p,

而不是

  to be disposed to have thoughts whether-p or thoughts that-not-p.

  译作:倾向于得到思想 that-p 或 that-not-p。

比如,

  to believe that x is Φ,

  译作:相信 x 是 Φ,

就是

  to be disposed to have (in appropriate contexts) thoughts of the "x is Φ" kind.

  译作:倾向于(在恰当语境中)得到"x 是 Φ"种类的思想。

  第二个是内在片断意义上的思想。思想(thought)有时指称思想内容(what is thought),有时指称相关的思想动作(the thinking of it)。当思想指思想内容时,它是指一个命题,既可以被很多心灵在同一时间想到,也可以被同一心灵在不同时间想到。思想是概念的,当思想指思想动作时,可以区分两种不同意义的思想:

  (1) 心理片断(mental episodes),即某一刻的心理事件,它是心理动作(mental acts),不是行动(actions)。在这个意义上,

  thoughts just occur to one

  译作:思想刚刚在我身上发生

 或

  It suddenly occurred to me that-p for no reason②

---

① 塞拉斯在多处提到将信念理解为思想倾向,比如 TA, I, P107。
② 塞拉斯指出(VR, I, ¶4),较之于"to occurrent believe",
  to suddenly think that-p
和
  to be struck by the thought that-p
蕴涵相关的思想(thinking)不是一个推理过程的结论。

译作:that-p 毫无理由地突然在我身上发生

是"内在言说"的语言——塞拉斯称之为心语(Mentalese)——的语句在心灵发生(SK, Lecture I, V, ¶¶ 29～31)。这些不是我们意向完成的,即不是我们决定去做的。

(2) 蓄意行动,比如思考(试着解答)一个(数学)问题,与信念关系紧密。

由此可以阐明塞拉斯的一个论点:当说"发声表达思想"时,可以区分"表达"(express)的两个意义(TC, ¶7; FD, II, P154; IILO, 3, PP. 167～168):

(1) 说一次言语发声"表达"一个思想(a thought),即一个思想动作(a thinking),或者,说这个思想在一次发声中得到外显表达,就是说这次发声是从这个思想动作开始的过程的终点。这里的思想是一个内在片断(或一个心理事件),因此,说一次发声"表达"一个内在片断,就是说,当思想者处于出声地想的心境,这个内在片断发起的过程终于这次发声①。这表明了一种意义,在这个意义上,坦诚的外显言说"表达"非赖尔式概念片断。而且,思想引发了发声,这是一个心理学事件,或者说这是一个因果事件,因此两者均属于自然次序。

(2) 说一个语句或一次言语发声表达一个思想(a thought),即一个思想内容,就是说这个语句或这次发声表达一个命题,因为(在逻辑的或语义学的意义上)思想意指命题。其中前者属于自然次序而后者属于逻辑次序。发声表达思想,这是一个语义事实。说一次发声表达其所说,就是在功能上将其归类。

三、内在片断:感官印象

在塞拉斯看来,感官印象也是通过科学类比的方法得到的一种实体。感知理论引入一个印象的实体域,发明适用的谓词和原则,正如分子动力学引入一个分子的实体域,发明适用的谓词和原则。感官印象语句看起来是一个理论中的语句,而感官印象谈论看起来是一种通过将感官印象语句和日常感

---

① 举例来讲(VR, I, ¶1),发声

    I shall do A here and now

    译作:我将要此时此地做 A

是相关决断的外显表达。

知语句协调起来而得其使用的语言,正如分子谈论通过将分子量的语句和气压的语句协调起来而得其使用。塞拉斯指出,对于感官感知的事实,可以有两个解释方式(*EPM*, IV, §22):

(1) 用将对象的颜色、看到它们的情境和它们看上去具有的颜色联系起来的经验概括;
(2) 用一个感知理论,"直接经验[即印象]"在其中扮演的角色类比分子在动力学理论中扮演的角色。

这就像对于气球膨胀这个事实可以有两个解释方式:

(1) 用将气体的体积、压力和温度这些经验概念联系起来的波义耳-查尔斯定律;
(2) 用气体动力学理论。

感官印象的框架不是一个形式化的理论,它的概念来自类比物理对象的颜色和形状的概念。比如,关于一个红的三角形的视觉印象在某些方面类比一个其向面一面是红的和三角形的物理对象,当把一个视觉印象描述为"关于一个红的三角形的印象"时,其中的语词"红的"和"三角形的"的使用源于相应的谓词在"一个其向面一面是红的和三角形的物理对象"这个语境中的使用。或者,进一步讲,印象的正面类比含有下述两部分(*PHM*, VI, ¶80):

(a) 关于红的、蓝的、黄的等三角形的种种印象蕴涵的相似和相异方式,形式类比向面一面是三角形的和红的、蓝的、黄的等种种物理对象的相似和相异方式;经过必要的修改之后,其他形状的情况也一样。
(b) 关于红的三角形、圆形、正方形等的种种印象蕴涵的相似和相异方式,形式类比向面一面是红的和三角形的、圆形的、正方形的等种种物理对象的相似和相异方式;经过必要的修改之后,其他颜色的情况也一样。

这些类比具有公设的效力,它们隐含定义适用感官印象的两个家族的谓词,其中一个家族的逻辑空间类比颜色的逻辑空间,另一个家族的逻辑空间类比物理对象的空间属性的逻辑空间。当然,完全揭示一个理论所依靠的类比的效力和范围是一项费力费时的事情,塞拉斯对此没有详细说明。不过,应当注意的一点是,这个类比是跨范畴的类比,即这是在一个状态和一个物理对象之间的类比。换言之,这类比是在感官印象和物理对象之间,不是在感官印象和关于物理对象的感知之间;弄错这一点不但可能会认为印象是认知的或概念的,而且可能会认为"S得到一个关于一个红的三角形的印象"具有"x R y"的形式(其中 y 是一种奇特的殊相)。此外,感官印象的框架还含有一个因果假说,即(比如)"某个对象在异常情境中看上去是红的"或者"当根本没有对象时看上去有一个红的对象"这样的事实通过假定在这些情境中引起相关的印象或感觉来解释,这些印象或感觉和正常情境下由红的对象引起的印象一样。

有的哲学家提出一种感觉理论,即关于感觉对象的副词理论。这个理论认为存在感觉动作,而且认为感觉动作是以某一方式感觉。就此而言,颜色或形状实存的基本方式是"副词的"。比如,红实存的基本方式是以红的方式感觉。塞拉斯认为,这个理论的合理之处在于,相关内在片断的动名词预设相应的动词,比如

  S has a red impression

  译作:S 得到一个红的印象

预设(被动语态的)

  S is impressed redly

  译作:S 被红地印象

或(主动语态的)

  S senses redly.

  译作:S 红地感觉。

不过,他也指出,这个理论会认为物理的红致使正常感知者以红的方式感觉,从而本末倒置地认为一个通过类比从有关物理对象的颜色概念推导出的颜色概念是基本的。因为,根据塞拉斯对理论建构的阐释,物理对象的颜色是基本的,副词的颜色是派生的;感觉理论的谓词是理论谓词,通过类比代表物理对象性质的谓词来引入,可以具有截然不同的概念语法。

其实,塞拉斯也坚持一种副词理论,其中也认为颜色和形状以副词的方式存在,或者说认为感觉的"对象"是副词(SSIS,IV,¶46),即感觉的方式。他认为

  a sensation of a pink cube

  译作:一个关于一个粉红方块的感觉

中的"a pink cube"不是指称表达式,从而"of a pink cube"不代表一种关系。

他主张(ATS，II，¶¶ 11～12),"of a pink cube"是分类短语,它的深层语法是一个修饰动名词"sensation"的形容词,指明了该感觉的种类。因此,

　　Jones has a sensation of a pink cube

　　译作:琼斯得到一个关于一个粉红方块的感觉

会语法分析为

　　Jones has an of-a-pink-cube sensation

或

　　Jones has an (of a pink cube) sensation,

从而可以说琼斯得到的感觉是一个"of-a-cube-of-pink kind of sensation"或"sensation of the of-a-cube-of-pink kind"[①]。

　　这里,形容词修饰的动名词是表层结构,其深层结构是副词修饰的动词。具体来讲,动名词"sensation"衍生于相应的动词"sense",就像动名词"thought"衍生于动词"think"一样。而当哲学家把这种表达式改为动词形式时,即把

　　Jones has a sensation of a pink cube

　　译作:琼斯得到一个关于一个粉红方块的感觉

改写为

　　Jones senses a pink cube

　　译作:琼斯感觉到一个粉红方块

时,往往会出现问题。古典感觉材料论者认为这里的"senses"是一个及物动词,或者代表一个关系,从而认为该语句具有"x V y"或"x R y"的形式,这里 y 是一种现实存在的奇特殊相,即感觉材料。而在塞拉斯看来,感觉材料论的感觉"对象"其实是一种感觉方式。比如,在

　　Jones senses a pink cube

　　译作:琼斯感觉到一个粉红方块

中的"a pink cube"应该是修饰动词"senses"的副词,其深层语法是"琼斯一个粉红方块地感觉",或者用英语来讲,

　　Jones senses (a pink cube)ly

或

　　Jones senses a-pink-cube-ly,

其中的括号或连字符指出了副词后缀"ly"的范围。

---

① 塞拉斯指出(SSS，P215，n. 11),严格地讲,物理对象是一块粉红(a cube of pink),相应的感觉方式是"a-cube-of-pink-ly"。

塞拉斯版本的副词理论不同于通常版本的副词理论，或者说不同于传统副词理论。通常的副词理论认为，

to have a sensation of pink

译作：得到一个关于粉红的感觉

就是

to sense pinkly.

译作：粉红地感觉。

该理论将"pink"解释为感觉方式。但塞拉斯指出（SK，Lecture I，VIII，¶62），琼斯看到的不只是粉红性，而是一个粉红方块，因此应该将"a pink cube"理解为相关的副词，而不只是"pink"。副词理论通常认为颜色的首要存在方式是感觉的方式，比如粉红的实存即粉红地感觉（the *esse* of pink is *sensing pinkly*），但不愿认为形状的首要存在方式也是感觉的方式，即不愿意认为形状的基本存在方式也是"副词的"。塞拉斯式副词理论要求副词是一个短语，而非单个语词，副词不仅涉及第二性质，还得涉及第一性质①。

在日常语言中，"粉红的"是形容词形式，代表物理对象的一个当下特性。而在理性重构中，它是副词形式，代表非物理动作的一个副词特性。粉红冰块的粉红性是一个当下特性，不是一个因果特性，即不能认为粉红能致使在正常情境中的正常观察者得到一个关于粉红的感觉或粉红地感觉。换言之，只有到了科学革命之后，颜色才被修正为因果特性。这里的关键在于，不能认为修正的结果是通过概念分析关于颜色的常识得来的，因为感觉是一个理论概念，它预设粉红性首先是物理对象的当下特性。

颜色和形状最开始以形容词的形式存在，即颜色和形状是时空物理对象的当下特性。在引入"感觉"实现超越之后，颜色和形状以副词的形式存在，即颜色和形状是感觉方式。不过，这仍局限在常识框架中，即塞拉斯称为的显见意象中。颜色和形状的存在方式还会有第二次超越，它们会越过日常框架进入科学框架，即进入塞拉斯称为的科学意象中，从而获得它们的最终形式。

这里要指出，感官印象或（宽泛地讲）心理状态不但并非真的是（比如）"红的"和"三角形的"，而且也并非真的处于"毗邻的"和"分离的"之类的关系。塞拉斯指出，关于一个复杂的印象是一个诸印象的复杂。比如，琼斯在某个情境中得到

---

① 近代哲学区分了第一性质和第二性质，认为颜色的实存即被感知（the *esse* of colour is *percipi*），而形状并非如此。

an impression of a red triangle adjoining a green triangle,

译作：一个关于一个红的三角形毗邻一个绿的三角形的印象，

这个印象是一个关于一个红的三角形的印象和一个关于绿的三角形的印象的复杂。问题在于，两个印象之间的什么关系使得两者构成一个关于毗邻关系的印象，而非关于其他关系的印象？根据塞拉斯对理论的探讨，这两个印象间的关系（比如"R*"）在类比的意义上对应"毗邻"关系。总之（SM, Ch. I, VI, ¶65），"简要地讲，印象具有的属性和处于的关系对应物理对象和事件的属性和关系"。

还要指出的是（EPM, II, §§8~9），感官印象的框架是一个理论①，不是"另一种语言"（another language），即不是便捷符号或代码（code）。A. J. 艾耶尔曾提出，日常感知话语是描述感知情境的一种语言，而感觉材料话语是另一种语言。换言之，感觉材料话语是认识论者设计的一种人工语言，日常感知话语可以完全翻译为这种语言，但没有增加或减少任何内容。比如"这个苹果之于一个人 S 看上去是红的"可以完全翻译为"这个苹果显现给 S 一个红的感觉材料"，两者有完全相同的意指或效力。对此，塞拉斯指出，如果感觉材料话语是另一种语言，那么它是代码，因为代码没有剩余价值。代码是一个人工的符号系统，每个符号表示一个完整语句。代码有两个典型特征（EPM, II, §8）：

(1) 每个代码符号是一个单元；代码符号的部分本身不是代码符号。

(2) 代码符号之间存在的逻辑关系是完全寄生的；它们完全源自它们表示的语句之间的逻辑关系。

比如，代码符号"○"和"△"的逻辑关系完全依靠两者表示的语句之间的关系。因此，感觉材料语句之间没有独立的逻辑关系，如果脱离相应的日常感知话语，那么，不但不能断定（例如）"所有感觉材料是红的"和"有些感觉材料不是红的"矛盾，而且不能断定（例如）"这个苹果显现给 S 一个红的感觉材

---

① 虽然塞拉斯将感觉称为"理论概念"（SK, Lecture II, I, ¶2），但它仍在显见意象中，因为该理论引入的新实体是动作或过程，不是新的个体，这只是扩大了对人的行为的理解，从而使显见意象更精深了。塞拉斯在他的伦敦讲座中指出（EPM, XIII, §51），说"内在片断"的概念是理论概念是矛盾的，确切地讲，是不正确的，之后又就"思想"明确指出（EPM, XV, §59），说"思想"的概念是理论概念是极其引人误解的。其实塞拉斯是想表明，"内在片断"的概念牵涉理论话语和观察话语之间的对比和差异，但是这些概念属于显见意象，不属于科学意象。

料"衍推"存在一个红的感觉材料"或"这个苹果显现给S一个具有某一具体色度的红的感觉材料",这些语句中的"所有"和"有些"之类的看起来和日常语言相同的记号设计会诱导人们将其当作日常语言,从而错将日常语言的逻辑带进来。因此,如果感觉材料语句是代码符号,那么它只不过是(可能以简便的方式)重新叙写日常感知语句,从而既没有阐明也没有解释(比如)"一个对象O之于S看上去是Φ"或"O是Φ"这样的事实。不过,问题在于,A.J.艾耶尔恰恰想用感觉材料话语来阐明日常感知话语。这样,感觉材料话语看起来是一个理论,而不是代码。尽管代码和理论都是受其协调语言(或者说对应规则)支配的人工系统,但是理论语言还有一定的自主性,这是代码没有的。正是因为理论有这部分剩余价值,它才具有解释功能。A.J.艾耶尔肯定不想认为感觉材料是理论实体,也不想认为"S直接知道某一感觉材料是红的"是一个理论事实,不然,他的"另一种语言"的途径就行不通,因为感觉材料话语不可以既是代码,又可以阐明日常感知话语。

说一个经验,比如看到这是红的,具有一个命题内容,就是说它牵涉思想这是红的,即牵涉心语语句"这是红的"的发生,却不同于纯粹思想这是红的。根据塞拉斯的表述,同一个经验可以有三种表达(SK,Lecture I,VII,¶¶47~49),即

(1) 貌似看到什么是这样(an ostensibly seeing something to be the case);
(2) 什么看上去是这样(something's looking to be the case);
(3) 什么视觉显象为是这样(something's visually appearing to be the case)。

如果这个经验是真实的,那么它就是"看到什么是这样"(seeing something to be the case)。从现象学来讲,这个经验具有一个非命题内容。这个非命题内容在于这个事实:"以某个方式是Φ的什么,以某个方式之于感知者显现,除了以想到的方式。"(something in some way Φ is in some way present to the perceiver other than as thought of)而正如塞拉斯对感官印象的阐释所表明的,精深的理论建构揭示了这个非命题内容的确切身份,即它是一个印象或感觉。

不仅如此,塞拉斯还将这个确切身份向前推进,将其与科学意象关联起来。他的主要观点在于谈及原感受(raw feels)与神经生理学之间的关系。原感受既涵盖身体的感觉和感受,也涵盖外感官的印象和意象(*IAMB*, I,

¶2)。塞拉斯聚焦建构关于感官印象的理论,这个理论依靠感知者和物理对象的关系来引入作为理论实体的感官印象。比如,一个物理对象,其向面一面是蓝的,它可以在标准条件下作用于视觉感官来引起一个关于蓝的印象,在非标准条件下(比如黄光照射下)引起一个关于绿的印象。根据这个理论,没有物理对象作用于感官也可以发生感官印象,比如在幻觉的情境中。不过,感官印象蕴涵有这个作用,因此塞拉斯常会使用(例如)"得到一个关于蓝的感觉"(have a sensation of a blue)——感觉没有关于这个作用的蕴涵(*SM*, Ch. VI, V, ¶46)。

感官印象以相关标准外因为模型,即感官印象的逻辑空间以物理对象及其可感知特性的逻辑空间为模型,比如关于蓝的印象类比蓝的物理对象。根据这个建构,感官印象是感知者的状态(*EPM*, XVI, §61; *SRT*, 1, ¶16),换言之,适用印象的是谓词(例如)"得到一个关于蓝的印象"(has an impression of a blue),其牵涉的主词是"人"。感官印象被假定来解释感知命题态度的发生[①]。比如,蓝的感官印象唤起思想"有一个蓝的对象在我面前"——因此感知蕴涵感官印象的发生。"关于蓝的印象"(impression of a blue)中的"of a blue"是一个形容词(一个主词所有格),是对相关印象的归类[②],并非 G. E. 摩尔认为的那样表达一个关系。因此,"a sensation of blue"表明这个感觉的种类是"与蓝的物理对象相联系的一类"。说一个感官印象是"蓝的"一类,并非说它像一条蓝领带一样真是蓝的。因此感官印象的谓词(比如"蓝的")和相关物理对象的谓词(比如"蓝的")在记号设计上相同但有不同的使用。

塞拉斯认为,在关于大脑状态的理想理论中,即在未来兑现的神经生理学中,感官印象的逻辑空间被置换(而非还原)为一个新的逻辑空间,而且这个新逻辑空间将被置于一个新语境中[③]。换言之,感官印象将被用作一个模型来引入一个新的实体范畴,塞拉斯称之为"感材"(sensa)[④]。

---

① 塞拉斯在多处谈及了感知与感官印象的话题,比如 *IAMB*, III。
② 这归类既是从外在因果来归类它们(即一个蓝的对象引起的经验),也是就它们的内在特征来归类它们(即一个"蓝的"种类的印象)。可以说,对感官印象内在特征的刻画也是外在的,即通过使用它们与物理对象的可感知性质和关系的对应来刻画的。
③ 另一种情况是,原始理论的原始谓词未必是统一理论的被定义谓词——化学-物理学就是如此,但其中一些完全可以是统一理论的被定义谓词。要发现的感官印象属性有另一个范畴框架,在法则上与统一的感官印象-大脑状态理论中的其他原始谓词表达的属性相联系,但不可分析为这样的属性。这些谓词可以是物理$_1$的,但不可以是物理$_2$的。
④ 塞拉斯在多处提到这一点,比如 *SISS*, IV, PP420~421。塞拉斯有时也将感材称为"感质"或"心象"。

这里塞拉斯引入了一个新的科学对象领域，即感材。这个概念是显见意象中颜色的最终置换，其中颜色会作为有颜色的殊相实存。塞拉斯认为感材实存，而且仅在神经生理学的语境中实存，即它是大脑实体。当在显见意象中一个人粉红地感觉，在科学意象中感材和其他一些神经生理学实体①构成某种神经生理学状态，这种状态与显见意象中的这个感觉"对应"或"等同"（SSIS，I，¶4）。因此，仅仅感材不等同于感觉或感官印象。神经生理学状态的解释角色是感官印象的解释角色的继任者。比如，当一个人一个粉红冰块地感觉，"真的"发生的包括一个粉红方块感材在皮层过程发生的地方实存。这个继任概念是一个可还原的概念，其构成要素包括感材，这些要素具有某某属性且处于某某关系。感材属于关于感知的科学理论，但这个理论还只是一张尚未兑现的"期票"。

塞拉斯愿意主张感官印象"等同"神经生理学过程，或者说等同于某些大脑状态——这里的大脑状态不是用日常观察语言刻画的，而是用科学理论语言刻画的。不过，他并非简单地持有一种同一论主张。他与同一论者是有分歧的，这分歧不在于"感官印象是神经生理学状态"，而是在于"感官印象是物理$_2$的"，即感官印象在科学意象中的对应可以用物理$_2$特征来定义（SSIS，III，¶43）。这里要做一个术语的澄清。塞拉斯区分了语词"物理的"（physical）的两种意义，即"物理$_1$的"（physical$_1$）和"物理$_2$的"（physical$_2$）。他指出（CE，V，P252），如果一个事件或一个实体属于时空网络，那么它是物理$_1$的；如果一个事件或一个实体可用理论原始句（其足够完全描述生命出现之前的现实宇宙状态，但不一定足够完全描述它的潜能）来定义，那么它是物理$_2$的。由此，塞拉斯区分了两种特征（FMPP，Lecture III，V，¶76，n. 15），物理$_2$特征"原则上可用在有感觉能力的有机体出现之前的世界中例示的属性（即描述和解释'纯粹物质'之物的行为的充要属性）来定义"，而"任何属于因果次序的特征"都是物理$_1$特征。其实，"物理$_1$的"就是"自然的"，截然不同于"超自然的"（SSIS，VII，¶89）。

塞拉斯认为（SSIS，II～III，¶¶18～20），感官印象和感材是物理$_1$的，不是物理$_2$的——化学现象是物理$_2$的。故而他拒绝"消解的"或"还原的"唯物主义。因为在他看来，还原的唯物主义认为实在最终由物理$_2$殊相组成，物理$_2$殊相由物理$_2$的属性和关系来刻画。如果基本理论词项全部理解为物理$_2$的，那么用其定义的感觉词项就失去了感觉意指。因此，塞拉斯拒绝神

---

① 塞拉斯指出，这里提到的神经生理学实体不是当前神经生理学理论设想的神经生理学实体。

经生理学状态可以用物理$_2$谓词来定义。他主张感官印象是相关科学对象系统处于的状态,这个系统中有些对象是物理$_1$的(即感材),但不是物理$_2$的,这个状态可以用这些科学对象的状态和关系来定义。换言之,前文提到的继任谓词"senses redly"不是代表一个物理$_2$科学对象系统的不可还原特性,而是代表一个其中包括感材的科学对象系统的可还原特性。

继任谓词"senses redly"的定义中包含原始谓词"red",但这里的"red"并不适用于显见意象中的物理特性,而是适用于科学意象中的感材,"red"发生了"变调"。在科学实在论语境中,对应规则会将感觉词项和相关理论词项关联起来。而正是因为理论词项中包含了感材的表达式,所以用理论词项来定义的感觉词项维护了感觉意指。因此,如果关于感官印象的理论要和神经生理学融合,那么这里的神经生理学就得是"足以解释经验大脑特性的理论";而如果神经生理学对象可以被微观物理理论还原为微观物理对象,那么这里的微观物理理论就得是"足以解释任何物理对象(有生命的或无生命的)的微观理论",而不能只是"足以解释无生命的物理对象的微观理论"。

综上所述,表达式"一个粉红方块"(a pink cube)一开始代表一个殊相,后又变为副词身份,最终变为代表一个殊相的通名,但这殊相不是一开始的殊相,一开始的殊相是显见意象中的物理对象,而最终的殊相是科学意象中的感材。正是通过引入作为科学对象的感材①,塞拉斯实现了对显见意象的副词框架的超越。

当一个人能够知道自己得到一个感官印象,这要求他通过训练能够概念回应自己的一种不可公共观察的状态,这预设了关于私人感官印象的主体间理论和关于公共物理对象的主体间框架。传统哲学将原感受和思想都归于心理状态,而塞拉斯将其区别开来,比如区分

a feeling of pain

译作:痛感

和

---

① 塞拉斯提出,感材也可能会置换为绝对过程。绝对过程是像"It thunders"这样的带有奇特主词"it"的语句表达的无主词的事件或无对象的事件。同样,感材也可能是"It (middle C$^\sharp$)s"或"It (red rectangle)s"。塞拉斯由此走向了一种赫拉克利特式的存在论(FMPP, Lecture III, VII, ¶115),其中包括物理$_2$的绝对过程,即 φ_2 动作(φ_2-ings),也包括感材在这个存在论框架中的置换,即物理$_1$ 的 σ 动作(σ-ings)。塞拉斯由此走向了人的捆束理论,即感知者或"人是一捆绝对过程"(FMPP, Lecture III, VII, ¶125),其中既有 φ_2 动作,也有 σ 动作,其构成包括"(middle C$^\sharp$)ing""(red rectangle)ing"等。根据这个理论(SSOP, VI, ¶84),琼斯得到一个关于一个粉红方块的感觉,因为"It (pink cube)s",这个"(pink cube)ing"是琼斯的一个构成。

the awareness of the feeling.

译作：关于痛感的觉知。

感觉不是心理的，因为感觉不具有意向性。思想类比角色，而感觉类比性质。总之，塞拉斯区分了心身问题（mind-body problem）和感身问题（sensorium-body problem）。感觉和觉知有各自的生理学关联（参见 DKMB，IV，¶ 276~277）。

琼斯神话的最后一章探讨了感官印象的身份。在这个阶段，琼斯面临的问题是（比如）当之于 S 看上去有一个红的三角形对象而事实上无物在那时，什么驱使 S 想或说"瞧，那边有一个红的三角形对象"？对此，琼斯发展出一个关于感官感知的理论。他"假定一类他称为（比如）印象的内在（即理论的）片断，它们是物理对象和过程作用身体各个部位尤其是……眼睛的最终结果"（EPM，XVI，§ 60）。塞拉斯对琼斯的理论做出一些说明。首先，这个理论引入的实体是感知者的状态，而不是一类殊相。不过，用来表述这个理论的模型可能会是一个"内在复制品"（inner replicas）的域，这个域中的实体是殊相，当它们在标准条件下引起时便具有其物理来源的可感知特征。如果错误地认为这个模型是感知复制品，比如看到一个红的三角形复制品，而且错将模型的实体等同于理论的实体，那么，因为"看到"是一个认知片断，所以会错将思想语言的逻辑带入印象语言，即错将思想和印象同化。其次，印象具有内在属性，但不具有（例如）"红的"和"三角形的"这样的属性，因为印象不是物理对象，而"红的"和"三角形的"是只有物理对象才可以具有的属性。换言之，印象具有类比属性，这些属性系统地类比可感知的颜色和形状，但不是真正具有可感知的颜色和形状。第三，虽然印象是作为感知者的状态引入的，但不是作为生理学状态引入的。当然，"我们显然可以预料，随着科学的发展，行为理论中的所有概念将可以等同可在神经生理学理论中定义的词项，这些词项又等同可在理论物理学中定义的词项"（EPM，XVI，§ 61）。

琼斯教他的同胞使用感知理论的语言，就像之前训练他们使用思想语言做报告一样，现在训练他们使用感知理论的语言来做报告，即训练他们直到可以成功地当且仅当他们得到一个关于红的三角形的印象时说"我得到一个关于一个红的三角形的印象"。在此之后，琼斯销声匿迹。不过，他的理论得到继承和发展。比如，可能会出现关于有机人体的微观理论。塞拉斯指出，感觉材料论者其实是在设想这个理论的框架，并用这个理论的语言来做报告。不过，感觉材料论者错误地认为自己的框架是靠分析经验知识的框架得来的，同时将他们自己用这个框架观察到的殊相和殊相排列理解为感觉材料,从而错误地认为感觉材料自始就作为知识的先前对象在这框架内,将其视为所予。

琼斯的神话到此结束。不难看出,琼斯的神话根本上是在批判所予神话,这一批判不只揭示了内在片断的真正身份,还驳斥了所予概念的一些根本特征,比如直接性,即知识源于心灵和知识对象的直接相遇。当然,所予概念不只是承诺一些知识是直接的,它还承诺:

> (a)所予在认识上独立,也就是说,不管我们和对象的认知相遇有怎样的正面认识身份,它都不依赖于任何其他认知状态的认识身份。注意,除非认识依赖性的唯一形式是实际的推论,不然认识独立性不来自直接性(不从其它知识推论而来)。
>
> (b)它在认识上有效,也就是说,它能把正面认识身份传递给我们的其他认知状态。①

基于这些特征所展现的是一幅人类知识的阶层图画。依靠所予的非推论知识构成一个特许阶层,这个特许阶层不但是其他推论知识的基础,而且具有权威性,是其他推论知识申诉的最终法庭。图画中的所予就像(换塞拉斯的另一个隐喻)一个支点,正如阿基米德曾说若找到一个合适的支点就能撬起整个世界一样,"心灵靠所予撬起知识世界"(*FMPP*, Lecture I, I, ¶1)。当然,这隐喻表明,就像塞拉斯对内在片断的分析所表明的一样,所予就像阿基米德的支点一样并不存在,这样一幅图画也是幻象。

在塞拉斯聚焦的经验主义传统中,所予神话表现为(例如)我们只靠得到一个关于红的感觉就直接知道我们得到一个关于红的感觉。这知识不靠其他知识,也不靠在先的语言学习过程,感官印象就可以直接促成具有权威性的知识,而且这促成既是因果的(或非概念的)也是认知的(或概念的),即感官印象既是这知识的原因也是它的理由。塞拉斯对所予神话的批判表明这行不通,并且进而强调认识话语具有不可还原的规范特征。他依靠他的科学实在论表明,要直接知道(或报告)自己得到某种感官印象,就要预先有一个复杂的语言训练过程(即学习过程)来使自己学会概念回应自己不可公共观察的状态,这又要求训练者和受训者(两者可能是同一个人)既得到公共对象的主体间框架,也得到私人片断的主体间理论。这样的直接知识具有一个主体间的身份,并处在一个证成的逻辑空间中。

---

① Willem A. deVries, *Wilfrid Sellars*, Bucks: Acumen, 2005, pp. 98~99.

因此，塞拉斯赞同赖尔，认为并不存在传统形而上学的心灵，而且将其和物对等起来是范畴错误。不过，塞拉斯认为可以存在其他意义上的内在片断，也可以用主体间的话语来内在描述它们，但不是使用一个逻辑上的限定描述语——比如，(就感官印象而言)"感知者在'他看到那边的对象是红的和三角形的'或'那边的对象只不过看上去是红的和三角形的'或'那边只不过看上去有一个红的三角形对象'时共有的一个状态"这样一个限定描述语。塞拉斯对内在片断做出的理论解释表明，内在片断的话语可以内在描述这些内在片断，尽管这理论假定这些片断是私人的，但是内在片断的概念是在公共话语的空间中通过类比得到的①，即它最初根本上是主体间的，这与内在片断的私人性不矛盾，或者说这些片断的私人性不是传统困惑中的绝对私人性。而且，根据塞拉斯的科学实在论，如果这是一个好理论，那么作为理论实体的内在片断实存。在这个意义上，塞拉斯认为(*EPM*，X，§45)，"……不但内在片断不是范畴错误，而且它们用主体间的话语完全'可说'"。

---

① 塞拉斯由此指出："直接的自我知识可能实质上牵涉类比概念，即我们用以得到常被称为关于我们心理动作的'反身知识'的概念是适用公共的或主体间的物和人的世界的概念的类比延伸。"(*BBK*，I，¶24)

第四章　理性与实践

在传统上,支持行为的论证被称为"实践论证"(practical arguments)。不过,"论证"这个词项往往带有执行的意谓,比如面向公众做出什么。为了除去这个意谓,显示"论证"是非执行的,塞拉斯也将实践论证称为"实践推理"(practical reasoning)。有时,实践推理与理论推理(theoretical reasoning)相对。塞拉斯承诺存在实践推理这样的事情,而且相信日常的蓄意过程和实践思考牵涉名副其实的推理。塞拉斯对实践论证的框架进行了极富创造性的建构和阐释,其中的观点对行动理论、伦理学、知识论都有非常重要的意义。

第一节　实践推理

除了关于事实(facts)的话语,即关于
what is the case
译作:什么是这样
的话语,塞拉斯还探讨了关于价值(values)的话语,即关于
what ought to be the case
译作:什么应当是这样
的话语。这其实是对规则(即各种"应当")和行动的探讨。这个探讨以他的语言哲学和心灵哲学为背景,特别是他主张坦诚的外显言说是内在心理片断的模型,思想的意向性特征类比出声地想的语义特征。探讨的导向是他关于行动、道德、知识的话题,而塞拉斯是在建构了一个意向框架的基础上来将这些话题展开的。

一、意向的框架

塞拉斯认为,实践推理通常可以重构为一个"将要陈述"(shall-statement)

的序列来表达①。顾名思义,将要陈述是含有(英语)助词"shall"(将要)的语句。不过,这个助词在这里是一个专门用法,它使将要语句表达意向。将要语句表达意向,就像陈述语句——比如"it rains"——表达命题一样。当然也可以有其他形式的实践陈述,这些陈述不必一定含有这个助词,但是这些陈述必须具有将要陈述的效力。

将要陈述可以进一步区分出"将要做"(shall do)和"将要是"(shall be),前者具有形式

I shall do A,

译作:我将要做 A,

后者具有形式

It shall be the case that-p,

译作:将要是 that-p,

两者之间具有概念联系(SM, Ch. VII, IV, ¶19)。大致地讲,

It shall be the case that-p

译作:将要是 that-p

阐明之后具有

(Ceteris paribus) I shall do that which is necessary to make it the case that-p

译作:(其他条件均同)我将要做使之是 that-p 的必要行动

的意义。塞拉斯通常将英语语词"Shall"(即"将要")用作意向算符来形式化上述将要陈述。相应地,这个算符可以区分出运算行动的"Shall"和运算陈述的"Shall"或"Shall be"。因此,有关行动的将要陈述可以重构为

Shall [I will do A]②   或   Shall [my doing A]③,

译作:Shall [我将会做 A]   译作:Shall [我做 A],

而有关事态的将要陈述可以重构为

Shall be [that-p]④   或   Shall [its being the case that-p].

译作:Shall be [that-p]   译作:Shall [是 that-p]。

---

① 塞拉斯在多处提到他对"将要陈述"的建构,比如 TA, V, PP127~128; SM, Ch. VII, II, ¶14。
② 塞拉斯在实践推理的阐述中区分和规定了"将要"(shall)和"将会"(will)的使用,前者专门用来表达意向,后者不表达意向,而是用来表达一般将来时态的陈述。意向算符"shall"通过运算一般将来时态的陈述来产生意向陈述。不过,在英语的日常用法中,有"will"出现的第一人称语境可以表达意向。塞拉斯这样规定是为了统一表达,避免在两者之间变来变去(参见 SM, Ch. VII, II, ¶14, p. 179; ORAV, III, ¶26; CPCI, III, ¶31, n. 2)。
③ 这是通过给陈述语句变成的动名词(verbal noun 或 gerund)加上前缀"Shall"来重构的(IILO, 4, PP174~175)。塞拉斯有时候也写作"Shall [I to do A]"(VR, ¶31)或"Shall [I do A]"(ORAV, VI, ¶55)。
④ 塞拉斯有时也写作"Shall be [p]"(ORAV, VI, ¶55)或"Shall [that-p]"(TA, III, P118)。

不过，不同于塞拉斯，黑尔(R. M. Hare)不但认为将要语句运算一个动名词，而且认为陈述语句也运算一个动名词。黑尔对于意向和信念作出了"首肯-指陈"(neustic-phrastic)的分析①。举他的例子来讲，

(1) Your shutting the door in the immediate future, please.

(2) Your shutting the door in the immediate future, yes.

两个语句的相同之处在于都具有指陈

Your shutting the door in the immediate future.

译作：你快把门关上。

不同之处在于(1)的首肯是"please"（请），它使(1)表达一个命令(command)，而(2)的首肯是"yes"（是的），它使(2)表达一个陈述。塞拉斯认为这个重构没有必要，也是错误的。因为，将要语句运算的动名词本身来自相关的陈述语句，而且这样的动名词没有首肯"yes"也可以用来进行推论。"Shall"算符通过运算将来陈述语句来产生相应的将要陈述，比如通过运算"I will do A"来产生"Shall [I will do A]"（参见 TA，V，PP127~128；CPCI，III，¶¶30~31）。

不同于塞拉斯，黑尔还认为将要陈述是命令(imperative)，比如将"I shall do A"理解为"Myself, do A!"。换言之，黑尔对实践推理做出命令主义的解释②。塞拉斯认为实践陈述或者是将要陈述，或者是衍推将要陈述的陈述，而且塞拉斯的实践推论关注在什么情境下可以从一组前提有效推论出一个将要陈述；而黑尔认为，实践陈述或者是命令，或者是衍推命令的陈述，而且实践推论关注在什么条件下可以从一组语句有效推论出一个命令。

塞拉斯使用黑尔的例子来说明（IILO，3，PP. 172~173）。在他看来，对黑尔举例的推理

Take all the boxes to the station!

This is one of the boxes.

So, take this box to the station!

译作：将所有箱子送到车站！

这是其中一个箱子。

因此，将这个箱子送到车站！

---

① 黑尔解释说，"phrastic"源于一个希腊词，其意为"指示或指出"，而"neustic"则源于另一个希腊词，其意为"点头同意"（[美]理查德·麦尔文·黑尔：《道德语言》，万俊人译，北京：商务印书馆，1999年，第19~20页）。

② 给实践推理作出命令主义解释的还有卡斯塔尼达（参见 TA，I，PP106~107；IILO，PP212~214）。

的分析是下述实践推理：

M(1-1)　"琼斯马上会将所有箱子送到车站；这是其中一个箱子"蕴涵"琼斯马上会将这个箱子送到车站"
因此，"这是其中一个箱子"蕴涵"'琼斯马上会将所有箱子送到车站'蕴涵'琼斯马上会将这个箱子送到车站'"

M(1-2)　这是其中一个箱子
因此，"琼斯马上会将所有箱子送到车站"蕴涵"琼斯马上会将这个箱子送到车站"

M(2)　因此，"Shall[琼斯马上会将所有箱子送到车站]"蕴涵"Shall[琼斯马上会将这个箱子送到车站]"

M(3)　Shall[琼斯马上会将所有箱子送到车站]
因此，Shall[琼斯马上会将这个箱子送到车站]。

在黑尔看来，命令（imperative）用来告诉某人去做某事，它与命令（command）相区别。就后者而言，颁布命令涉及一个人与他人的关系，这个关系授权这个人颁布这个命令，不授权他颁布其他命令。换言之，并非任何人在任何场合都可以向他人颁布命令。颁布命令和做出许诺会依靠某条道德原则来创建义务（obligation）①，即被命令者所担负的义务或做许诺者所承担的义务。许诺约束做出许诺的人，其创造义务依靠的道德原则是

If X appropriately says "I promise to do A" to Y, then X owes it to Y to do A.

译作：如果 X 对 Y 恰当地说"我许诺去做 A"，那么 X 该为 Y 去做 A。
而命令约束被命令的人，其创造义务依靠的道德原则是

If X appropriately says to Y "I command you to do A!", then Y owes it to X to do A.

译作：如果 X 对 Y 恰当地说"我命令你去做 A"，那么 Y 该为 X 去做 A。因此，命令（imperative）和命令（command）的区别在于，后者依靠颁布命令者和接受命令者之间的关系创建了一个义务，而前者只是告诉某人做某事，缺少这样一个关系来创建一个义务。这也意味着，假定两个人处于某一关系，那么前者会具有后者的效力。比如，挥舞着手枪的拦路强盗对被劫者说，"把钱给我！"

塞拉斯也指出，直观来看，不存在下述这样的许诺论证和命令论证：

---

① 即
　　S is under an obligation to do A.
　　译作：S有义务去做 A。
这里的"S"指做出许诺的人或被命令的人。

(1) I promise to do A in dt, if p; p; So, I promise to do A in dt. ①

译作：我许诺如果 p 那么到时做 A；p；因此，我许诺到时做 A。

(2) I command you to do A, if p; p; So, I command you to do A. ②

译作：我命令你如果 p 那么做 A；p；因此，我命令你做 A。

因为与之相悖的

(1') I promise to do A, if p; p; but I do not promise to do A.

译作：我许诺如果 p 那么做 A；p；但我不许诺做 A。

(2') I command you to do A, if p; p; but I do not command you to do A.

译作：我命令你如果 p 那么做 A；p；但我不命令你做 A。

也说得通；但不可以说

(1″) I promise to do A, if p; p; but I promise not to do A.

译作：我许诺如果 p 那么做 A；p；但我许诺不做 A。

(2″) I command you to do A, if p; p; but I command you not to do A.

译作：我命令你如果 p 那么做 A；p；但我命令你不做 A。

塞拉斯认为，一个做出条件许诺或接受条件命令的人，他的推理是这样的：

I shall do A in dt, if p; p; So, I shall do A in dt.

译作：我将要如果 p 那么到时做 A；p；因此，我将要到时做 A。

不过，塞拉斯指出，就许诺而言，存在下述这样的论证（参见 *CPCI*，I～II，¶¶ 14～29）：

(I) I have promised to do A and B; Therefore, I have promised to do A.

译作：我许诺了做 A 和 B；因此，我许诺了做 A。

(II) I have promised to do A, if p; p; Therefore, I have promised to do A.

---

① "dt"即"delivery time"（到时）。

② 或者举例来讲，

(1) I promise to call you tomorrow, if it rains tomorrow; It will rain tomorrow; So, I promise to call you tomorrow.

译作：我许诺如果明天下雨，那么给你打电话；明天会下雨；因此，我许诺明天给你打电话。

(2) I command you to call me if it rains tomorrow; It will rain tomorrow; So, I command you to call me.

译作：我命令你如果明天下雨，那么给我打电话；明天会下雨；因此，我命令你给我打电话。

译作:我许诺了如果 p 那么做 A;p;因此,我许诺了做 A。

两者的不同在于(II)是条件形式的推理。这里的关键在于,两者虽然是关乎许诺的论证,却不是许诺论证。许诺论证的结论是诸如"我许诺做 A"这样的"许诺"(promisings),比如

(i) I (hereby) promise to do A and B, Therefore, I (hereby) promise to do A.

译作:我(在此)许诺做 A 和 B;因此,我(在此)许诺做 A。

(ii) I promise to do A, if p; p; Therefore, I promise to do A.

译作:我许诺如果 p 那么做 A;p;因此,我许诺做 A。

相关的衍推分别是

"I promise to do A and B" entails "I promise to do A"

译作:"我许诺做 A 和 B"衍推"我许诺做 A"

和

"I promise to do A, if p" and "p" entail "I promise to do A".

译作:"我许诺如果 p 那么做 A"且"p"衍推"我许诺做 A"。

而根据塞拉斯的分析,(I)和(II)相关的衍推分别是

"S promises (at t) to do A and B" entails "S promises (at t) to do A".

译作:"S(在 t 时)许诺做 A 和 B"衍推"S(在 t 时)许诺做 A"。

和

"S promises (at t) to do A, if p" and "p" entail "S promises (at t) to do A".

译作:"S(在 t 时)许诺如果 p 那么做 A"且"P"衍推"S(在 t 时)许诺做 A"。

两组衍推的重要不同在于时间"t"的引入。塞拉斯拒绝了前一组衍推以及相应的许诺论证,而认可了后一组衍推以及相应的关乎许诺的论证。因为在他看来,加入时态的衍推被下述许诺实践的概念结构支持:

如果一个人 S 在 t 时说"我许诺做 A 和 B(我许诺如果 p 那么做 A)",那么(其他条件均同)S 就在 t 时许诺了做 A 和 B(或许诺了如果 p 那么做 A①),这样一来,S 许诺了做 A 也许诺了做 B(或许诺了如果 p 那

---

① 因为 S 许诺了如果 p 那么做 A,所以"如果 p,那么 S 许诺了做 A"为真,从而可以得到肯定前件假言推理

(II')如果 p,那么 S 许诺了做 A;p;因此,S 许诺了做 A。

这里的关键在于,条件"p"和行动"做 A"都是在许诺的范围内。尽管在表层上看,大前提将条件"p"置于了许诺范围之外,但在深层上看,大前提衍生于将其置于许诺范围之内的"S 许诺了如果 p 那么做 A"。

么做 A)。

据此,论证(i)和(ii)不符合"许诺"语法,因此不存在那样的论证①。

除了区分以上两种命令,还要区分"告诉某人去做某事"和"告诉某人自己去做某事的意向",即区分

to tell S to do A

译作:告诉 S 去做 A

和

to tell S of one's intention to do A.

译作:告诉 S 自己去做 A 的意向。

当某人对 S 说"I shall do A"时,他在告诉 S 自己的意向。当某人对 S 说"S shall do A"时,他可能是在将自己的意向告诉 S,也可能是在告诉 S 去做 A,即对 S 说"Do A!"。不过,如果某人对他人说"S shall do A",那么他或者是在将自己的意向告诉他人,或者是在告诉他人去做什么来让 S 去做 A,即对他人说"Let S do A!"。当这里的意向内容是某个事态时,这个区分会更明显一些。、当某人对 S 说"It shall be the case that-p"时,他可能是在将自己的意向告诉 S,也可能是在告诉 S 去做什么来实现这个事态,即对 S 说"Let it be the case that-p!"。不过,当 S 听到某人说"S shall do A"时,这个人未必像上述那样告诉 S,也可能是他在说出(即"出声地意向")的同时 S 无意中听到了②。

---

① 当然还有其他形式符合"许诺"语法的论证不是许诺论证,比如,举塞拉斯的例子(参见 *CPCI*, I, ¶¶ 4~12),

(3) I want to put your mind at ease; therefore, I promise to get you to the airport by 9:00 a.m.

译作:我想要让你安心;因此,我许诺上午 9 点送你到机场。

在塞拉斯看来,与这个论证相关的衍推是

"I will put your mind at ease" entails "I will promise you to get him to the airport by 9:00 a.m."

译作:"我将会让你安心"衍推"我将会许诺上午 9 点送你到机场。"

因此,(3)的结论其实是"我将会许诺上午 9 点送你到机场",而说者最终会说"我许诺上午 9 点送你到机场"来让听者安心。因此,(3)根本上不是一个许诺论证,其中牵涉的结论不是许诺。

② 塞拉斯认为(*IILO*, 3, PP168~169),像"You shall do A"这样的第二人称发声也是可以被"you"指称的听者无意中听到的。因为当某人出声地意向"S shall do A"时,这对于他人而言相当于"You shall do what you reasonably can to ensure that S does A";或者换作事态来讲,当某人出声地意向"It shall be the case that-p"时,这对于他人而言相当于"You shall do what you reasonably can to ensure that-p"。

同样,直观地讲,也不存在

Do A in dt, if p!; p; So, do A in dt!

译作:如果 p 那么到时做 A!;p;因此,到时做 A!

这样的有关命令的推理。总而言之,命令、许诺、告诉都是需要听者的公共执行。相比之下,推理是可以内在进行的;如果它出声地进行,那么它就是被无意听到的(参见 IILO, 3, PP 169~170)。换言之,在塞拉斯看来,推理可以是而且常常是内心思想,不必得到表达,也不必向听者(包括自己)述说;而颁布命令、做出许诺、使用命令必须向听者(包括自己)述说。因此,不存在其前提或结论是命令或许诺的推理,也不存在其前提或结论是命令的推理。

这里的思想是某一时刻发生在心灵之中的心理片断,即心灵动作。不过,这样的心理片断不是行动。意向是思想。换言之,意向 S 做 A 就是思想"S 将要做 A"。这里得区分作为内容的意向(即意向内容)和作为一个动作或状态的意向(即意向动作)①。比如,表达式

I intend to do A

译作:我意向去做 A

或更清晰的

I intend that I do A

译作:我意向我做 A

和

I intend that it be the case that-p

译作:我意向是 that-p

表达意向动作,而"我将要做 A"表达意向内容。正如前文所指出的,这样的思想是以外显发声为模型来理解的内在片断。因此,意向内容指出相关心理动作的种类,比如"I shall do A"种类的意向。将要陈述表达作为内容的意向,因此,如果实践推理可以重构为将要陈述的序列,那么实践推理是意向内容间的推理,而不是意向状态间的推理②。

塞拉斯(IILO, 11, P198)将意向动作表达式归类于传记陈述(biographical statements),这样的陈述将一个意向内容归属某人。比如,

S intends that X do A

译作:S 意向 X 做 A

---

① 关于这一点,塞拉斯有多处表述,比如 SM, Ch. VII, III, ¶¶ 15~18; ORAV, III, ¶¶ 32~33; TA, I, P108。

② 意向状态间的逻辑也是一个值得研究的话题。

是一个传记陈述,其中"S"可以是我自己,也可以是琼斯、汤姆、迪克等其他人;给"我"的归属称为自我归属,相应的陈述称为自传陈述(autobiographical statement)①。而其中的"X"可以是 S 自己,也可以是琼斯、汤姆、迪克等其他人。不过,不管 X 是谁,这个意向始终是 S 的意向。换言之,意向内容具有"第一人称"的特征,即它始终是说者的意向;尽管这不太符合正确的英语语法②。这意味着,说者不但可以意向自己做什么,而且可以意向他人做什么。比如,将要陈述"我将要做 A"或"Shall[我将会做 A]"表达说者意向自己做 A,而"琼斯将要做 A"或"Shall[琼斯将会做 A]"表达说者意向琼斯做 A,并且将要采取必要行动来使琼斯做 A。

实践推理被称为"实践的",因为与实践有概念的必然联系③。换言之,其他条件均同,意向以行动告终。塞拉斯支持古典观点,认为行动由决断(volition)发起。如果一个行为(behavior)是决断致使的,那么这个行为是行动(action),否则它就不是行动。举塞拉斯的例子来讲(FD, III, PP159~160),一次眨眼(blink)如果是决断致使的,那么它就是示意的眨眼(wink),否则它就是一个行为,而不是一个行动。不过,决断本身不是行动,即不是举动(conduct),而是亚里士多德的现实(actuality)意义上的动作(即片断)。不存在之于决断的决断,就像不存在之于同情的决断一样。决断也不是尝试(tryings)。尝试做 A,大致地讲,是做一件或多件我们很可能认为在情境中发展成做 A 的事。决断也不是选择(choosings)。没有选择做 A 而非 B,我们也可能决断做 A,即使做 A 抑制 B④。

在塞拉斯看来(SM, Ch. VII, II, ¶ 6),决断"……是概念次序唤起它在实在次序意象的时刻,就像在观察和自我认识中,实在次序唤起它在概念次序的意象"。塞拉斯常提到概念次序(即语言的)和实在次序(即非语言的)之间两个不同方向的转变。其一是用(例如)"这是红的"这种概念片断来回应在场的红的对象,其二是用(例如)手的上举动作来回应"现在我将要举起我的手"这种概念片断。他将前一种称为"语言进入转变",将后一种称为"语言离开转变"。学会前者就是学会感知认定或学会观察报告,学会后者就是学会决断。人在学会意向话语(即学会"将要"语言)的过程中掌握了决断能力。

---

① 塞拉斯在多处提到传记陈述和自传陈述,比如 TA, V, PP28~129。
② 塞拉斯在多处谈及意向内容的这个特征,比如 TA, I, P105, n.1; IILO, 3, P168; SM, Ch. VII, IV, ¶ 21。
③ 塞拉斯在多处表述过实践推理与实践之间的概念联系,比如 SM, Ch. VII, II, ¶¶ 5~12; TA, III, P121。
④ 塞拉斯在多处提到决断不是尝试、选择,比如 FD, II, P156; SM, Ch. VII, II, ¶ 10。

第四章　理性与实践

若一个人没有学会语言离开转变,即没有学会一说"现在我将要做 A"就做 A 或(用塞拉斯常举的例子来讲)一说"现在我将要举手"就举手,他就没有学会自己的话的意指,也就是没有学会"将要"的全部意指,总之就是尚未完全学会实践语言。没有决断能力,实践推理和实践的关系就不是概念的。

决断是一种内在片断,即心理动作。更具体地讲,决断是思想的一种。根据塞拉斯的语言哲学和科学哲学,一个思想片断和其内容之间的关系,类比有意指的外显言说和其言说内容之间的关系。比如,当 S 说 that-p 时,他发出的声音的种类是"p"种。这里的"that-p"不指称一种抽象实体(即命题),而是一个分类词,将 S 发出的声音进行功能归类。同样,当 S 想 that-p 时,他的思想的功能是"p"种。决断常会通过类比

I shall now bring about (or avert) E by A-ing,

译作:我将要现在做 A 来实现(或防止)E,

或(就其中的最小行动①而言)

I shall now do A

译作:我将要现在做 A

这样的出声地想来设想。因此,在"显明"(manifestation)的一个意义上,决断往往既在坦诚外显言说"我将要现在举起我的手"时显明,也在(其他条件均同)举手这个行动中显明。这也表明,决断既在推论链条中,也在因果链条中,它是实践推理和实践的结合点。

实践推理的结论(或蓄意过程的终点)是心里即将说出来的实践断定(*TA*,I,P105)。实践断定可能是决定(decision)②,也可能是决断。决断区别于其他意向的特征是它内容中的时间是"现在"(now),而且它内容中的行为此时此地推定可行③。用塞拉斯常举的例子来讲,琼斯决定 10 分钟之后举手,或者说他形成了一个 10 分钟之后举手的意向。如果这个意向在当下发生,没有止于倾向,而且其他条件均同④,那么他就会想

---

① 比如,举塞拉斯的例子来讲,通过最小行动来实现给一个人拍照或者还债这样的复杂行动(*FD*,II,P157)。"最小行动"(minimal action)是指不由其他行动组成的行动;说一个行动由其他行动组成,就是说通过其他行动来实现这个行动(*FD*,IV,P164)。最小行动是行动者自愿控制的行动。决断的内容中必须包含最小行动。比如拍照的最小行动是手指下按(快门),还债的最小行动也是指相关的肢体动作。

② 塞拉斯将具有形式(例如)"Shall [我将会在 10 分钟后举手]"的结论意向称为决定(*TA*,VI,P133)。

③ 塞拉斯在多处提及这个特征,比如 *TA*,I,PP109~110。

④ "其他条件均同"(*ceteris paribus*)意味着琼斯能做出相关的行动,排除了一切阻止这次行动的可能(*ORAV*,II,¶24)。比如,改变心意、不自知地身着约束衣、瘫痪、即将丧命、情境不利、想到其他行动方式,等等。

> 我将要在10分钟后举起我的手
> ……
> 我将要在5分钟后举起我的手
> ……
> 我将要现在举起我的手!

最终琼斯举起他的手。意向牵涉一个导向时空世界的概念框架,其根本特征是人在时间中的位置始终在系统地变化。这在思想内容的时态、时间连结词等的系统变化中反映出来。正是依靠这个框架,意向才会依照时间次序发展成为决断。一次决断不但可以引发一次最小行动,而且通过训练可以引发一套复杂模式的行动,比如弹奏一首钢琴曲可以源于一次决断,并非其中的每一个最小动作都源于一次单独的决断。

二、意向的逻辑

塞拉斯认为,在实践推理中,某组前提依照一条基本原则有效推出将要结论,或者说一个意向依照这条基本原则来有效衍生另一个意向。这条基本原则即他自己提出的

FP:如果P蕴涵Q,那么Shall [P]蕴涵Shall [Q]。①

这条原则把将要语句和陈述语句联系起来,而且表明意向的逻辑主要衍生于事实的逻辑。

塞拉斯这里将"蕴涵"(implies)用作一个授权推论的关系。这个关系可

---

① 塞拉斯也将这条基本原则称为"S-Imp"(*ORAV*, V, ¶47),而且在不同的文献中对这条规则的表述不尽相同,比如
    1964:If (...) implies (___), then [shall (...)] implies [shall (___)] (*IV*, V, ¶25)
    1966:If P implies Q, then Shall [P] implies Shall [Q](*TA*, I, P111)
    1968:'It is the case that-P' implies 'it is the case that-Q'↔'It shall be that-P' implies 'it shall be the case that-Q'(*SM*, Ch. VII, II, ¶13)
    1976:'Shall [*p*]' implies 'shall [*q*]'↔'*p*' implies '*q*' (*VR*, III, ¶37)
    1980:If '*P*' implies '*Q*', then 'It shall be the case that-*P*' implies 'It shall be the case that-*Q*'(*ORAV*, V, ¶47)
    1983:If '*P*' implies '*Q*', then 'Shall [P]' implies 'Shall [Q]'(*CPCI*, V, ¶57)
此外,塞拉斯还曾指出另一条原则,大意是将结论不能从不含有将要陈述的前提得出(*TA*, I, P110)。不过,正如德弗里斯所言,上述原则,特别是其中的"'Shall [P]'蕴涵'Shall [Q]'",衍生了这另一条原则(参见 Willem A. deVries, *Wilfrid Sellars*, Bucks: Acumen, 2005, p. 253)。

以是在作为信念内容的命题之间,也可以是在作为意向内容的意向之间。因此,说"P 蕴涵 Q"①就等于说"从 P 可以推出 Q",而说"Shall [P]蕴涵 Shall [Q]"就等于说"从 Shall [P]可以推出 Shall [Q]"。不过,尽管 P 蕴涵 Q,但是不由此推出"S 相信 P"蕴涵"S 相信 Q"(或相信 P 的人也相信 Q),而只能推出相信 P 且不相信 Q(或相信~Q)是不合逻辑的。同样,尽管 P 蕴涵 Q,而且 Shall [P]蕴涵 Shall [Q],但是不由此推出"S 意向 P"蕴涵"S 意向 Q"(或意向 Shall [P]的人也意向 Shall [Q]),而只能推出意向 Shall [P]且不意向 Shall [Q](或意向 Shall [~Q])是不合逻辑的。

蕴涵关系可以从不同的维度进行区分②。蕴涵可以是物理的(physical)蕴涵或自然的(natural)蕴涵或法则的(nomological)蕴涵,也可以是逻辑的(logical)蕴涵。此外,蕴涵可以是绝对的蕴涵或无条件的蕴涵,也可以是相对于一个假定的蕴涵(简称为"相对蕴涵")。比如

P·(P→Q)蕴涵 Q

是绝对蕴涵,依靠重言式"(P·P→Q)→Q",它在所有涉及 P 和 Q 的可能世界中成立,即它承诺"从 P 和(P→Q)推出 Q"是无条件的。而

根据假定 P,(P→Q)蕴涵 Q

或

(P→Q)相对于 P 蕴涵 Q

是相对蕴涵,它在所有其中 P 成立的可能世界中成立,它不承诺"从(P→Q)推出 Q"是无条件的。不过,"从(P→Q)推出 Q"是一个完整陈述,但是一个可废止的(defeasible)完整陈述,即当 P 不成立时,这个陈述就被废止。

由此可以推导出实践推理常用的衍生蕴涵(derivative implication)或从属蕴涵,即,相对于某一事实或某一假定,前提意向的内容蕴涵结论意向的内容③——或者,将其形式化,相对于 P,Shall [如果 P,那么 Q]蕴涵 Shall [Q]。具体推导步骤如下:

(1) P   前提
(2) P→((P→Q)蕴涵 Q)   相对蕴涵的定义
(3) 因此,(P→Q)蕴涵 Q   (1),(2),MP
(4) 因此,Shall [P→Q]蕴涵 Shall [Q]   (3),FP

衍生蕴涵表达了常用的混合三段论式实践推理

---

① 这里可以认为蕴涵陈述是元语言陈述,比如"that-p 蕴涵 that-q"被理解为"p 蕴涵 q"。
② 塞拉斯在多处提到这一点,比如 *TA*, I, P111; *CPCI*, V, ¶57。
③ 关于这一点的表述,参见 *SM*, Ch. VII, II, ¶14; *TA*, I, PP111~112; *CPCI*, VII, ¶¶96~97。

Shall [如果 P,那么 Q];P;因此,Shall [Q]。

其中"Shall [如果 P,那么 Q]"或"如果 P,那么 Shall [Q]"被称为条件意向 (conditional intention)。条件意向是一个意向,不是一个命题与一个意向的组合(*IV*, V; *SM*, II, ¶14; *CPCI*, VII, ¶100)。条件意向的前件和后件的范围是灵活的。塞拉斯经常探讨的是其前件关乎情境(circumstance)而后件关乎行动(action)的条件意向,以及相应的混合三段论推理

Shall [如果在 C,那么做 A];在 C;因此,Shall [做 A]。

条件意向有诸多样式,其中一种被称为准则(policy),比如

I shall do A whenever X obtains

译作:我将要每当 X 实存时做 A

或

Shall [在 C 做 A]。

准则具有一些特点(*TA*, VI, PP. 136~137)。其中之一是它具有普遍性,即它是一般条件意向。特点之二是它具有非衍生性,即它不是从其他意向衍生而来。特点之三在于依照准则来行动不是通过手段来达到目的。当一个人意向五局象棋游戏全胜,实现这个目的的手段是他每一局都获胜。依照准则来行动不是这样。假定"Shall [在 C 做 A]"是一条准则,它要求每当情境是 C 时意向在 C 做 A,而不是通过所有人都在 C 做 A 来实现它。当依照准则行动不能达到一个人想要达到的目的时,他的最终行动表达了他的偏好。

衍生蕴涵的核心逻辑是

因为(P→Q)相对于 P 蕴涵((P→Q)·P),所以 Shall [P→Q]相对于 P 蕴涵 Shall [(P→Q)·P]。

这个核心逻辑可以形式化为

因为 φ 相对于 p 蕴涵(φ·p),所以 Shall [φ]相对于 p 蕴涵 Shall [φ·p]。

由此可以得到一条原则来将一些信念引入相关的意向,塞拉斯称其为"就这样"(So-Be-It)原则,即

So-Be-It:Shall [φ]·p 蕴涵 Shall [φ·p]①。

---

① So-Be-It: "Shall be [φ]" and '*p*' imply "Shall be [φ and *p*]" (*ORAV*, VI, ¶66).

在这里"φ"是一个式子,可以是逻辑复杂的也可以不是。这条原则要求区分一个复杂意向的信念构成和目标构成,就是这个目标构成使这个意向成为一个意向。这个区分的标准在于"我相信"(或"我知道""已知的")的事态和"我决定"(up-to-me)的事态。每一个意向必须得含有一个"我决定"构成。换言之,塞拉斯进一步探讨了表达复杂意向的将要陈述的构成。一个复杂意向可以区分行动意向和不是行动意向的目的、计划、准则等。行动意向即意向内容是行动的意向,比如 Shall [I do A],而目的不是行动意向的构成,尽管它可能被考虑到了或者与行动有密切关系。这里,塞拉斯使用语法来区分,将不定式短语(或动名词短语)用来表示意向中"我决定"的,而将陈述句用来表示其中"已知的"(参见 CPCI, VIII, ¶¶ 106~109)。

这样的复杂意向展现了一个场景,其中的已知构成包括行动者的信念(比如当下情境是 C)、行动的预期目的等。在这个场景中,如果行动者相信 p,且相信 p 是相关的,那么 p 会进入意向的范围中。在这样的场景中,行动者有时经过蓄意过程会形成一些选项,行动者会在其中做出抉择。换言之,这样的场景有时可以图式化为:

(Σ_1):通过执行最小行动 A_1 引起事态或事态序列 M_1,引起 M_1 可以实现目的 E_1。

(Σ_2):通过执行最小行动 A_2 引起事态或事态序列 M_2,引起 M_2 可以实现目的 E_2(或阻止实现 E_1)。

如果行动者只在乎 E_1,不管价值评价,那么由此推出他偏好 Σ_1 而非 Σ_2,即他倾向于想 Shall $[\Sigma_1 \cdot \sim \Sigma_2]$ 而非 Shall $[\Sigma_2 \cdot \sim \Sigma_1]$。他的蓄意过程最终变成定言意向(categorical intention)Shall $[\Sigma_1 \cdot \sim \Sigma_2]$。以此为大前提的实践推理是:

(1) Shall $[\Sigma_1 \cdot \sim \Sigma_2]$

(2) Shall $[\Sigma_1 \cdot \sim \Sigma_2]$ 蕴涵 Shall $[A_1]$

(3) 因此, Shall $[A_1]$。

如果 Shall $[A_1]$ 的形式是 Shall [我将会在 10 分钟后做 A_1],那么(其他条件均同)这个决定将配合行动者的时间定位发展成为决断 Shall [我将会现在做 A_1],最终引起行动 A_1,从而实现目的 E_1。

不过,有时意向的信念构成也提及意向者的行动,如果将这个信念构成混淆"我决定"的构成,那么将面临卡斯塔尼达提出的难题[①]:

If I will finish this essay at time t, I shall visit Bruce Aune at t'

[①] Héctor-Neri Castañeda,"Some Reflections on Wilfrid Sellars' Theory of Intention",(转下页)

译作:如果我将会在时间 t 完成这篇文章,那么我将要在 t' 看望布鲁斯·昂

将被形式化为

Shall [If I will finish this essay at time t, I will visit Bruce Aune at t']

译作:Shall [如果我将会在时间 t 完成这篇文章,那么我将会在 t' 看望布鲁斯·昂],

这(根据逻辑规则)又可以改写为

Shall [I won't finish this essay at t or I will visit Bruce Aune at t'].

译作:Shall [我将不会在 t 完成这篇文章或者我将会在 t' 看望布鲁斯·昂]。

在塞拉斯看来,卡斯塔尼达弄错了意向算符"Shall"的逻辑。

上述表明,衍生蕴涵的逻辑并非在于

P→Shall [Q];P;因此,Shall [Q]

或

Shall [φ];p;因此,Shall [φ·p],

而是衍生于相关命题的逻辑。其实,塞拉斯主张,意向的推论逻辑完全衍生于命题的逻辑(CPCI, VII, ¶102),即逻辑算符不在将要陈述的范围外出现,或者说,将要陈述不在逻辑常项和量项的范围内出现①:

(1)"蕴涵"不是为真函项连结词。换言之,"如果……,那么……"是为真函项逻辑中的"→",不是"蕴涵"。因此,"P 蕴涵 Q"不是"如果 P,那么 Q"或"P→Q";同样,"Shall [P]蕴涵 Shall [Q]"也不是"如果 Shall [P],那么 Shall [Q]"或"Shall [P]→Shall [Q]"。

(2)不存在"~Shall [P]"或"~Shall [~P]"这样的表达。在意向者和相关意向内容之间的意向归属有"S 意向 P"(S intends that P)、"S 意向~P"(S intends that not P)、"并非 S 意向 P(或 S 不意向 P)"(It is not the case that S intends that P)和"并非 S 意向~P(或 S 不意向~P)"(It is not the case that S intends that not P)这四个形式,其中的意向内容(或相应的将要陈述)只有"Shall [P]"和"Shall [~P]"这两个形式,不存在"~Shall [P]"或"~Shall [~P]"。② 换言之,将要语句只有内部否定

(接上页)in Action, Knowledge and Reality: Critical Studies in Honor of Wilfrid Sellars, Héctor-Neri Castañeda (ed.), Indianapolis, Indiana: Bobbs-Merrill, 1975, pp. 34~35.

① 塞拉斯在多处提到这一点,比如 TA, I, PP112~113; CPCI, III, ¶33; ORAV, VI, ¶56。

② 虽然"并非我意向 P"或"并非我意向~P"分别是对"我意向 P"和"我不意向~P"的(转下页)

(internal negation),没有外部否定(external negation)。这意味着"Shall [P]蕴涵 Shall [Q]"没有逆否命题,即不存在"∼Shall [Q]蕴涵∼Shall [P]"这样的表达。

(3) 不存在"Shall [P]且 Shall [Q]"或"Shall [P]或 Shall [Q]"这样的表达,但存在"Shall [P 且 Q]"或"Shall [P 或 Q]"这样的表达。这意味着,不存在"Shall [P]"和"Shall [Q]"的逻辑合取或析取运算。尽管合取引入(Conjunction Introduction)将两个陈述变为一个合取陈述,比如将"P"和"Q"变为"P 且 Q",但是并不将"Shall [P]"和"Shall [Q]"变为"Shall [P]且 Shall [Q]"。因为塞拉斯认为,一个"Shall"算符只运算一个动名词。因此,尽管合取引入告诉我们

'P' and 'Q' together imply 'P and Q',

译作:"P"和"Q"一起蕴涵"P 且 Q",

但是,就意向而言,"Shall [P]"和"Shall [Q]"的合取不是"Shall [P]且 Shall [Q]",而是一个单个意向"Shall [P 且 Q]"。① 不过(CPCI,Ⅲ,¶¶ 41~44),塞拉斯并不完全反对将"Shall [P 且 Q]"写作"Shall [P]且 Shall [Q]",后者更贴近日常语言的(比如"我将要做 A 且我将要做 B"。同样,塞拉斯也不完全反对将"Shall [如果 P,那么 Q]"写作"如果 P,那么 Shall [Q]",后者更贴近日常语言的(比如"如果在 C,那么我将要做 A"。这其中的关键在于正确理解实践推理的真正逻辑结构。

(4) 不存在"(x)(Shall [x 将会做 A])"这样的表达,但存在"Shall [(x) x 将会做 A]"这样的表达。或者,不存在"对于所有 x, Shall [如果 x 在 C,那么 x 做 A]",但存在"Shall [对于所有 x,如果 x 在 C,那么 x 做 A]"。

三、欲望与倾向意向

意向是思想,思想可以区分出作为片断的思想和作为倾向的思想。因此,意向还可以区分出作为倾向的思想,即倾向意向。在倾向意义上,说

S intends that-p,

(接上页)否定,但是其意向内容不是"∼Shall [P]"和"∼Shall [∼P]",因为这两个自传陈述的意思是我没有生成意向"Shall [P]"或"Shall [∼P]"。

① 塞拉斯在多处谈到合取引入,比如 IILO,4,PP175~176;CPCI,Ⅲ,¶¶ 36~44。塞拉斯曾说(TA,Ⅱ,PP114~115)不存在从"Shall [A]"和"Shall [B]"到"Shall [A 且 B]"的逻辑变动,不过后来他承认他犯了错误。

译作:S 意向 that-p,

就是说

S is disposed to think Shall [that-p].

译作:S 倾向于思想 Shall [that-p]。

当意向者 S 在某一段时间内倾向于思想 Shall [that-p]时,即使这个倾向始终没有现实化,即 S 始终没有想到 Shall [that-p],也可以说 S 在这段时间内意向 Shall [that-p]。如果倾向意向现实化,即相关的思想现实发生,那么可以说,相关的言语和行动由作为心理片断的决断意向发起。

由此可以展开对"欲望"(desire)这个概念的讨论。欲望是相对长期的倾向意向(*TA*, III, P117; *AAE*, IV, ¶51),它与其他一些概念相联系。首先,欲望有关行动。说

S desires that-p,

译作:S 欲望 that-p,

就是说

S intends that-p,

译作:S 意向 that-p,

以及

S is disposed to think Shall [that-p].

译作:S 倾向于思想 Shall [that-p]。

欲望通过一个实践推理序列使人行动。这个序列从作为意向的欲望开始——这样的意向是非衍生的意向,即不从其他意向衍生而来——经过有事实信息参与的推理,到行动意向结束。而当行动时间是此时此刻,这个行动意向变为决断,从而(其他条件均同)致使相关行动,最终实现这个欲望。

其次,欲望有关满足(satisfaction)以及快乐(pleasure)或享受(enjoyment)。塞拉斯认为,欲望是心理需求(mental needs)(*TA*, III, P118)。人有心理需求,满足这个需求带来快乐,就像人(的身体)有生理需求(比如,需要钙质),满足这个需求带来健康。欲望是一个"心理上的"需求,它的满足也是"心理上的"满足。说 S 有一个欲望,就是说 S 需要一个信念,而说 S 的欲望得到满足,就是说 S 获得了一个信念,也得到了快乐。因此,在这个意义上,说

S desire that-p,

译作:S 欲望 that-p,

就是说

S needs to believe that-p.

译作:S需要相信that-p。

从而,说S的欲望得到满足,就是说S既得到信念that-p也得到快乐①,或者说S享受信念或思想that-p。因此,说

S desires that-p,

译作:S欲望that-p,

就是说

S is disposed to enjoy thinking that-p.

译作:S倾向于享受思想that-p。

这里,"享受"语境是一个现象学上不可再分的语境。享受做A是以某个方式做一件事,即快乐地做A,而不是在做两件事,即做A且感到快乐②。

问题在于,一方面,将欲望定义为倾向意向似乎没有将它与满足联系起来,而另一方面,将欲望定义为心理需求似乎又断开了它与行动的逻辑联系。塞拉斯将证明,欲望不但与行动有逻辑联系,而且与满足有逻辑联系。他的论证是要在下述三者之间建立逻辑关系:

(A) S is disposed (*ceteris paribus*) to enjoy thinking that-p,

译作:(其他条件均同)S倾向于享受思想that-p,

(B) S is disposed (*ceteris paribus*) to enjoy thinking Shall [that-p],

译作:(其他条件均同)S倾向于享受思想Shall [that-p],

(C) S is disposed (*ceteris paribus*) to think Shall [that-p].

译作:(其他条件均同)S倾向于思想Shall [that-p]。

其中(A)表示可以满足的欲望,(C)表示可以终于行动的欲望,而(B)是塞拉斯引入来在(A)和(C)之间建立逻辑关系的桥梁。塞拉斯相信(*TA*,IV,P123),人倾向于做其享受做的事,即

EA:"S倾向于享受做A"蕴涵"S倾向于(其他条件均同)做A"。

假如有这样一个联系,那么将蕴涵中的"做"具体化为"想"就会得到一条心理

---

① 有可能,当S的欲望得到满足时,S相信自己欲望的事态已经实现,但事实上这个事态未必实现。

② 塞拉斯记述说(*TA*,III,PP119~120),亚里士多德和贝克莱都认识到,当S听到大的叫声感到痛苦时不是在做两件事,即听到和感到,而是在以某个方式做一件事,即痛苦地听见。这就是说,感到痛苦和感到快乐一样是副词性的。不过,贝克莱错误地认为大的叫声是痛苦,而且推断因为痛苦是心理状态,所以大的叫声也是心理状态,从而所有叫声是心理状态。这个论证的错误在于,大前提并非"大的叫声是痛苦",而是"听到大的叫声是让人痛苦的"。

学原则(*TA*, IV, P123; *VR*, ¶77),即

> ET:"S 倾向于享受思想 Shall [that-p]"蕴涵"S 倾向于(其他条件均同)思想 Shall [that-p]"。

根据原则 ET 可以从(B)推出(C)。

问题在于(A)和(B)之间的逻辑关系。两者的共同之处在于都牵涉思想或信念 that-p,不同之处在于后者通过使用算符"Shall"将这个信念变为意向,即 Shall [that-p]。这又进一步表明两者牵涉的信念具有不同的时态,前者是现在时(即"it is *now* the case that-p"),而后者是将来时(即"it *will* be the case that-p")。

塞拉斯认为,"Shall"和时态之于享受是透明的(*TA*, IV~V, PP. 124~130),即它们在"享受"语境中可以忽略,由此可以从(A)推出(B)。首先,时态会随着时间从将来变为现在,即,其他条件均同,如果在时间 t, S 享受思想"it *will* be the case that-p",那么在适当的时间 t'(t' = t + Δt),S 享受思想"it is *now* the case that-p"。其次,"Shall"不是谓词,尽管它扮演逻辑角色,但实质上是一个方式(类似黑尔的"首肯"),不属于思想内容。这意味着在(A)和(B)中被享受的思想是一样的。因此,尽管意向与信念不是一回事,但在"享受"语境中两者的差别可以忽略,从而(A)等值(B)且蕴涵(C)。这样,作为倾向意向的欲望与满足和行动都建立起了逻辑联系①。总之,说一个人欲望什么,就是说此人相对长期地倾向于意向什么,并且预设会享受什么。

第二节　行动与自由

一、行动与原因

赖尔认为有一种广为人知的心灵学说,他称之为"官方"学说②。该学说主要来自笛卡尔,但也不仅仅来自笛卡尔。它主张人有一个躯体和一个心灵。躯体是公共可观察的物理对象,处于空间中,受机械规律支配;而心灵是

---

① "欲望"是一个非常灵活的词项,上述并非这个词项的唯一使用。比如,塞拉斯指出(*TA*, V, P130),有时"欲望"被用来指称"渴望"(hunger)或"嗜好"(appetite),即倾向于享受(或不享受)做什么,却不意向这样做。

② 〔英〕吉尔伯特·赖尔:《心的概念》,徐大建译,北京:商务印书馆,2006 年,第 4 页。

私人享有的内在领域,不在空间中,不受机械规律支配。由此,物理和心理两个世界被划分出来。至少在笛卡尔时代,哲学家们十分关注两个世界的关系,尤其是人的非物理心灵和物理身体的关系,即心身问题。一方面,他们肯定机械力学的成就,往往承认机械规律是包括人的身体在内的物理对象的终极法则;另一发面,他们也不否认人的内心决定可以引发外在的身体活动。问题在于,心灵与身体的交互作用既牵涉物理世界也牵涉心理世界,但似乎既不在物理世界也不在心理世界。换言之,心身交互作用既不是机械的因果,也不是心理的因果。但根据"官方"学说的区分,即使是理性的身体活动也只是受机械规律支配,是机械原因的结果,不是心理原因的结果。

众所周知,霍布斯对这个问题的解答是把心灵划入机械的物理世界,他认为人与钟表装置一样,仅在复杂程度上有所不同。但这样一来,人的行为或身体变化(不管是理性的还是非理性的)都将是命定的。因为物理世界被视为一个决定论系统。在全然机械的世界中,人没有行动自由,不能选择自己的行为。这意味着人不必为自己的行为负责,从而任何所谓的善举都不值得称赞,而一切所谓的恶行都可以被原谅。

通常认为,决定论的原则之一是每个事件都有原因(cause),即每个事件都是被致使的(caused)。因此,人的行动作为一个事件总有一个原因,不但这个原因还会有原因,而且这个行动会作为原因致使另一事件发生。但如果决定论提及的"原因"是日常意义,即干预主义(interventionist)的意义,那么这样的决定论本身不能成立,更不会对人的行动自由构成挑战。干预主义的因果关系指一个对象作为原因干预另一对象导致相应的变化。换言之,干预主义的因果模型是

> 一物(或一组物)通过以某个方式变化致使另一物(或一组物)以某个方式变化(AAE, III, ¶20)。

其图式通常是

> X 通过行动 A 致使 Y 去 Z(MP, III, ¶37)。

其中"X"和"Y"可以是人,也可以用隐喻的方式(即拟人)延伸到非人的物。比如,军官通过发出命令致使士兵去进攻,球杆通过撞击致使母球去滚动。不过,在日常情境中,人的行动并非都是在干预主义意义上被另一对象致使,比如我单纯地举起自己的手。因此,如果存在没有原因的人类行动,那么可

以推出一个对象在没有其他对象干预的情况下也可能发生变化,从而并非每一个事件都有原因。就此而言,决定论不成立,也不对人的行动自由构成挑战。

没有外在干预的人类行动没有原因吗？塞拉斯认为有,他秉承古典看法,认为决断可以是行动的原因。古典看法认为心灵的构成有思想、情感、意志。其中意志是一种官能,它引发的活动或过程称为"决断"。心灵依靠决断将观念转化为事实。比如琼斯面前有一支笔,思维官能认识到面前有一支笔,随之也可能会产生想要拿起这支笔的愿望。但琼斯的认识和愿望都不能使他的肌肉活动起来去拿起这支笔,而仅当琼斯决断现在拿起它时才会在现实中拿起。不过,决断不是日常意义(即干预主义意义)的原因,而是哲学意义的。日常原因和哲学原因的区分是外在致使(transeunt causation)和内在致使(immanent causation)的区分(RD, V, P169)。当在日常意义上没有外在致使行动者去行动时,在哲学意义上的决断内在致使行动者的相关行动。

塞拉斯对因果关系的阐释与一些自由论者和一些经典相容论者相区别。一些自由论者认为自由的行动没有原因,因为他们认为有原因的就是被迫使的,而被迫使的即不自由的。而经典相容论者(FD, I, P141),比如休谟和密尔,认为自由的行动可以是有原因的,但不是被迫使的。相比之下,塞拉斯认为自由的行动可以是被迫使的(FD, III, P160)。因为在他看来,自由的即被决断致使的,与是否被迫使无关。举例来讲,银行劫匪持枪胁迫银行职员把钱交出来。在塞拉斯的意义上,劫匪持枪抢劫和职员开柜交钱的行动都是决断致使的,即都是自由的,因为劫匪本可以决断不抢劫,职员本可以决断不开柜交钱。而在自由论者和经典相容论者看来,职员的行动是被迫使的,因此是不自由的,而劫匪的行动是自由的——当然,在特殊情况下,劫匪的行动也可能不是自由的,而是受他人所迫使。

采取决断作为行动原因的进路必然会引起很大争议。比如,赖尔完全拒绝"官方"学说的心灵存在,从而也拒绝了心灵的意志官能和决断[1]。再如,泰勒(R. Taylor)考虑了决断作为行动原因的可能性,却给不出令人满意的解释[2]。其实,这些哲学家的批评是针对传统自由意志理论带有的一些问题。这些问题的根源在于没有揭示"决断"概念的确切身份。塞拉斯正是通过重塑这个概念来尝试平息这些争议,并由此来打通经典相容论的进路。

根据塞拉斯的建构,决断是意向的一个子类。它与其他意向的不同之处

---

[1] 〔英〕吉尔伯特·赖尔:《心的概念》,徐大建译,第62~85页。
[2] R. Taylor, *Action and Purpose*, Englewood Cliffs, New Jersey: Prentice-Hall, 1966.

在于决断具有"现在"(now)这个特征。比如"我将要'现在'拿起面前这支笔"表达一个决断。决断从概念次序唤起实在次序的相应意象,与相关实践之间有逻辑的必然联系。这里的逻辑关系(塞拉斯也称为"概念"关系)指决断和相关行动之间的关涉或意向关系,不是衍推关系,因此可以是一种因果关系。而且这里的逻辑关系是必然关系,即其他条件均同(ceteris paribus)决断必将终于相关行动。决断发起行动,就像按下一部相机的快门,除非情境阻断,否则必将终于拍摄。塞拉斯常会提到在概念次序和实在次序之间的两种不同方向的因果转变。决断是从概念次序向实在次序的转变,而感知是从实在次序向概念次序的转变,比如通过言说或思想"这是红的"来回应在场的红物。

塞拉斯心灵观的优点之一是消除了心灵的绝对私人性。"官方"学说的一个难题是心理活动具有绝对私人性,即心灵特权享有自己的状态,它可以反观和内省自己的状态,也可以通过感觉知道他人的外在行为,但心灵不能知道他人的心理状态,甚至不能知道是否存在其他心灵。因此,如果决断是心灵的一种状态,那么这种状态也将是绝对私人的,像维特根斯坦"盒子里的甲虫"一样,我们将无法知道他人的决断。这样一来,如果决断是行动的原因,行动者因此要为自己的行动负责,那么,我们因为无法知道他人的决断,所以根本无法用它来评价他人的行为。而塞拉斯的建构表明"思想"概念基于主体间的观察框架——它是在公共的经验话语空间中通过类比得到的。因此,心灵最初根本上是主体间的,并在这个主体间性中被赋予了相对的私人性。这样,我们在掌握了这种主体间的心灵学说之后,可以通过观察他人的外在行为表现知道他人决断的存在,就像我们在掌握化学理论之后,可以观察一张木质的桌子知道碳原子的存在一样。

塞拉斯心灵观的优点之二在于取消了"官方"学说的两个世界区分。"官方"学说区分了心物两个世界,将被机械的因果关系所支配的外部世界认定为"自然"世界,而将评价概念所处的所谓的内部心灵世界置于自然之外,将决断视为非自然力量向外部自然世界输出的端口。而从塞拉斯的视角看,心灵和身体都处于自然中。他承认人的身体活动既受机械规律的支配,也可以受心灵的引导。只不过在这幅自然图画之中,即在塞拉斯所谓的显见意象中,人的活动与非生命之物的运动不同,人的活动在某种程度上受机械规律支配,却不由机械规律所决定。比如,一个人下棋的每一个举动都符合机械规律,但不能由此预言他的下一步走棋。再如,一个人写小说的每一次执笔都符合机械规律,但不能由此预言这部小说会被写成什么内容。

二、因果性与可预言性

经典相容论者休谟和密尔也想论证没有外在干预的人类行动是可以理解的,不是纯粹的偶然。他们的经典进路并非像塞拉斯一样通过重新塑造"决断"概念,而是将这种"可理解性"(intelligibility)理解为"可预言性"(predictability),即认为可理解的就是可预言的。这样,决定论的论点可以表述为一切片断原则上都是可预言的(FD, I, P143)。

在日常意义上,并非每个事件都是被致使的,但没有外在干预的事件未必不可理解。人的行动同样如此。正如塞拉斯所指出的,一个人的行动,不管是否有外在干预,至少可以用两种方式来解释(FD, I, P148):

(a) 用其他可观察行为;
(b) 用内在心理状态。

进一步讲,(a)是使用"性格"(character)概念来作解释,(b)是在哲学意义上使用实践推理框架来作解释。说一个人的行动符合性格,就是说他在依照习惯行动。这意味着,根据这个人过去的行为和这个行为所处的情境进行归纳概括,可以知道他的性格或习惯,并以此来解释他过去的一些行动和预言他未来的一些行动。举例来讲,康德习惯每天下午三点散步,熟悉他的人可以据此来解释他过去每天下午三点的行为,也可以预言他未来每天下午三点的行动。相比之下,采用实践推理框架不仅可以解释符合性格的行动,也能解释不符合性格的行动。每当康德在下午三点面临行动选择时,他始终选择散步,即决断"现在散步"。他的选择或决断表达他的性格。而当不符合性格的行动出现,比如康德在某天下午三点阅读卢梭的《爱弥儿》,假定康德没有忘记散步,他行动的原因在于经过实践推理(其中拒绝了散步的选择)得到的决断"现在阅读《爱弥儿》"。

问题在于,实践推理框架牵涉的可理解性不蕴涵可预言性,即它可以解释但不可以预言人的行动。而且,并非人的一切行动都符合性格,从而不可能依照性格来预言人的一切行动。由此可以得出结论,在日常框架中,人的行为不是普遍可预言的。日常框架自身无力支撑一幅用"可预言性"概念来定义的决定论图画。

塞拉斯指出(FD, I, PP. 143~144),"可预言性"在显见意象和科学意象中有不同的意义。显见意象中的是"认识"(epistemic)可预言性,即可以根据归纳概括来对一个系统中的子系统进行预言;而科学意象中的是"逻辑"

(logical)可预言性,即可以根据支配一个系统的过程规律来从这个系统的先前状态推导出其之后的状态以及其中各子系统的状态。在科学意象中,一切片断都是可预言的,包括人的决断和行动。换言之,在科学意象中,通过相关过程规律从先前宇宙状态逻辑推出之后的宇宙状态,推出其中作为子系统的人的状态,并将其关联显见意象中的对应意象,就可以解释和预言人的一切状态。因此,显见意象通过借助科学意象中的资源可以实现决定论的图画。在这幅图画中,人的一切行动都是可预言的。决定论在且只能在科学意象中兑现。由此转向了现代形式的自由意志问题:已知一个关于人的最终理想的科学意象,原则上可以依之从先前宇宙状态衍推出此人之后的状态,那么,科学的决定论与自由意志相容吗?

三、经典相容性

自由的行动就是决断致使的行动。这意味着,如果行动者在做某一行动之前决断不做这个行动,那么他就原本不会做这个行动,即他不这样做是"可能的"。而决定论似乎意味着这个行动者的行动是必然的,他不这样做是"不可能的"。科学决定论与自由意志似乎陷入了矛盾。因为从决定论的视角似乎将推出人的行动没有选择,从而不论是善举还是恶行的评价都没有意义。一个人原本可以做别的吗?或者说一个人过去能够做别的吗?如果可以证明即使科学决定论为真,一个人也能够做别的,那么这种决定论与自由意志是相容的。塞拉斯作出了这种尝试,其中的关键步骤是讲明"一个人在某一时间能够做出某一行动"是什么意思。

塞拉斯通过严谨的符号建构来阐释"能够"(being able to)的定义(FD,IV,P167),其中涉及的符号包括:

"Γ"表示情境种类;

"A"表示一种行动;

"Π"表示某一时间段;

"t"表示某一时刻;

"N"表示物理必然。

其中涉及的语句形式包括:

"Γ(x,Π)"表示"x 在时段 Π 处于情境 Γ";

"A(x,t)"表示"x 在时刻 t 做行动 A";

"V_A(x,t)"表示"x 在时刻 t 决断做行动 A";

"A(x,Π)"表示"x 在时段 Π 间的某一时间做行动 A";

"V_A(x,Π)"表示"x 在时段 Π 间的某一时间决断做 A";

"P ◇ Q"表示"P与Q在物理上共同可能"。

这些符号和语句形式可以通过下述四步来建构"能够"的定义：

(1) PVT(读作"阻止"(prevents))

PVT [Γ, A (x, Π)] = df [Γ(x, Π) ◇ V_A(x, Π) · N [Γ (x, Π) →~ A (x, Π)]

(2) POSIT(读作"处境"(is in a position to))

POSIT [A (x, Π)] = df ~ (EΓ) PVT [Γ, A (x, Π)]

POSIT [A (x, t)] = df (EΠ)t∈Π · POSIT [A (x, Π)]

(3) CAN(也可以解读为"有能力"(has the ability))

CAN [A (x, Π)] = df POSIT [A (x, Π)] → N [V_A(x, Π) → A (x, Π)]

CAN [A (x, t)] = df (EΠ)t∈Π · CAN [A (x, Π)]

(4) ABLE(读作"在Π(或在t)能够……"(is able during Π (or at t)…))

ABLE [A (x, Π)] = df POSIT [A (x, Π)] · CAN [A (x, Π)]

ABLE [A (x, t)] = df (EΠ)t∈Π · ABLE [A (x, Π)]

通过逐个带入各个符号的表示，不难理解塞拉斯的定义：说一个人在某一时刻能够做什么，就是说

(1) 当前情境兼容这样做的决断；

(2) 当前情境不阻止这样做的行动；

(3) 此时如果决断做这行动就必然会这样做。

这里的关键是"情境"概念。一个人所处的情境可能不阻止他做很多行动，而当他现实做了其中某个行动时，可以说他当时能够做其中的其他行动，尽管他没有这样做。比如，琼斯可以拿起他面前的这支笔，也可以选择不拿或拿起它旁边的那本书。因为情境没有使琼斯失去做这几种行动的能力。

从决定论的视角看，当一个人在某一时刻做了什么，他在这个时刻做别的是不可能的。因为，在科学意象中，通过科学的过程规律可以从一个先前时间的宇宙状态逻辑推出之后时间的宇宙状态，其中含有这个人的行动意象。由此，这个人的行动是物理必然的，他做别的是物理不可能的。换言之，从科学决定论的视角看，如果琼斯拿起他面前的这支笔，那么他此时不拿它是不可能的。

如果仅从上述两个结论看，科学决定论与自由意志不相容，但如果考虑到两个结论牵涉的实质内容就会发现一个重要不同。在日常行动框架中，说一个人能够做别的，就是说当前情境不阻止他这样做。这意味着，仅当当前情境阻止他这样做，他这样做才是不可能的。而在科学框架中，说一个人做

什么是不可能的，就是说这个人的行动相对于先前宇宙状态是不可能的。因此，如果先前宇宙状态要否定一个人在某一时刻的行动能力，那么"先前宇宙状态"的概念就得等同于阻止行动的"情境"的概念。

塞拉斯相信（RD，I，PP150～151），自由意志争论中的首要错误就在于混淆了这两个概念，即认为先前宇宙状态阻止了某个行动才与这个行动不相容。塞拉斯指出了两个概念的两个不同（FD，V，PP170～171）。第一个不同在于，情境既适用于时段概念"Π"，也适用于时刻概念"t"，而"先前宇宙状态"仅适用于后者。可以说"一个人在某一时段或其中某一时刻处于某一情境且具有某种能力"，但不可以说"在某一时段的宇宙状态"，而只能说"在某一时刻的宇宙状态"。第二个不同在于，根据塞拉斯对"能够"的定义，情境阻止一个行动的同时兼容做这个行动的决断，不管行动者是否做出这个决断。而从科学决定论的视角看，当行动者没有做出这个决断时，先前宇宙状态不兼容这个决断——相对于这个先前宇宙状态，做出这个决断是不可能的。

总之，真正的情境可以用来定义"能"与"不能"，而先前宇宙状态只能定义其之后的状态，两者不同。就此而言，从科学决定论的原则并不衍推出人不具有自由的决断和行动能力。如果将两者混淆，那么就会得到错误的推论，即认为没有人原本可以做出别的决断和行动，从而否定了人的意志自由，陷入了宿命论。

塞拉斯的相容论不是严格意义上的当代争辩，而是休谟-密尔传统的调和主义。论证的一个重要前提是拉普拉斯意义上的科学决定论为真。尽管当今量子理论趋向于非决定论，但量子不确定性学说也不是没有争议。塞拉斯假定量子力学的终极结构是决定论的（FD，I，P145），并以此来展开他的哲学反思。他的论证可以说是通过语法分析来揭示日常行为框架和科学决定论在话语使用上的融贯。其核心之一在于区分显见意象中的"情境"概念和科学意象中的"先前宇宙状态"概念分别与行动的语法关系，尤其是指出后者不否定人的行动能力，从而科学决定论与自由意志是相容的。

但这里仍留有一个问题。在显见意象中，如果人的行动可以既是外在干预致使，同时也是决断致使，那么，外在干预与决断是什么关系？两者是因果关系吗？这可以再从"决断"概念谈起。根据塞拉斯对实践推理框架的建构，决断是实践推理的结论随着时间推移达到"现在"时刻的意向。实践推理通常表达这样的内容："我想要实现一个目的；实现这个目的就得在某一情境做某一行动；因此，我将要在这个情境做这个行动。"当其中的结论随着时间的推移变为决断，决断将致使行动。在这个推论中，大前提提及的目的作为理由影响着推论过程以及最终的行动。因此，塞拉斯赞同戴维森，认为行动的理由(reason)也是行动的原因(cause)。不难想到,实践推理的大前提可以是被外在致使的。当银行劫匪持枪迫使银行职员开柜交钱时,劫匪的行为致使了银行职员想要保全自己生命的欲望,而满足这个欲望(或实现保全自己生命的目的)就得开柜交钱,因此才有了相应的行动。总之,就导致决断的欲望是从外唤起的而言,可以说这个决断是被相关外在干预致使的。不过,下一节将表明,并非一切目的都是外来的,即并非一切实践推理以及相关行动都是从外发动的。还可以有一个目的内在于实践理性,他使得人的行动牵涉感性但摆脱了感性的干涉,达到了真正的自由。

第三节　道德视角

当代道德哲学家对道德意识提出了一些有张力的观点。直觉主义者或非认知主义者,比如普里查德(H. A. Prichard)和罗斯(Sir D. W. Ross),认为当一个人想到有什么事情应当做时,他就会被这思想驱使来这样做。而情绪主义者,比如 A. J. 艾耶尔,认为这样的思想本身是一种被驱使去这样做的方式。换言之,直觉主义主张"有道德思想"和"被驱使"之间的联系是经验的或先天综合的,而情绪主义则认为两者的关系是分析的。情绪主义不能就其令人困惑的观点进一步给出满意的阐释,而直觉主义也因其带有的认识论和形而上学的承诺没能有力支持自己的主张。直觉主义者,特别是道义论的直觉主义者,坚持像道德话语这样的规范话语不可还原为事实话语,而传统自然主义者则认为可以并尝试还原。道义论的直觉主义坚持规范陈述具有真正的命题特征,规范语言的逻辑是真正的逻辑,而情绪主义认为伦理概念是伪概念,道德话语的逻辑是伪逻辑(参见 IILO, PP160~162)。对于道德意识,塞拉斯提出了自己的看法。他建构了一个"既深奥又原创"[①]的伦理学说,不但消解了上述张力,而且揭示了道德意识的结构。

一、将要与应当

塞拉斯依靠他建构的实践推理框架阐释了道德视角。在他看来,道德视

[①] 这是大卫·所罗门对塞拉斯伦理学说的评价。所罗门悲叹自己之前疏忽了塞拉斯的伦理著作,同时指出这部分也是塞拉斯自己的责任。因为这些伦理著述文风晦涩,让人难以弄清楚文章究竟在讨论什么,而且对文中观点的理解要依靠塞拉斯哲学的整体,特别是他的语言哲学和心灵哲学(W. David Solomon, "Ethical Theory", in *The Synoptic Vision: Essays on the Philosophy of Wilfrid Sellars*, C. F. Delaney et al., Notre Dame, Indiana: University of Notre Dame Press, 1977, pp. 149~150)。

角的根本在于意向的合理性(reasonableness),换言之,在于论证在(如果有的话)哪个意义上或哪些意义上可以说意向是合理的,即有权使一个理性存在同意(SM, Ch. VII, XIV, ¶87)。他指出,意向的合理性可以区分假言(hypothetical)合理性——塞拉斯称之为相对(relative)合理性——和定言(categorical)合理性。假言命令和定言命令可以用来对此作出说明。假言命令的图式是

If I want to bring about E, I ought to do A.

译作:如果我想要实现 E,那么我应当做 A。

因为这个假言命令通常预设相关的人(即我)处于某一情境,即处于可以执行或不执行相关行动的固定条件,因此其更完整的形式是

If I want to bring about E, I ought to do A, if in C.

译作:如果我想要实现 E,那么若在 C 则我应当做 A。

尽管这个更完整形式的后件是一个条件句,但是这个条件句的前件提到一个情境,而不是像假言命令一样提到一个意向。假言命令前件中的"想要"(want)大致上等同于"意向"(intend)①。换言之,

S wants to bring about E

译作:S 想要实现 E

具有

S intends to bring about E

译作:S 意向实现 E

的意义。相比之下,

I ought to do A, if in C

译作:如果在 C,那么我应当做 A

是一个定言命令。

在塞拉斯看来,假言命令不是用来告诉某人去做某事,而是建议某人去做某事。尽管这里的"告诉"和"建议"都是执行,却有不同的效力。当 S 问一个人"你想要我去做什么?"时,这个人会使用命令告诉 S 做什么;而当 S 问这个人"我将要去做什么?"时,这个人会使用假言命令建议 S 去做什么,而如果 S 接受这个建议,那么他会生成相关的意向。因此,塞拉斯赞同黑尔(SM, Ch. VII, VII, ¶41),认为上述假言命令具有的意义或告诉我们的是实践蕴涵

---

① "想要"和"意向"也有不同之处。因为完全可以说,S 意向做 A 或意向实现 E,却不想要做 A 或实现 E(参见 IILO, P217, n. 19)。

"Shall [实现 E]"蕴涵"Shall [如果在 C 那么做 A]",

这个实践蕴涵基于因果蕴涵[①]

"我实现 E"蕴涵"我如果在 C 那么做 A"。

这个实践蕴涵授权我作出下述推理:

Shall [实现 E]

因此,Shall [如果在 C 那么做 A]。

如果上述假言命令是一般的,即它不仅授权 S 做出关于他自己的推理,而且授权任何人做出关于他自己的推理,那是因为它基于一些法则,这些法则有关在某种情境下实现某一事态的因果必然条件。比如,实现 E(例如健康)的因果必然条件是如果在 C 那么做 A(例如均衡饮食、保持锻炼、作息规律等等),这可以用因果蕴涵表示为

"实现 E"蕴涵"如果在 C 那么做 A"。

塞拉斯将这样的法则或蕴涵称为"工具法则"(instrumental nomologicals)(*SM*, Ch. Ⅶ, XV, ¶ 109)或"工具蕴涵"(instrumental implications)(*SM*, Ch. Ⅶ, Ⅷ, ¶ 51),其约束所有理性存在。这样的理论话语可以依照意向逻辑的基本原则置换为实践话语。比如,上述工具蕴涵可以置换为实践蕴涵

"Shall [实现 E]"蕴涵"Shall [如果在 C 那么做 A]"。

这个实践蕴涵同样约束所有理性存在。因此,基于法则的实践蕴涵不仅授权每一个理性存在作出关于自己的推理,而且授权其作出关于任何人的推理:

Shall [S 实现 E]

因此,Shall [S 如果在 C,那么做 A]

S 在 C

因此,Shall [S 做 A]。

在实践蕴涵授权的实践推理中,结论意向相对于其前提意向是合理的,即结论意向具有相对合理性。不过,这不承诺前提意向和结论意向本身是合理的,即本身具有定言合理性。在塞拉斯看来,如果一个理论推理的前提和结论处于某一逻辑关系,即假定其前提为真,则其结论必然为真,那么它是一个有效的(valid)或可靠的(sound)论证。而如果这个可靠的理论推理的前提事实上为真且(因此)结论为真,那么它不但是可靠的,而且是好的;如果其前提事实上为假,那么这个推理只是可靠的,不是好的。举例来讲,说

P;因此,Q

是一个可靠论证,就是说如果前提 P 为真,则结论 Q 为真;而说这个可靠论

---

① *ORAV*,Ⅴ,¶ 50 区分了两种因果蕴涵。

证是好的,就是说前提 P 事实上为真且(因此)结论 Q 为真。塞拉斯将真(truth)看作一种合理性(SM, Ch. VII, XIV, ¶92),认为逻辑蕴涵传递合理性,即保真(SM, Ch. VII, XIV, ¶104; SK, Lecture III, II, ¶12)。因此,说一个理论推理是好的,就是说

(a) 结论相对于前提是合理的;
(b) 前提本身是定言合理的,即为真。

好的实践推理同样如此,不但其结论意向相对于其前提意向是合理的,而且前提意向本身是定言合理的,从而结论意向也是定言合理的。这意味着定言合理性与相对合理性兼容,可以有意向既是定言合理的也是相对合理的。这也意味着一定有意向只是定言合理的。这是在区分衍生的定言合理性和非衍生的定言合理性,即作为原动者的内在合理性或绝对合理性。总之,不管是理论推理还是实践推理,如果逻辑关注有效性或可靠性,那么依靠逻辑不能使其前提或结论本身得到定言合理性。那么,有没有意向或什么意向具有非衍生的定言合理性?而这又与道德视角有什么关系?

不难想象,塞拉斯的思路是,像"我应当做 A"这样的道德判断或其表达的道德义务是一种意向,或者说像这样含有语词"应当"(ought)的应当陈述(ought-statements)是一种将要陈述,不过道德义务是一种具有定言合理性的意向,因为"我将要做 A"显然不等同于"我应当做 A"——并非所有意向都是定言合理的。

塞拉斯考虑了应当陈述和将要陈述的一个重要不同,这个不同对理解意向的合理性至关重要。这个不同不在于前者是命令而后者不是。塞拉斯认为,不能将应当陈述理解为命令(imperative)。命令用来告诉某人去做某事。而一个人在推理时可以不向他人述说。因此,如果应当陈述是命令,那么就不存在道德推理。不难想象,一个人有时可以想到或知道自己应当做去某事,这并非告诉别人或自己应当去这样做。而且,塞拉斯还指出(SM, Ch. VII, V, ¶28; IILO, 4, PP. 173~174),表达道德原则的应当陈述不能是命令。因为这样的应当陈述具有普遍性,比如

Everybody ought to do A in C.

译作:人人应当在 C 做 A。

而真正的命令不具有普遍性,因为其只能用来告诉某人从现在起的未来去做某事,不能用来告诉某人过去做什么,更不能告诉过去的人去做什么。如果这样的命令要是普遍的,那么就得将其写作:

> Let everybody do A in C throughout all past and future time!

译作:让人人在所有过去和未来的时间在 C 做 A!

这显然是荒谬的,除非一切的时间指向未来,比如上帝创造亚当时说"让人人在一切时间和地点在 C 做 A!",否则命令不是表述道德原则的应当陈述。

这个重要不同在于应当陈述在语法上具有真正的否定①。换言之,将要陈述只有内部否定,没有外部否定,而应当陈述两者都有。将要陈述只有

Shall [P]

和

Shall [∼P]

的形式②,没有"∼Shall [P]"和"∼Shall [∼P]"的形式。相比之下,假定将英语语词"Ought"(即"应当")用作一个算符来形式化应当陈述,应当陈述具有

Ought [P]

Ought [∼P]

∼Ought [P]

∼Ought [∼P]

四种形式。没有外部否定意味着没有人(不论是自己还是他人)可以反驳。比如,当琼斯对迪克说"Shall [你将会做 A]"而迪克自己却说"Shall [我将会不做 A]"时,两个人的意向只是冲突,即不能都实现,但并不因此否定或反驳了对方而要求对方放弃意向改变主意。相比之下,当琼斯对迪克说"你应当做 A"而迪克自己却说"不! 并非我应当做 A"或"我不应当做 A"时,迪克明显是在否定或反驳琼斯。

说应当陈述有外部否定,就是说这种陈述有真有假;说"我不应当做 A",就是说"我应当做 A 为假"。在塞拉斯看来,"真"是"合理性"的一种。他又针对意向陈述提出了一个类似"真"的概念,即"实践的真"或"实践的客观性";换言之,意向陈述的"真"对应事实陈述的"真"③。关键在于,上述表明定言合理性是主体间的,或者说一个人断定的与另一个人否定的得是相同的。据此,当(例如)琼斯说"p"而迪克说"∼p"时,迪克在否定或反驳琼斯。假定琼斯说的命题 p 为真,从而迪克说的命题∼p 为假;因为 p 与∼p 矛盾,而相互矛盾的命题不能都为真。这样,如果琼斯作出的推理"p;因此,q"是可

---

① 塞拉斯曾在多处指出这一点,比如 SM,Ch. VII,IV,¶ 26;TA,I,P112;IILO,11,PP197∼198。
② 这里的"Shall [∼P]"即(英语的)"It shall not be the case that-P"或"It shall be the case that not-P",两者是等值的(参见 ORAV,VI,¶ 54, n. 10)。
③ 关于实践的真,参见 SM,Ch. VII,XIV,¶ 102,XVI,¶ 112;NDL,VIII,¶ 49。

靠的(或有效的),那么它也是好的。相比之下,迪克作出的推理"~q;因此,~p"只是可靠的(或有效的),不是好的。不过,像"Shall[我将会做A]"这样的意向不是主体间的,而是私人的。这意味着将要陈述没有真和假,只有实现(realized)和没有实现(not-realized)。

因此,如果像应当陈述这样表达意向的语言有真假,那么其表达的意向就得具有主体间性,即这种意向不能是私人意向,否则被评判为真假的就不是同一个意向。意向怎么会是主体间的?或者说,两个意向在什么意义上会是相同的?塞拉斯列举了一些意义:

(1)我和S都意向"Shall[我去德国旅行]",可以说我们有相同的意向,正如我和S在不同的地方都说或想"这有一个红苹果"时有相同的言说或思想。

(2)在一个更强的意义上,我和S都意向实现某一事态,比如意向"Shall[战争结束]",可以说两人有相同的意向——情绪主义者(比如A. J. 艾耶尔)会说两人对这个事态的态度一致。不过,为了实现这个事态,我和S可能采取不同的行动,从而有不同的衍生意向。

(3)我意向S做A,而S也意向自己做A,可以说我和S有相同的意向"Shall[S做A]"。不过,只有S可以做A,而我只能通过其他行动来致使S做A。(SM, Ch. VII, VI, ¶33)

这些意义上的相同意向根本上都是私人的,而非主体间的,这里的"相同"至多是"并行"。换言之,这些意向都是自我中心的意向,或者说具有自我中心性(egocentricity或I-centeredness)。其中有些是外显自我中心的,比如"Shall[我去德国旅行]";而有些是隐含自我中心的,比如"Shall[战争结束]",因为它与实现战争结束的自我中心的行为意向(例如"Shall[我参军]")有概念联系。

塞拉斯认为,有一种意向超越了自我中心,而这个超越的"关键在于这个事实,即我们可以认为自己是一个群体中的一个成员"(ORAV, XI, ¶144)。大致地讲,当一些人共称"我们"(we)时,这些人就构成一个群体。使用一个修饰语可以阐明被称为"我们"的是哪个群体,比如"我们环保协会""我们公牛队""我们无产阶级""我们人类"等。"我"(I)是某个群体中的一名成员。因为"我"总会根据不同的标准来区别"我们"和"他人"(或"他们")。就此而言,每一个人都可能属于多个群体,比如属于一个俱乐部、一个民族、一个国家等,其中有些重叠,有些层套。而一个人和可以与之展开有意义谈话的人构成了最大的群体或共同体。共同体中任何人可以分有的意向具有最强意义上的主体间性。这是我们共同的意向,塞拉斯将这样的意向称为"我们意向"(we-intention)。我们意向也区分"将要做"和"将要是",比如"Shall [我们中的每个人在 C 做 A]"和"Shall [战争结束]"。这里,"Shall [战争结束]"可以是一个我们意向,只要它蕴涵的行为意向不是自我中心的。因为像"Shall [战争结束]"这样的意向表述没有语词"我们",所以不能区分与之有相同表述的个人意向。对此,塞拉斯通过给"Shall"作出不同的下标来将其区分,用"$Shall_I[P]$"表达个人意向,用"$Shall_{we}[P]$"表达共同意向①。因此,如果我和S有共同意向,那么这意向将是(例如)"$Shall_{we}$[战争结束]"。尽管这样的陈述表达说者的意向,而且在数量上是两个,但是在最强意义上是相同的,即一个共同意向。

个人意向与共同意向各自相应的传记陈述也有不同的形式(IILO,12,PP. 200〜205;TA,VI,PP. 138〜139)。像"$Shall_I[that\text{-}p]$"这样的个人意向的传记陈述是

I intend that it be the case that-p,

译作:我意向是 that-p,

而像"$Shall_{we}[that\text{-}p]$"这样的共同意向的传记陈述是

We intend that it be the case that-p.

译作:我们意向是 that-p。

这意味着共同意向是共同体做出的意向。我们做出的意向不是各个成员作出的意向的逻辑总和,尽管共同意向靠私人意向反映出来,但是不可还原为个人意向。共同体中的各个成员分有共同意向,以"$Shall_{we}$"的方式来意向。分有共同意向的人是"我们中的一员"(one of us),并因此有了群体归属感。"我"作为我们中的一员来意向共同意向,因此,共同意向的传记陈述也可以写作

I, as one of us, intend that it be the case that-p.

译作:我作为我们中的一员意向是 that-p。

不难看出,塞拉斯对我们意向做出了黑格尔式探讨,共同意向是客观精神的

---

① 参见 TA,VI,PP138〜139。塞拉斯在有的地方将共同意向和个人意向分别表示为"$Shall_w$[___]"和"$Shall_I$[___]"(IILO,12,PP203〜204)。大卫·所罗门进一步将个人意向的下标"I"换作具体人名来指明这个个人意向的归属,比如(英语的)"$Shall_{Jones}[P]$"(W. David Solomon, "Ethical Theory", in *The Synoptic Vision: Essays on the Philosophy of Wilfrid Sellars*, C. F. Delaney et al., Notre Dame, Indiana: University of Notre Dame Press, 1977, p. 163)。

"变奏"(TA，VI，P138)。人与人之间相互分有的共同意向将导向一种生活方式,每一个人以这种方式过自己的个体生活。就是在这个意义上,塞拉斯断言(PSIM，VII，¶114),"人差不多可以定义为有意向的存在。"

伦理学也探讨评价(evaluation),评价前提结合事实前提可以推出意向。通常,就 S 的价值观而言,语句(比如)

S values her or his own happiness

译作:S 认为自己的幸福是有价值的

将一个评价归属 S,而 S 本人通常会使用语句

Would that I were happy!

译作:愿我幸福!

来表达他的评价。就此而言,"would"可以用作评价算符(valuation operator)。在英语中,含有语词"would"的语句称为"愿望"(wish)。愿望不是在描述对象,而是"……在一个适当宽泛的意义上在表达对某个可以想到的对象或事态的态度"(ORAV，II，¶16)。愿望与欲望的区别在于,当 S 有一个愿望,S 不确定自己是否能实现它或者是否能执行实现它的行动(AAE，IV，¶51)。当愿望变为一个欲望,即意向去实现这个愿望,如果 S 认为在 C 做 A 可以实现或有助于实现这个愿望,而且相信在 C 做 A 是可能的,那么 S (若不改变主意)就会意向去在 C 做 A。

评价可以从个人视角作出,比如"我愿我幸福",也可以从团体视角作出,比如"我们愿我们公牛队赢得比赛"①。当公牛队的成员有这个愿望,他们得到共同意向"Shall$_{we}$[公牛队赢得比赛]"。如果他们认为在 C 做 A 可以实现或有助于实现这个愿望,而且相信他们能够在 C 做 A,那么他们(若不改变主意)就会意向去在 C 做 A。因此,假言命令"如果我们想要公牛队赢得比赛,那么我们应当在 C 做 A"的意义是

"Shall$_{we}$[公牛队赢得比赛]"蕴涵"Shall$_{we}$[我们公牛队每一个成员在 C 做 A]",

分有这个我们意向的人可以做出下述推理:

Shall$_{we}$[公牛队赢得比赛];

因此,Shall$_{we}$[我们公牛队每一个成员在 C 做 A];

S 是在 C 的公牛队一员;

---

① 出自共同体视角的评价归属所具有的形式是"S 作为我们中的一员认为……是有价值的" (S, as one of us, values . . .)或"我们愿……"(We value . . .)。

因此,Shall$_{we}$[S 做 A]。①

那么,由这个共同愿望得到的共同意向是内在合理的吗?这是塞拉斯关心的问题,如果确实如此,那么定言合理性将通过蕴涵从这个意向传递给其他意向。在他看来。这个意向对于这个共同体的各个成员都是内在合理的,不仅因为其中的成员都接受这个意向,而且因为就是靠这个可分有的意向才有了这个共同体。也就是说,就是靠这样一个意向,一个共同体才是一个共同体,其中的成员才认为彼此是其中的一员,这是一概念事实(参见 SM, Ch. VII, XVIII, ¶132, XX, ¶140; ORAV, XIV, ¶186)。

二、个人与共同体

"我们"的意向不同于"我"的意向,"我"的意向不能具有内在合理性。不然,道德判断就可以通过肯定前件假言推理从假言命令中抽离。比如,当 S 得到一个意向 E 且处于情境 C 时,似乎他可以做出以下推理:

如果我想要实现 E,那么若在 C 则我应当做 A;

我想要实现 E 且在 C;

因此,我应当做 A。

表面上看,这个推理从一个事实前提(即"S 想要实现 E 且处于 C")推出了一个义务结论,即从"是"推出了"应当"。问题在于,除非 S 的意向"Shall [实现 E]"是定言合理的,否则这个推理表明意向"Shall [做 A]"只具有相对合理性。举塞拉斯的例子来讲(SM, Ch. VII, VII),假定 S 想要毒害他的姨妈就得使用氢氰酸下毒,除非 S 的意向"Shall [毒害我的姨妈]"是定言合理的,否则他的意向"Shall [使用氢氰酸下毒]"只是相对合理的,不是定言合理的。

理性利己主义(Rational Egoism)主张的开明自利(informed self-interest 或 enlightened self-interest)也不支持上述假言推理。这个观点认为,一个人会做出不同的评价,而且这些评价可以划分不同的层级,或者确切地讲,评价有基层和上层(SM, Ch. VII, IX)。基层评价往往受到个人身心以及社会需要的影响,不但个人的评价会变化,而且人与人的评价也相异。比如,鞋匠认为制鞋是有价值的、医生认为治病是有价值的、商人认为盈利是有价值的,或者就普通人而言衣食住行是有价值的,等等。在基层评价之上有一个自我指向的主导(over-arching)评价或最高(over-riding)评价,即

S values her or his own happiness, all things considered

---

① 这个结论意向虽然是有关个人行动的意向,但是不同于个人意向,因为这个结论意向的前提是一个共同意向。为了做出区分,塞拉斯也给结论意向的"Shall"加下标"we"。

译作：考虑了所有事物，S 认为自己的幸福是有价值的

或

Would that I lived a satisfying life, all things considered.

译作：考虑了所有事物，愿我过满足的生活。

满足的生活意味着一种生活模式或人生计划。这种模式或计划从这个上层评价连同各方面的信念产生，并且将基层中的具体评价整理成一个融贯系统。随着情境的变化，这个模式或计划会产生一系列意向，而这些意向又会终于一系列行动来逐步实现这个模式或计划。据此，可以生成假言命令"如果一个人想要过满足的生活，那么他应当在 C_i 做 A_i"，其意义是

"Shall［考虑了所有事物，我过满足的生活］"蕴涵"Shall［我在 C_i 做 A_i］"。

问题在于，从这个主导评价产生的意向本身是内在合理的吗？或许，人不能得到的意向是不合理的。因此，如果在心理学上人必然追求自己的幸福，不能得到与上述主导意向相悖的意向"Shall［考虑了所有事物，我不过满足的生活］"，那么这个不能得到的意向就是不合理的。然而，即便如此，这也不意味着人能够得到的意向就是内在合理的。因此，通过肯定前件假言推理从假言命令得出的意向未必是定言合理的。不难想象，一个人的行为在满足他自己的生活的同时侵害了他人的利益，因此他不应当这样做。

上述思路的一个问题在于主导评价是以自我为中心，即只考虑自己，没有考虑他人。其实，理性利己主义承认有源于自爱(Self Love)的意向，也承认有源于仁慈(benevolence)（以及同情）的意向。不过，这个观点认为，只有源于自爱的意向会具有定言合理性，即使源于仁慈的意向是他人导向的，也只有出于自爱才是定言合理的，否则至多具有相对合理性。(ORAV, XI, ¶130)但在心理学上怎么会从自爱得到他人导向的意向？这是一个难题，或者如塞拉斯所言，这是令人怀疑的。当然，原则上也可以完全拒绝利己主义，去认为一个仁慈的人不但认为自己的幸福是有价值的，而且认为包括他自己在内的公众福利是有价值的。假定 S 相信

If I want to promote the general welfare, I ought to do A_i, if in C_i

译作：如果我想要促进公众福利，那么若在 C_i 则我应当做 A_i，

如果 S 事实上想要促进公众福利，那么他将得到一系列应当陈述。不过，除非 S 足够睿智和博学，像上帝一样，否则他得到的义务未必适用每一个人。而且，根本来讲，不管是源于自爱的道德判断，还是仁慈的道德判断，在这里都取决于一个人想要什么，而道德规范明显不是由个人的考虑来决定的，不然结果将是一个不具有主体间性的个人意向。这样的意向无法征得他人同

意,因此根本不会具有内在合理性。由此得到的道德应当不会有真假之分,更谈不上会具有普遍性。

肯定前件假言推理不是道德推理。道德推理是依照道德原则(moral principle)推理出具体的道德判断,从而道德行动是依照原则的行动。接受或支持一条推论原则,比如"所有人是会死的",就是可以作出像"苏格拉底是人;因此,苏格拉底是会死的"这样的推理。同样,接受或支持一条道德原则,比如"任何人应当在 C 做 A",就是可以作出像"琼斯是在 C 的人;因此,琼斯应当做 A"或"我是在 C 的人;因此,我应当做 A"这样的推理。依照原则的意向不同于一时冲动的意向。一方面,两者可能有相同的意向内容,但得到的方式不同,前者靠实践推理,而后者被直接得到。另一方面,依照原则的意向展现相关行动的规则性或惯常性,而一时冲动的意向不展现。

相比之下,肯定前件假言推理导向的行动不是依照原则的行动,而是为了实现某个目的的手段。两种行动有时会产生冲突。日常生活中常会遇到这样的疑问:我是依照原则来做事还是追求目的来做事?行动者在两者之间作出选择。这就是说,一个人不但可以在其实践推理中找到道德视角的蕴涵,也可以找到个人视角的蕴涵,即自爱的蕴涵。选择为自己的私人目的,就是选择放弃道德框架,退回到纯粹个人意向的生活方式。总之(TA,VI,P138),一个人既可以从个人视角(sub specie individualitatis)来意向,也可以从共同体视角(sub specie communitatis)来意向。利己主义是在探讨个人视角,而不是在探讨作为一种共同体视角的道德视角。

共同体视角不同于个人视角,因为两者基于的意向分别是共同意向和个人意向。不过,这不意味着共同体视角就是道德视角。因为不同的共同意向产生了不同的共同体,所以某一共同意向仅对相关共同体的成员而言是定言合理的。换言之,不同的共同意向定义了不同的共同体视角。那么,有没有什么意向定义了道德视角,即产生了"我们道德共同体"?

在塞拉斯看来,主体间意向

Shall$_{we}$[最大化我们的福利][①]

定义了道德视角。这个意向具有内在合理性。它对于道德共同体的任何成员都是内在合理的,不仅因为各成员都接受这个意向,而且因为就是靠这个可分有的意向才有了这个共同体。对于任何一个共同体而言,就是靠这样一

---

① 塞拉斯也将这个意向表述为"Shall$_{we}$[考虑了所有事物,促进我们中每一个人的福利]"或"Shall$_{we}$[考虑了所有事物,我们中的每一个人过满足的生活]"(ORAV,XIV,¶¶ 194~195)。

个目的意向,一个共同体才是一个共同体,其中的成员才认为彼此是其中的一员,这是一个概念事实(SM, Ch. VII, XX, ¶140)。而且,因为这个意向具有内在合理性①,所以其(根据法则)蕴涵的主体间意向家族

$Shall_{we}$[我们每一个人在 C_i 做 A_i]

具有衍生的定言合理性,这个家族的表述等值于一套道德原则(或定言命令家族)"如果我们任何人在 C_i,那么他应当去 A_i"。这样的道德原则既有形式普遍性,即"$Shall_{we}$[我们任何人在 C_i 做 A_i]"适用于"我们"所有人,而且具有意向动作的普遍性,即"我们"所有人做出这个意向。如果用道德评价来表述这个意向家族,那么不但其评价内容具有普遍性,比如"愿任何人在 C_i 做 A_i",而且其主体形式具有普遍性,即"我们愿任何人在 C_i 做 A_i"或"我们认为任何人在 C_i 做 A_i 是有价值的"。道德哲学家往往强调道德评价内容的普遍性,而塞拉斯还强调道德评价形式的普遍性:道德原则不是"我"的原则,而是"我们"的关于"我们"的原则。总之,道德意识是一种我们意识。当然,事实上不是每一个人都分有定义道德视角的主体间意向。因此,"我们"不是指"全体理性存在"或生物学意义上的"全人类",而是指承认彼此参与了谈论什么应当或什么不应当的人。

至此,塞拉斯已经清楚表明,道德意识是一种我们意识,道德思想是定言合理的主体间意向。不过,这会带来一个问题:道德行动看起来是为了实现最大化公众福利这个目的的行动,不是依照原则的行动。塞拉斯既坚持道德行动是依照原则的行动,又坚持相关原则的合理性来自于公众福利最大化的意向,即定义道德视角的内在合理的共同意向(IILO, 13, PP 205~210)。因为一个人可以为了实现公众福利最大化而去习得依照原则来行动,但当这个人在习得这样来行动之后,他之后的这种行动就不是由公众福利的目的致使,而就是由道德原则本身致使,即由责任感致使。当然,一个人在没有公众福利最大化的意向时也可以习得依照原则来行动。在这个意义上,一个人的道德行动不是为了公众福利最大化。而在另一个意义上,一个人的道德行为既是出于道德原则,也是出于公众福利。这区分了意向进入行动的两个层级。第一个层级是目的意向,第二个层级是目的导向的行动意向。目的意向不是行动意向,尽管人在行动时可能考虑了目的,但是目的意向的结果是依照原则来行动的意向,而任何道德行动都是由行动意向致使的。

塞拉斯其实是在区分道德推理和对道德原则的证成。在人类学家看来,

---

① 塞拉斯指出(SM, Ch. VII, XIV, ¶98),他探讨的定言合理性并非源于相关意向可以分析为像"如果在 C,那么做 A 或做非 A"这样的重言意向。

一种文化的道德意识可以区分出具体道德判断、中级原则和第一原则。这里的第一原则即道德原则(也称为普遍化的格言或一般的格言),中级原则即格言(maxims)。举例来讲,在某种文化中,"见义勇为"是一条第一原则,"救助落水的人"是一条中级原则,而"我应当救助这个落水的人"是一个具体道德判断。其中不难看出,具体道德判断涵摄于中级原则,中级原则又涵摄于第一原则。换言之,第一原则证成中级原则,而中级原则又证成具体道德判断。那么,问题在于,什么证成第一原则?或许,在经历了自然选择或历史发展之后,不同的文化可能会形成不同的第一原则。那么,可以问哪条原则是正确的吗?如果可以,那么哪条或哪些是正确的?或者,它们可以都是正确的吗?在塞拉斯看来(SE, in PP, PP389～393),这些是标准学伦理学(criteriological ethics)关注的问题;标准学伦理学关注规范伦理学能否成为一个理性学科。

哲学家尤其关注标准学伦理学的问题。如果可以说一套道德原则是正确的或真的,那么哲学家想依靠理性来证成,而不是依靠暴力和宣传。理性主义者(比如 G. E. 摩尔)诉诸直观,认为心灵直接"看到"某些道德原则为真,断言道德第一原则是先天知识。不过,怀疑主义者,即情绪主义者或非认知主义者(比如 A. J. 艾耶尔),会反驳说,没有理性支持这直观,就无法裁决不同文化中相悖的道德原则或者同一文化中不同人的相悖道德原则。相比之下,经验主义断言道德第一原则是需要科学来检验、证实或修改的经验假设。不过,这样得到的经验假设是事实知识,不是规范知识,即这样的知识关于是什么,而非关于应当是什么。即使这样的知识描述人们认为什么是有价值的,它也不揭示什么是有价值的。因此,经验主义也可能会走向怀疑主义,认为无法理性证成道德第一原则。那么,可以理性证成伦理第一原则吗?

塞拉斯的思路源于 G. E. 摩尔和 A. J. 艾耶尔的标准学伦理学探讨。大致地讲,摩尔通过批判一些观点,指出像"好的"和"应当"这样的伦理词项是独特的非描述语词,而艾耶尔则进一步指出这样的语词表达说者的态度。摩尔认为,"好的"的意指可能有三种解释(SE, in PP, P. 400)。不过,艾耶尔通过发展摩尔的观点认为,具有形式"什么是好的"或"什么是坏的"的伦理语句首要是用来表达说者态度的一致或分歧。粗糙的情绪主义没有区分情绪和态度,也没有区分情绪和感受。相比之下,塞拉斯认为(TA, I, P106),"应当"和"好的"其首要使用是"将要"的特例。说"应当什么"或"什么是好的"就是说其表达的意向是定言合理的;说"什么是内在好的"就是说其表达的意向是内在合理的。塞拉斯已然表明,事态的内在价值与道德行动之间具有蕴涵关系。因此,证成道德原则的理由指向了道德行动的后果,即前文提到的"公众福利"。换言之,尽管在心理学上,自爱或仁慈可以支持甚至有助于形成无私的爱(impartial love),但是支持道德意识的不是自爱或仁慈,而是只有无私的爱,或者,塞拉斯也使用乔赛亚·罗伊斯(Josiah Royce)的"忠"(Loyalty)——即承认每一个人都是我们中的一员——或基督徒称为的"爱"(对邻人的爱或博爱)来表达(SE, in PP, PP411～412; IILO, 14, P212)。

无私的爱怎么证成道德原则? 根据前文的分析,道德原则(简写为 P_i)是定言合理的原则,其形式是

$Shall_{we}$[任何人 C_i 做 A_i]。

支持这样的原则的人有权作出推理

我是在 C_i 的人;

因此,$Shall_{we}$[我做 A_i]。

而如果道德原则是"第一"原则,那么它就不能是衍生的。也就是说,P_i 不能是实践推理的结论,不然它就不是"第一"。塞拉斯的指向是,如果可以证成一个决定,即决定支持道德原则 P_i,或者说,如果一个实践推理的结论是"支持 P_i",那么相关的道德原则将得到证成。不过,塞拉斯没有指明证成的确切步骤,而且这个指向似乎与他之前的观点相悖,因为他之前正是从内在合理的目的意向依靠工具法则推理出了道德原则。如果暂且搁置这个疑虑,那么对道德原则的证成可能会是实践推理

$Shall_{we}$[最大化公众福利];

$Shall_{we}$[最大化公众福利]蕴涵 $Shall_{we}$[支持道德原则 P_i];

因此,$Shall_{we}$[支持道德原则 P_i]。

这个推理的结果是一个行动意向,即意向执行去接受道德原则。如果成功实行这个推理结果,那便会处于支持 P_i 的状态。总之,定义道德视角的内在合理意向所蕴涵的不是道德原则,而是执行支持道德原则意向。对于第一原则,塞拉斯指出(SE, in PP, P393),"……纯粹逻辑不能使我们承诺原则本身。就矛盾是荒唐的而言,否认一条道德原则绝不是荒唐的。逻辑本身可以发现在我们的原则之间的一致性和不一致性关系。它可以按照它们的概括程度来将它们归类。它可以表明一条原则是从另一条推出。但当说到道德法规的最为抽象和一般的原则——第一原则——时,逻辑本身无力决定它们是不是值得被接受"。

塞拉斯对道德视角概念结构的思考是对道德政治体(moral polity)——即康德的目的王国——的理解。康德的原则是,人人将被视为目的本身,而非只是手段。将某人视为只是手段,就是从个人视角来做出评价,意向某人

的行为来实现自己的目的。在道德视角下，每个人既是实现目的意向的手段，也是作为目的本身。塞拉斯的思考也表明，在康德的伦理学中，目的论（或利他主义）和道义论是相容的。道义论描述道德规范的驱使力量，而目的论描述道德原则的最终证成。

塞拉斯的建构表明道德意识是一种利他主义。其实，利己主义的"仁慈"概念已经意味着理性利他主义或——塞拉斯借鉴英国18世纪巴特勒主教（Bishop Butler）的措辞（SE, in PP, P412）——"冷静时刻"（cool hour）的利他主义在心理学上是可能的。仁慈视角几乎就要抓住道德视角，其规定的行动符合道德规范，但关键在于仁慈仍是个人视角，其带来的是个人意向。支持道德视角的只有无私的爱，虽然有关仁慈的假言命令和道德规范的定言命令可能内容一致，却有不同的概念形式。

塞拉斯的论证似乎也意味着，目的王国在任何时期都可以实现。尽管不同的文化可能有不同的中级原则，比如农业共同体、工业共同体、狩猎共同体各不相同，或者原始部落、古代城邦、现代国家甚至未来世界各不相同，但是，如果支持道德视角的就是无私的爱，那么道德视角下的道德原则在任何文化中可以是相同的。因此，或许由此可以提出一种文化文明程度的标准，来判定这种文化是否达到了目的王国。这个标准显然无关于科学技术发展水平的高低，而是有关于当时的科学技术是否用来实现共同的善——这在于当时是否充分挖掘和践行有关共同的善的工具法则。因为塞拉斯对道德意识的解析表明，价值的逻辑将衍生于事实的逻辑。

最后，塞拉斯对道德意识的解析和建构也有助于回答什么是真正的自由。塞拉斯由于重塑"决断"概念而重塑了"因果性"概念。在显见意象中，人行动的原因可以是外在干预，同时也可以是内在决断。根据塞拉斯对实践推理框架的建构，实践推理的结论随着时间的推移变为决断，而决断将致使行动。在这个推论中，大前提提及的目的作为理由影响着推论过程以及最终的行动。实践推理的大前提可以是被外在致使的，比如从外唤起的欲望。然而，并非一切目的都是外来的，即并非一切实践推理以及相关行动都是从外发动的。塞拉斯指出（I，¶72），还可以有一个目的内在于实践理性。这个目的不是自爱，即不是最大化"我个人"的幸福。因为这个目的根本上是外来的，是对个人生存状态的整体回应，牵涉一系列具体的欲望或厌恶。这个目的应该是自律，或者说提及这个内在目的的前提是康德的道德律，即作为"我们"中的一员的"我"最大化"我们"的幸福。自爱是个人视角，而自律是道德视角。在日常生活中，当一个人选择为自己的私人目的来行动时，此人就是放弃了道德视角，选择了个人视角。不管怎样，道德律不是从外进入实践理性的,所以由之导致的决断和行动将具有更深层意义上的自由,即人以自律而非他律的方式做出行动。这其实是康德在自由的任意和自由的意志之间做出的区分。前者是实践理性的偶然运用,受制于感性,因此最终仍是不自由的。而后者是实践理性的一贯使用,牵涉感性但摆脱了感性的干涉,达到了真正的自由。

第四节　求真至善

实践推理牵涉科学推理。在一个宽泛的意义上,我们通过实践推理来评价具体事实、经验概括、科学规律和逻辑原则。塞拉斯经过细致的分析断言,不存在非演绎的盖然论证,盖然性概念不是在这种论证的前提与结论之间的逻辑关系。在他看来,真正的盖然论证是将(例如)"h 是盖然的"而非"(盖然)h"作为结论的论证。他将"盖然性"概念分析为"合理接受性"概念,从而指出存在演绎的实践推理将事实证据和假设之类的要素嵌入其中。他阐述了几个盖然论证的样式及其相应的实践推理,并且指出了各个样式之间的关联。这个建构不但指出一个新方向来探索盖然论证,而且解答了一些像归纳和先天综合这样的传统哲学问题。塞拉斯的论证的重要意谓之一在于它在追求真理和道德义务之间建立起了逻辑关系。不过,虽然这个论证新颖也全面,却仍十分简要,其中的很多细节有待进一步展开。

一、盖然论证

什么是"盖然性"(probability)？这个问题常会让人想去联系"必然性"(necessity)概念来回答。"必然性"概念联系演绎论证,当它以副词形式"必然"(necessarily)出现在一个演绎论证中时,比如

如果 P,那么 Q;P;因此,(必然)Q

或

所有 A 是 B;x_1 是 A;因此,(必然)x_1 是 B。

它作为一个标识来指明这个演绎论证是好的。根据塞拉斯的理解,如果一个演绎论证的前提和结论处于某一逻辑关系,即若其前提为真则结论必然为真,那么它是一个有效的(valid)或可靠的(sound)论证;如果一个可靠的演绎论证的前提为真且(因此)结论为真,则它不但是可靠的,而且是好的(good)。简言之,好演绎论证,不但可靠,而且其前提为真,从而其结论为真(NDL,I,¶1)。不过有一点得注意,这个标识不是说其结论自身是必然真理,而是说这

个结论相对于其前提的真是必然的,即相对必然。举例来讲,结论"(必然)苏格拉底是会死的"不等同于结论"苏格拉底必然是会死的",前者的"必然"指相对必然,而后者的"必然"指结论自身是必然的。

困惑在于"盖然性"概念,它是否可以效仿上述的"必然性"概念来讲明?塞拉斯对此进行了考察。假定"盖然性"概念联系非演绎论证,它以副词形式"盖然"(probably)出现在一个非演绎论证中,比如

e;因此,(盖然)h,

在这里,"e"代表全部证据(total evidence),"h"代表假设(hypothesis)。如果一个盖然论证是好的,那么它得是可靠的,即其前提和结论得处于某一"逻辑"关系,而且前提得为真①。问题在于,"e"和"h"处于什么"逻辑"关系?一个回答是"盖然蕴涵"关系,就像好演绎论证的前提和结论处于"必然蕴涵"关系②。一个必然蕴涵陈述,比如"'如果 P,那么 Q;P'必然蕴涵'Q'",授权"如果 P,那么 Q;P;因此,(必然)Q"是可靠的。同样,一个盖然蕴涵陈述,比如"'e'盖然蕴涵'h'",授权"e;因此,(盖然)h"是可靠的。

然而,必然蕴涵与盖然蕴涵不同。前者授权的可靠演绎论证保真(truth-preserving),即若其前提为真,则结论必然为真;而后者授权的可靠非演绎论证不是这样保真,因为当其前提为真时,其结论未必为真。举例来讲,假定 C_A 是 A 类的一个有限类,它的容量是 100,分别是成员 $a_1 \cdots\cdots a_{100}$,经考察其中 75 个是 B。除此之外,没有其他关于这些成员的信息。如果 a_i 是其中一个随机选定的成员,那么盖然论证

75/100 C_A 是 B(且 a_i 是 C_A);因此,(盖然)a_i 是 B

的前提为真,而结论可能为真也可能为假。因为如果将这 100 个成员分别代入这个论证,那么这个盖然论证将展开为一类论证,即"75/100 C_A 是 B;a_1 是 C_A;因此,(盖然)a_1 是 B"……"75/100 C_A 是 B;a_{100} 是 C_A;因此,(盖然)a_{100} 是 B"。这一类论证有 100 个成员,其中 75 个成员不但前提为真,而且结论为真;还有 25 个成员虽然前提为真,但是结论为假。就此而言,可以说,这类论证是 0.75 保真③。相比之下,演绎论证

---

① 且这些前提表述了所有相关知识——这一点将在下文的论述中省略。
② 塞拉斯原文使用的是"演绎蕴涵"而非"必然蕴涵",这里使用"必然蕴涵"的优点在于使其与"盖然蕴涵"的对比更明确。
③ 塞拉斯指出,利用定量的"盖然性"概念,这个盖然论证也可以展开为更强的一类论证,即"75/100 C_A 是 B;a_1 是 C_A;因此,(0.75 度盖然)a_1 是 B"……"75/100 C_A 是 B;a_{100} 是 C_A;因此,(0.75 度盖然)a_{100} 是 B"。不过,塞拉斯认为,不考虑这类更强的论证也完全可以达到他的论证目的(NDL,III,¶16)。

所有 C_A 是 D(且 a_i 是 C_A);因此,(必然)a_i 是 D

展开为的一类论证是 1.00 保真。这似乎意味着,说一个盖然论证是可靠的,就是说它属于一个论证类别或论证家族,其中的论证可以表明若其前提为真则大部分结论为真。从而,说一个盖然论证是好的或塞拉斯称为的"成功的"(successful),就是说它"……属于一类论证,其大部分(在这个意义上)是成功的"(*NDL*,Ⅲ,¶18)。

不过,塞拉斯认为这个论断并不正确。因为,尽管这个分析还适合从一个已考察的样本,即一个由已考察实例构成的有限类,到一个未考察实例或一个未考察有限类的论证,却不适合从一个已考察的样本到统计的规律一样的陈述的论证。假定 P_A 是 A 类的一个有限类,它由已考察的有限类 C_A 和一个未考察的成员 a_{101} 构成,因此至少 $75/101$ P_A 是 B。如果用"a_i"表示一个随机选定的成员,那么会有盖然论证

至少 $75/101$ P_A 是 B(且 a_i 是 P_A);因此,(盖然)a_i 是 B。

因为这个盖然论证以"$75/100$ C_A 是 B"为前提,而且已知"a_i 是 P_A",所以这个盖然论证可以改写为

$75/100$ C_A 是 B;因此,(盖然)a_i 是 B。

这个改写将展开为一类论证,其中至少 $75/101$ 是成功的。由此可以衍生出盖然论证

$75/100$ C_A 是 B;因此,(盖然)a_{101} 是 B。

如果进一步延伸,假定 X_A 是 A 的一个未考察的有限类,且已知其他一些条件,比如 C_A 和 X_A 处于适当容量关系等,那么在指定范围内通过使用更复杂一些的统计方法,其中也将会有一类论证展开,最终就会得到盖然论证

$75/100$ C_A 是 B;因此,(盖然)大约 $75/100$ X_A 是 B。

不过,延伸将止步于统计的法则。法则(nomological)是规律一样的陈述(law-like statement,简称 *LL*)①。假如"n/m A 是 B"是一条法则,当 $n/m=1$ 时它可以将这个比例替换为"所有"(all)来表示普遍的法则,而当 $n/m<1$ 时它表示统计的法则。已知无限类 A,仅从已考察的样本 C_A 无法通过展开一类——若其前提为真则大部分是成功的——论证来得到盖然论证

$75/100$ C_A 是 B;因此,(盖然)大约 $75/100$ A 是 B

或

---

① 规律一样的陈述未必是法则。这区分规律一样的陈述的两个来源,一个是依靠从得到实证的理论推导,另一个是依靠例证。法则是第二个来源的规律一样的陈述。

75/100 C_A 是 B；因此，(盖然)A 是 B 的极限频率是 75/100。

其实，在塞拉斯的阐述中，对"盖然性"概念的上述论断可以有一个更简明的反驳。因为，在他看来"盖然性"概念有一些不同的样式（NDL，II，¶10），不但有结论是"(盖然)a_i 是 B"的单数陈述的盖然论证，结论是"(盖然)大约 n/m X_A 是 B"的比例陈述的盖然论证①，以及结论是"(盖然)LL"的法则的盖然论证，而且还有结论是"(盖然)T"的理论的盖然论证。显然，理论的盖然论证无法展开为一类论证。

因此，如果，像塞拉斯所说（NDL，I，¶1），"逻辑"关注什么使一个论证可靠，那么"必然性"关系可以使演绎论证可靠，而"盖然性"关系无力使盖然论证可靠。在这个意义上，"盖然性"不是逻辑关系。这样的盖然性也指向传统归纳问题：能不能靠一些事实证据得到它们符合的一般真理？上述论证没有否定这个问题，而只是没有回答这个问题，或者说至多是否定了一条进路；因为它不意味着两者之间没有逻辑关系，而是意味着如果有，那么不会是"盖然性"。

塞拉斯没有继续探索其他方式来解释上述盖然论证的可靠性，而是直接断言不存在非演绎的盖然论证（NDL，VII，¶44），从而不能像上述那样划分出演绎的必然论证和非演绎的盖然论证。但他不否认存在盖然论证。他支持的盖然论证不具有像"(盖然)h"这样的结论，而是具有像"h 是盖然的"这样的结论（IV，II，¶9）。在盖然论证中，"盖然性"概念以形容词形式"盖然的"（probable）出现，比如，

h 满足条件 C；因此，h 是盖然的。

这个形式的盖然论证和之前的有什么不同？塞拉斯至少会认为它不是非演绎的。问题在于，似乎也看不出来它是演绎论证。因此，还得继续展开这条进路。

上述盖然论证被塞拉斯称为第一次序盖然论证，这个论证的结论被称为第一次序盖然陈述或近前结果（proximate outcome）。这个结论不断定"h"，而是断定"接受 h 是合理的"。换言之，他分析了谓词"盖然的"的意指，认为"在'盖然的'的基本非计量意义上（所有其他意义会依此来理解），说一个陈述或命题是盖然的，首先近乎于说它该被相信，即它在该被接受的意义上是可接受的……就是说，考虑了相关事物，有好理由来接受它"（IV，II，¶4）。因此，"h 是盖然的"可以分析为"总的来看，接受 h 是合理的"，这意味着有某

---

① 比例陈述的盖然论证即统计论证。因为有些具有统计论证结构的论证不在统计学范围内，所以塞拉斯将统计学范围内的统计论证称为比例论证（参见 IV，VII，¶40）。

一模式的好论证支持接受 h。

这其实已经显示出这个好论证的结论是"我将要接受 h",而且这个模式是实践论证(practical arguments)。因为"接受 h"中的"接受"是行为(doing)。尽管这种行为不是物理的,而是心理的,却仍受制于行为标准,即可以称其是正确的或不正确的(OAFP,¶8)。一般来讲,说行为 A 是合理的,就是说有一个好论证支持行为 A。支持某一行为的论证传统上称为"实践论证",塞拉斯也称之为"实践推理"。在塞拉斯对实践推理的细致又原创的建构中,像"我将要做 A"或"将要是 that-p"这样含有算符"将要"(shall)的发声或书写表达说者或写者的意向。这样的意向可以写作"Shall [做 A]"或"Shall [是 that-p]"。意向的一个样式是条件意向,而条件意向中的一般条件意向称为准则,比如"Shall [如果 C, 那么做 A]"。实践推理仅受一条原则支配,即"P 蕴涵 Q↔Shall [P] 蕴涵 Shall [Q]"。由这条原则可以衍生出下述将使用的蕴涵"Shall [如果 C, 那么做 A];C;因此 Shall [我将会做 A]"。因为相对于事实 C,"如果 C 那么做 A"蕴涵"做 A",所以相对于 C,"Shall [如果 C, 那么做 A] 蕴涵 Shall [做 A]"。

第一次序盖然论证证明有一个好实践论证支持接受 h。两个论证是元实践论证和对象实践论证的关系。因此,前者前提中的一些内容将在后者中出现。不过,这些内容并不完整。换言之,如果第一次序盖然论证既是有效的也是好的,那么就得有第二次序盖然陈述"如果一个假设满足条件 C,那么这个假设是盖然的"或"'一个假设满足条件 C'蕴涵'这个假设是盖然的'"授权或引入作为大前提。而且,这个第二次序盖然陈述意味着有一个其结论是"Shall [如果一个假设满足条件 C,那么接受这个假设]"的好实践论证。这个结论是一条准则,它与一个具体的预期目的 E 相联系。两者是目的和手段的关系。

综合上述分析,这个其结论是"Shall [接受 h]"的实践推理的结构是
Shall [实现 E];
Shall [实现 E] 蕴涵 Shall [接受满足条件 C 的假设];
因此,Shall [接受满足条件 C 的假设];
h 满足条件 C;
因此,Shall [接受 h]。

这个实践推理的最终大前提是一个目的意向,结论是一个行动意向。塞拉斯将这个结论称为实践结果(practical outcome),将成功实行实践结果之后(首要意义)处于接受 h 的状态或(次要意义)"h"称为最终结果(terminal outcome)。这里可以看出,最终结果与之前提到的近前结果和实践结果不

同,它不是一个推论序列的结论,而是一次执行。特别是最终结果"h"不是真正的结论,而是指接受 h 的状态牵涉倾向于想 h 和(其他条件均同)在具体场合说或写"h";而且说出或写下的是"h",不是作为结论的"因此,h"。塞拉斯据此表明,非演绎的盖然论证,或者(进一步讲)像"e;因此,h""e;h 符合 e;因此,h""e;h 符合 e;因此,(盖然)h"这样的非证明论证或归纳论证,其错误在于将最终结果(尤其是次要意义上的最终结果)当作真正的结论(参见 IV,III,¶¶ 15~17)。

在塞拉斯看来,理论的盖然性样式最为清晰地展现了这个实践推理的结构[①],由此可以延伸到其他样式。假定 T 是由诸多原则构成的一个理论框架,即各条原则的合取。根据塞拉斯的策略,说"T 是盖然的"就是说"(总的来看)接受 T 是合理的"。接受一个理论的理由往往是它可以用来描述、解释、预言,或者(更具体地讲)它具有特征"φ",即

解释了已经确立的规律、生成(或提出)新的可经验检验的规律一样的陈述、生成可接受的近似于法则盖然的规律一样的陈述、不生成被证伪的规律一样的陈述,而且是在这些方面同等有效的可取框架中最简单的。(参见 NDL,VI,¶ 27;IV,VI,¶ 35;OAFP,¶ 25)

因此,关于理论的盖然性样式的第一次序盖然论证将是

框架 T 是 φ;因此,框架 T 是盖然的。

相关的第二次序盖然陈述将是

"一个框架是 φ"蕴涵"这个框架是盖然的"。

相关的实践推理将是

Shall [实现 E];

Shall [实现 E]蕴涵 Shall [接受是 φ 的框架];

因此,Shall [接受是 φ 的框架];

框架 T 是 φ;

因此,Shall [接受 T]。

塞拉斯认为这里的 E 是"拥有是 φ 的框架",它与相关的准则处于分析关系

---

① 这里的"理论"指具体的一种,它通过假定不可观察的实体来解释可观察的现象。其中的可观察的即独立可观察的或可感知的,比如某人看到一个红苹果。而当专家观察到气泡室中电子的位移时,他的观察依靠相关的理论,因此是从属可观察的。除此之外,还有一种观察不但要借助相关的理论,还要借助工具以及关于这个工具的理论,比如某人通过电子显微镜观察到蛋白质分子。

或蕴涵关系。因为,要拥有是 φ 的框架,就必须接受是 φ 的框架。这个推理的最终结果是处于接受 T 的状态,即接受诸多原则的合取。因为这个结果不是从某些在先的前提推导出来的结论,而是一次执行,所以这些原则可以称为相关理论的"第一"原则,尽管这里的"第一"不是至高无上意义上的。

至此,可以看出,塞拉斯围绕第一次序盖然陈述建构的盖然论证和相关的实践论证都是演绎的。对于这个建构,哈曼(G. H. Harman)给出了十分严厉的批评。他否定了塞拉斯的一些根本观点。比如他认为不存在演绎的实践论证,也不存在下文会提到的塞拉斯意义上的归纳[1]。其实,哈曼的批判多是基于一些逻辑概念的基本含义展开的。在一个意义上,哈曼的批判是对的。不过,塞拉斯的确是在通过改变这些概念的含义来进行论证的,或者用他常用的话来讲,他在调整着各个哲学概念在总体格局中的位置;这是塞拉斯哲学的一个重要特点,也是哲学史上的一个常见事实。因此,哈曼的批判其实并没有给塞拉斯的论证以沉重打击。

皮特(J. C. Pitt)认为塞拉斯的建构是循环的:第一次序盖然论证的结论,即第一次序盖然陈述,衍推有一个相关的好实践论证,而这个好实践论证又意味着有好理由接受第一次序盖然论证的"结果"(result)[2]。他断言,"如果这不是循环论证,那么或许塞拉斯的描述就没有错"[3]。不过,尽管皮特的责难将这个建构的各个步骤逐一展开,却在关键之处有些含混。因为他提到的语词"结果"是不明确的。如果它是指结论(例如)"h 是盖然的",那么有好理由接受的就不是这个结果,而是"h"。而如果它是指"h",那么断定塞拉斯的论证陷入循环就有些牵强。因为,塞拉斯已经指出,第一次序盖然论证与相关实践论证之间的关系是元论证和对象论证之间的关系,前者的一些内容会出现在后者中,就像元语言与对象语言一样。

二、样式及其关联

塞拉斯对盖然论证的分析和建构同样适用于其他盖然性样式。他主要探讨了法则的盖然论证、比例陈述的盖然论证和单数陈述的盖然论证。

---

[1] Harman, G. H., "Wilfrid Sellars' theory of induction", *Action, Konwledge and Reality: Critical Studies in Honor of Wilfrid Sellars*, Héctor-Neri Castañeda (ed.). Indianapolis, Indiana: Bobbs-Merrill, 1975, p. 267.

[2] Joseph C. Pitt, *Pictures, Images, and Conceptual Change: An Analysis of Wilfrid Sellars' Philosophy of Science*, Dordrecht: D. Reidel, 1981, pp. 79~80.

[3] 同上书,第 79 页。

法则的第一次序盖然论证是"这个 LL 符合观察证据;因此,这个 LL 是盖然的",相应的第二次序盖然陈述是"'一个 LL 符合观察证据'蕴涵'这个 LL 是盖然的'"。由此得到的实践论证是:

Shall [实现 E];

Shall [实现 E] 蕴涵 Shall [接受符合观察证据的 LL];

因此,Shall [接受符合观察证据的 LL];

这个 LL 符合观察证据;

因此,Shall [接受这个 LL]。

在塞拉斯看来,这里的预期目的 E 是"处于一个解释和预言的框架",即"能以一个解释了已观察实例的方式来做关于未观察实例的推论"或者(更直接的是)"得到一条同样适用新旧实例的推论原则"(ORAV,III,¶35)。实现 E 的逻辑必要手段是"Shall [接受一条符合观察证据的原则]"。这里的 LL 的一般形式是"'ΔK 是一个未考察的 A 类'蕴涵'大约 n/m ΔK 是 B'"。因为,一方面,已考察部分的盖然性已知,只需要接受未考察部分的,另一方面,这个形式表明 A 是 B 的盖然性是 n/m;当 n/m<1 时,它表示统计的法则,当 n/m=1 时,它表示普遍的法则。因此,这个实践论证中的 E 可以表述为"一种能以一个方式作推论的状态,这推论是关于 X 种类的一个未考察有限样本(ΔK)的就一个已知特性 Y 而言的构成,这个方式也对 X 的已考察总体样本(K)的就 Y 而言的构成做出解释描述"(IV, X, ¶52)。相关的准则也可以相应表述为:如果 n/m K 是 Y,那么我将要接受原则"'ΔK 是一个未考察的 X 类'蕴涵'大约 n/m ΔK 是 Y'"。因此,这个实践推理的更具体形式是:

Shall [实现 E];

Shall [实现 E]蕴涵 Shall [如果 n/m K(即一个已考察的 X 类)是 Y,那么接受原则"'ΔK 是一个未考察的 X 类'蕴涵'大约 n/m ΔK 是 Y'"];

因此,Shall [如果 n/m K(即一个已考察的 X 类)是 Y,那么接受原则"'ΔK 是一个未考察的 X 类'蕴涵'大约 n/m ΔK 是 Y'"];

n/m K(即一个已考察的 A 类)是 B;

因此,Shall [接受原则"'ΔK 是一个未考察的 A 类'蕴涵'大约 n/m ΔK 是 B'"]。

这个论证的最终结果是处于接受这条原则的状态,而且这条原则将为"n/m K 是 B"做出解释描述:因为随机样本的 B 构成接近其所属有限总体 P 的 B 构成,且 K 是 P 的随机样本,所以 K 的 B 构成大约是 n/m。

单数陈述的盖然论证不是为了做出解释,而是在探索真假。回到最初的例子,当 75/100 C_A 是 B,且没有其他关于其中成员的信息,如果问"a_i 是 B 吗?",那么回答的真假可以分为两种情况。第一种不能确定知道真假回答的数量。当依靠猜测来回答时,可能猜对其中一些,也可能在极端情况下猜对所有或猜错所有。第二种可以确定知道真假回答的数量。当通过肯定或否定回答所有这些问题时,这些回答中 75 个为真或为假。因此,如果预期目的 E 是"……知道我们就例举的这种问题类别的回答的真或假持什么立场……",那么相关的准则就得是"……如果知道这类对象具有相应的多数构成,那么肯定回答这个类别的所有问题"(IV,XIII,¶73),这里的多数指"n/m>1/2"。这是计量的盖然性(即概率)①,涉及不同盖然性之间的比较,而法则和理论的盖然性样式只区分非计量的"盖然的"和"非盖然的"。在塞拉斯看来,当计量的盖然性超过 1/2,相关的合理接受性就得到担保。比如,当 75/100 C_A 是 B,因为 a_i 是 B 的盖然性是 75/100,所以接受"a_i 是 B"是合理的。由此,相关的实践推理是:

Shall [实现 E];

Shall [实现 E] 蕴涵 Shall [如果知道一类对象具有多数构成,那么肯定回答所有这类问题];

因此,Shall [如果知道一类对象具有多数构成,那么肯定回答所有这类问题];

75/100 C_A 是 B(且 a_i 是 C_A);

因此,Shall [接受 a_i 是 B]。

相关的第一次序盖然论证的形式是(已知 n/m>1/2)

75/100 C_A 是 B(且 a_i 是 C_A);因此,a_i 是 B 是盖然的。

相关的第二次序盖然陈述是(已知 n/m>1/2)

"n/m K 是 Y(且 a_i 是 K)"蕴涵"a_i 是 Y 是盖然的"。

这个实践论证的最终结果是处于接受 a_i 是 B 的状态。只要确认一个对象(比如)a_1 是 C_A,那么就会接受单数陈述"a_1 是 B"。由此会得到系列组合"75/100 C_A 是 B;(盖然)a_1 是 B"……"75/100 C_A 是 B;(盖然)a_{100} 是 B",其中若组合中的第一个陈述为真则第二个大部分(或 75/100)为真。这里的关键在于,这些只是组合不是论证,因为每个组合的第二个陈述中没有"因此"。

塞拉斯的这个观点被用来对证凯伯格的公正抽彩悖论。在盖然性为 0.001 的公平抽取彩票的活动中,1 000 张彩票中有一张中彩,但矛盾之处在于,每一张极低的中彩盖然性又让人合理地相信每一张都不中彩,从而相信

---

① 在英语中,"probability"既译作"盖然性"也译作"概率",本书统一使用"盖然性"一词。

没有彩票中彩。哈曼大致上表述了这个意思①。凯斯·雷尔也举了一个类似的例子来提出异议,即回答为真的数量与前提表明实际为真的数量相悖②。不过,雷尔做出了辩护,他认为塞拉斯仅限于关注这个盖然性样式,不考虑进一步的展开或考察③。因此,如果认识目的只是确定知道真回答的数量,那么接受单数陈述"a_1 不中彩"……"a_{1000} 不中彩"就是合理的。不过,只有进一步考虑到解释的融贯,才会拒绝接受其中一个回答,或拒绝接受没有彩票中彩。除了雷尔的辩护,还可以做出另一个相关辩护。就抽彩悖论而言,"99.9/100 彩票不中彩"是相关实践推理的一个前提,它不但已被肯定为真,而且先于最终结果,从而先于由最终结果产生的悖论。因此,论证整体上没有产生悖论。其实,塞拉斯已经明确指出(参见 IV,XIII,¶74),肯定回答每一个问题不等于接受这些回答的合取,这抑制了产生这个悖论的可能。

比例陈述的盖然论证类似单数陈述的盖然论证,不过前者的步骤更复杂一些。这个盖然性样式涉及有限总体和其中的随机样本的构成。第一,可以用一个随机样本的已知构成来对其所属的有限总体的构成做统计预言。设有限总体 P 的容量是 M,随机样本 S 的容量是 m 且 n/m S 是 B。有一个数学事实,大意是如果在这个有限总体中随机抽取一些 m 容量的样本,那么对于适当值而言,其中多数样本的 B 构成匹配 P 的在误差内的 B 构成(IV,XIV,¶80)。假定将这些样本标号为"K_i",问"K_i 的 B 构成匹配 P 在误差ε内的 B 构成吗?"这一类问题,那么,为了知道就这种问题类别的回答的真假持什么立场,得在知道大部分肯定回答为真时肯定回答所有这些问题。因为 S 是从 P 中随机抽取的容量 m 的样本,所以相关实践推理的实践结果是"Shall[接受'S 的 B 构成匹配 P 在误差内的 B 构成']",即意向接受"大约 n/m P 是 B"。第二,可以用有限总体的构成来对其中的随机样本的构成做统计解释。设有限总体 P 的容量是 M 且 N/M 是 B,从中随机选定的样本 S 的容量是 m。根据上述方法,K_i 的 B 构成匹配 P 在误差内的 B 构成,而且 S 属于 K_i,因此,相关实践推理的实践结果是"Shall[接受'S 的 B 构成匹配 P 在误差ε内的 B 构成']",即意向接受"大约 N/M S 是 B"。而且,当随机样本容量是 1 时,这第二个比例陈述的盖然论证就相当于单数陈述的盖然论证。

---

① Harman, G. H., "Wilfrid Sellars' theory of induction", in *Action, Konwledge and Reality: Critical Studies in Honor of Wilfrid Sellars*, Héctor-Neri Castañeda (ed.). Indianapolis, Indiana: Bobbs-Merrill, 1975, p. 268.

② Lehrer, Keith, "Reasonable acceptance and explanatory coherence: Wilfrid Sellars on induction", *Nous*, Vol. 7, No. 2, 1973, p. 90.

③ Lehrer, Keith, "Sellars on induction reconsidered", *Nous*, Vol. 17, No. 3, 1983, pp. 471~472.

总而言之,塞拉斯关于盖然性的探讨聚焦怎么来理性地接受理论、法则、比例陈述和单数陈述。他在同一结构中分析了不同的认识目的、实现这些目的的准则和各自的最终结果。他的论证思路既揭示了它们之间的关联——单数陈述和比例陈述的盖然性在逻辑上先于法则的盖然性,法则的盖然性又在逻辑上先于理论的盖然性,又达到了最大程度的融贯——理论证成法则,而法则又证成比例陈述和单数陈述。

三、归纳论证

归纳问题关注信念与科学规律的关系,或者说能不能仅从具体情境来断定抽象概括并借此来对这个具体情境作出解释。经验主义者会假定,归纳可以通过不断地补充观察证据来非演绎地或单向度地实现。不过,这个假定终将面临休谟式的怀疑,即在过去是有规则的观察在未来未必仍旧这样有规则,甚至未必是有规则的。如果再考虑到用来论证和解释这些观察的概念不能先于经验,那么经验主义的归纳根本不能开始。

塞拉斯依靠他对法则盖然性的探讨,对经典归纳问题以及休谟问题做出了独特的阐释和解答。在他看来,经验主义者虽然知道归纳知识的根本条件是事实证据,却想仅靠事实证据一跃而至规律一样的陈述。而根据塞拉斯的逻辑建构,在两者之间建立直接的推论关系是错误的。换言之,两者不处于非演绎的归纳论证中,而是处于演绎的实践论证中。这个实践论证的最终大前提是一个科学事业导向的目的意向,最终结果是做出一个科学决定来支持一条法则。其中,尽管法则与事实证据相关,却不与它处于某一"逻辑"关系,而是有包括它在内的好理由来被人接受。法则或最终结果不是从前提推出的结论,因此归纳论证或非证明论证的错误在于将前提和其最终结果的关系混淆为前提和真正的结论的关系。可以说,归纳事业的本性在于得到相关实践推理的最终结果。就法则归纳而言,其预期目的不是拥有经验真理,而是处于一个解释和预言的框架来做推论。因此,尽管法则与经验相关,却不是经验真理,而是可以考虑是否予以支持的推论原则——塞拉斯称为"推论凭证"(inference ticket)(*CDCM*,IV,§86)。这是解决归纳问题的关键。因为想要做推论逻辑上就得承诺或接受推论原则,就得去倾向于做出像

ΔK_i 是一个未考察的 A 类;因此,大约 n/m ΔK_i 是 B

或

x_1 是 A;因此,x_1 是 B 的盖然性是 n/m

这样的推论。塞拉斯将推论原则又进一步分为逻辑的(即 L 规则)和物理的(即 P 规则)。两者的一个不同在于,后者以一个实践论证的方式基于经验,

新的事实证据可能会使我们放弃一条旧的推论原则而去接受另一条新的推论原则。

解答休谟问题的一个当代尝试是概率（即盖然性）建构。不过，做出这些尝试的哲学家，比如赖欣巴哈和费格尔，也困惑怎么在归纳论证中从一个符合观察的相对频率陈述到一个符合整个系列的极限频率陈述。塞拉斯的进路避免了这个问题。因为他的进路是从一个随机样本的相对频率到一个有限总体的相对频率，而不是到一个无限总体的极限频率。而且，如果赖欣巴哈的预期目的是得到一个极限频率陈述，那么他永远不能知道这个目的是否实现。而塞拉斯的进路不同，如果预期目的是得到一条符合观察证据的原则，那么当得到这样一条原则时就可以知道这个目的是否实现。当然，这条原则也可能被认识到为假。如果根据一条推论原则从真前提推论出假结论，那么这条推论原则为假。比如，我们在时间 t 发现 75/100 K 是 B，因此我们接受原则 h，即"'ΔK 是一个未考察的 A 类'蕴涵'大约 75/100 ΔK 是 B'"。根据 h，从"ΔK$_i$ 是一个未考察的 A 类"可以推断"大约 75/100 ΔK$_i$ 是 B"。不过，我们在时间 t' 经过考察发现只有 25/100 ΔK$_i$ 是 B。这将促使我们证伪这条原则，去接受一条经过修改的新原则。不过，塞拉斯指出（IV，XI，¶62），这条推论原则只可能在被接受之后的某个时间被证明为假，但绝不会在被支持的时候被认识到为假。这也符合一个事实，即如果 h 事实上为假，那么接受它即使不是理想合理的也可以是在某一时间合理的，而如果它事实上为真，那么接受它必定既是理想合理的也是在某一时间合理的。总之，归纳是理性的。

通过塞拉斯的盖然性谈论可以看出，归纳中的事实证据是经验的事，而归纳本身是一件逻辑的事。这个看法不但影响着归纳问题的解答，也波及了其他哲学问题的解答，比如传统的先天综合问题。塞拉斯对盖然性概念的分析表明，普遍法则尽管在上述意义上独立于经验，却在另一个意义上完全依靠经验，特别是可能会依靠未来的经验得以证伪和修改。塞拉斯关于盖然性概念的想法是新颖的。他将盖然性概念嵌入一个演绎框架，这担保了盖然论证的逻辑性。他也将这个概念嵌入一个实践框架，这担保了盖然论证的合理性。在这个新颖的建构中，传统哲学的经验要素和理性要素仍发挥着一些旧有的作用。在这个意义上，这个建构是对传统的继承和发展。塞拉斯对这个想法的阐释也是全面的。他介绍了盖然论证的概念、结构、样式，也延伸到相关的演绎逻辑、实践推理、先天综合的问题。这也意味着塞拉斯的论证仍是简要的。每一个话题仍有更细致的追问需要回答。

塞拉斯的观点有一个十分重要的哲学意义。他在阐释什么是一个好实践论证时表明了真与善的逻辑关系。如果一个演绎论证是好的,那么它不但可靠而且其前提为真。一个演绎的好实践论证同样得是这样。但问题在于,实践论证的事实前提(比如事实陈述"h 满足条件 C")可以为真,而实践前提(比如意向陈述"Shall [E]")既非真亦非假。如果一个实践论证仅事实前提为真,那么它是事实上好的,而如果其实践前提也为真,那么它就是实践上好的。前者的结论是假言合理的(或相对于大前提表达的目的是合理的),后者的结论是绝对合理的。那么,什么实践前提实践为真?这得考察实践论证的目的。在塞拉斯看来,如果各个样式盖然论证的目的是在追求最大程度的真,那么相关的实践论证就只是事实上好的,因为这个目的可能是私人的或偶然的。只有这个目的是人类共同体的意向,它才实践为真。塞拉斯断言(NDL, VIII, ¶59):"……盖然思想,确切地讲,一切逻辑导向的思想,'演绎的'和'归纳的'、'实践的'和'理论的',其涉及的实践推理的原动者不是个性的求真愿望,而是作为一个共同体的成员去促进那个共同体的总体福利的意向。"冲动和自利将这个隐含的共同意向以其他私人意向取而代之,使得相关实践论证的目的失去了实践的真。因此,在一个关于盖然性的好实践论证中,追求真理是为了实现公共的善,只有达到真才实现善且维系善。这样,求真是绝对合理的,是最真切的道德义务。

自古希腊以来,真和善的问题似乎从未像塞拉斯这样结合的如此紧密。亚里士多德将求知看作人类的本性。不过,他和之后很多哲学一样,将注意力集中在怎样从感觉或理性得到知识。一方面,亚里士多德是对的,即这"本性"是"人类"的(或者说指向共同意向);另一方面,他是错的,因为这"本性"并非"求知",而是更根本的"至善"。哲学家,特别是近代以来的哲学家,往往在道德实践话题中讨论"至善",在脱离实践的认识论话题中讨论"求真"。时至当代,实用主义哲学家(特别是詹姆斯)创造性地将"求真"与理论实践建立起逻辑关系,却没有同样来联系道德实践。相比之下,塞拉斯在"求真"与"至善"之间建立了逻辑关系。在他看来,至善是求真的根本;不仅追求真理是为了实现公共福利,而且为了实现公共福利才有了追求真理。这是一个非常值得进一步阐释和延伸的话题。

参考文献

一、中文参考文献

1. 〔古希腊〕亚里士多德:《论灵魂》,秦典华译,载于苗力田主编:《亚里士多德全集》第三卷,北京:中国人民大学出版社,1992年。
2. 〔英〕罗素:《哲学问题》,何兆武译,北京:商务印书馆,2013年。
3. 〔英〕路德维希·维特根斯坦:《哲学研究》,陈嘉映译,上海:上海人民出版社,2005年。
4. 〔英〕吉尔伯特·赖尔:《心的概念》,徐大建译,北京:商务印书馆,2006年。
5. 〔德〕石里克:《普通认识论》,李步楼译,北京:商务印书馆,2010年。
6. 〔美〕蒯因:《经验论的两个教条》,载于涂纪亮、陈波主编:《蒯因著作集》第4卷,北京:中国人民大学出版社,2007年。
7. 〔美〕蒯因:《支持隐定义》,载于涂纪亮、陈波主编:《蒯因著作集》第5卷,北京:中国人民大学出版社,2007年。
8. 〔美〕威尔弗里德·塞拉斯:《经验论和心灵哲学》,李绍猛、李国山译,陈波校,载于陈波、韩林合主编:《逻辑与语言——分析哲学经典文选》,北京:东方出版社,2005年。
9. 〔美〕希拉里·普特南:《理性、真理与历史》,童世骏、李光程译,上海:上海译文出版社,1997年。
10. 〔美〕理查德·罗蒂:《哲学和自然之镜》,李幼蒸译,北京:生活·读书·新知三联书店,1987年。
11. 〔美〕理查德·罗蒂:"引言",载于《经验主义与心灵哲学》,王玮译,上海:复旦大学出版社,2017年。
12. 〔美〕理查德·麦尔文·黑尔:《道德语言》,万俊人译,北京:商务印书馆,1999年。
13. 〔美〕罗伯特·布兰顿:"导读",载于《经验主义与心灵哲学》,王玮译,上海:复旦大学出版社,2017年。
14. 〔美〕约翰·麦克道威尔:《将世界纳入视野:关于康德、黑格尔和塞拉斯的论文》,孙宁译,上海:复旦大学出版社,2018年。
15. 涂纪亮:《分析哲学及其在美国的发展》,北京:中国社会科学出版社,1987年。
16. 涂纪亮:"W.塞拉斯",载于邢贲思主编:《世界哲学年鉴1987》,上海:上海人民出版社,1989年。

17. 涂纪亮:"塞拉斯",载于章世嵘、王炳文主编:《当代西方著名哲学家评传》第二卷《心智哲学》,济南:山东人民出版社,1996年。
18. 涂纪亮:《美国哲学史》,石家庄:河北教育出版社,2000年。
19. 郭贵春:《塞拉斯的知识实在论》,《自然辩证法研究》1991年第4期。
20. 高新民:《现代西方心灵哲学》,武汉:武汉出版社,1994年。
21. 黄少青:《W.塞拉斯哲学思想研究》,杭州大学博士学位论文,1997年。
22. 黄少青:《W.塞拉斯的形而上学——关于明显影像和科学意象的学说》,《江西师范大学学报(哲学社会科学版)》1997年第1期。
23. 黄少青:《W.塞拉斯的解释实在论评述》,《杭州大学学报(哲学社会科学版)》1997年第2期。
24. 陈亚军:《值得关注的匹兹堡学派》,载于《实用主义研究自选集》,南京:江苏人民出版社,2015年。
25. 孙宁:《匹兹堡学派研究:塞拉斯、麦克道威尔、布兰顿》,上海:复旦大学出版社,2018年。

二、外文参考文献

1. Allaire, Edwin B., "Review: Science and Metaphysics by Wilfrid Sellars", in *Metaphilosophy*, Vol. 2, No. 4, 1971.
2. Barber, Michael D., *The Intentional Spectrum and Intersubjectivity: Phenomenology and the Pittsburgh Neo-Hegelians*, Athens, Ohio: Ohio University Press, 2011.
3. Brandom, Robert B., *From Empiricism to Expressivism: Brandom Reads Sellars*, Cambridge, Massachusetts: Harvard University Press, 2015.
4. Brandom, Robert B., *Making It Explicit: Reasoning, Representing, and Discursive Commitment*, Cambridge, Massachusetts: Harvard University Press, 1994.
5. Brandt, Stefan & Anke Breunig (eds.), *Wilfrid Sellars and Twentieth-Century Philosophy*, New York: Routledge, 2020.
6. Carnap, Rudolf, *The Logical Syntax of Language*, A. Smeaton (trans.), London: Routledge, 2001.
7. Castañeda, Héctor-Neri (ed.), *Action, Knowledge and Reality: Critical Studies in Honor of Wilfrid Sellars*, Indianapolis, Indiana: Bobbs-Merril, 1975.
8. Chase, James & Jack Reynolds, *Analytic Versus Continental: Arguments on the Methods and Value of Philosophy*, New York: Routledge, 2014.
9. Coates, Paul, *The Metaphysics of Perception: Wilfrid Sellars, Perceptual Consciousness and Critical Realism*, New York: Routledge, 2007.
10. Copi, Irving M., "Objects, Properties, and Relations in the *Tractatus*", in *Mind*, Vol. 67, No. 266, 1958.
11. Corti, Luca & Antonio M. Nunziante (eds.), *Sellars and the History of Modern Philosophy*, New York: Routledge, 2018.

12. Daniele De Santis & Danlio Manca (eds.), *Wilfrid Sellars and Phenomenology: Intersections, Encounters, Oppositions*, Athens, Ohio: Ohio University Press, 2023.
13. Delaney, C. F. & Michael J. Loux & Gary Gutting & W. David Solomon, *The Synoptic Vision: Essays on the Philosophy of Wilfrid Sellars*, Notre Dame, Indiana: University of Notre Dame Press, 1977.
14. deVries, Willem A. (ed.), *Empiricism, Perceptual Knowledge, Normativity, and Realism: Essays on Wilfrid Sellars*, New York: Oxford University Press, 2009.
15. deVries, Willem A., *Wilfrid Sellars*, Bucks: Acumen, 2005.
16. deVries, Willem A. & Timm Triplett, *Knowledge, Mind, and the Given: Reading Wilfrid Sellars's "Empiricism and the Philosophy of Mind"*, Indianapolis, Indiana: Hackett, 2000.
17. Firth, Roderick, "Coherence, Certainty, and Epistemic Priority", in *The Journal of Philosophy*, Vol. 61, No. 19, 1964.
18. Garfield, Jay L. (ed.), *Wilfrid Sellars and Buddhist Philosophy: Freedom from Foundations*, New York: Routledge, 2019.
19. Geach, Peter, "What There is", in *Aristotelian Society Supplementary*, Volume XXV, 1951.
20. Gergonne, J. D., "Essai sur la théorie des definitions", in *Annales De Mathématiques Pures Et Appliquées*, Tome 9, 1818–1819.
21. Gironi, Fabio, *The Legacy of Kant in Sellars and Meillassoux: Analytic and Continental Kantianism*, New York: Routledge, 2018.
22. Harman, G. H., "Wilfrid Sellars' Theory of Induction", in *Action, Konwledge and Reality: Critical Studies in Honor of Wilfrid Sellars*, Héctor-Neri Castañeda (ed.). Indianapolis, Indiana: Bobbs-Merrill, 1975.
23. Koons, Jeremy Randel, *The Ethics of Wilfrid Sellars*, New York: Routledge, 2019.
24. Lehrer, Keith, "Reasonable Acceptance and Explanatory Coherence: Wilfrid Sellars on Induction", in *Nous*, Vol. 7, No. 2, 1973.
25. Lehrer, Keith, "Sellars on Induction Reconsidered", in *Nous*, Vol. 17, No. 3, 1983.
26. Lewis, C. I., *An Analysis of Knowledge and Valuation*, La Salle, Illinois: The Open Court, 1946.
27. Maher, Chauncey, *The Pittsburgh School of Philosophy: Sellars, McDowell, Brandom*, New York: Routledge, 2012.
28. Mark Lance, "Placing in a Space of Norms: Neo-Sellarsian Philosophy in the Twenty-First Century", in *The Oxford Handbook of American Philosophy*, Cheryl Misak (ed.), New York: Oxford University Press, 2008.
29. Martin, Richard M., *Intension and Decision*, Englewood Cliffs, New Jersey: Prentice-Hall, 1963.

30. Mendieta, Eduardo (ed.), *Take Care of Freedom and Truth Will Take Care of Itself: Interviews with Richard Rorty*, Stanford, California: Stanford University Press, 2006.

31. McDowell, John, *Having the World in View: Essays on Kant, Hegel, and Sellars*, Cambridge, Massachusetts: Harvard University Press, 2009.

32. McDowell, John, *Mind and World*, Cambridge, Massachusetts: Harvard University Press, 1994.

33. McDowell, John, "Why Is Sellars's Essay Called '*Empiricism and the Philosophy of Mind*'?", in *Empiricism, Perceptual Knowledge, Normativity, and Realism: Essays on Wilfrid Sellars*, Willem A. deVries (ed.), New York: Oxford University Press, 2009.

34. Olen, Peter, *Wilfrid Sellars and the Foundations of Normativity*, London: Palgrave Macmillan, 2016.

35. O'Shea, James R. (ed.), *Sellars and his Legacy*, New York: Oxford University Press, 2016.

36. O'Shea, James R., "Introduction: Origins and Legacy of a Synoptic Vision", in *Sellars and his Legacy*, O'Shea, James R. (ed.), New York: Oxford University Press, 2016.

37. O'Shea, James R. & Eric M. Rubenstein (eds.), *Self, Language, and World: Problems from Kant, Sellars, and Rosenberg*, Atascadero, California: Ridgeview, 2010.

38. O'Shea, James R., *Wilfrid Sellars: Naturalism with a Normative Turn*, Cambridge: Polity Press, 2007.

39. Pitt, Joseph C., *The Philosophy of Wilfrid Sellars: Queries and Extensions*, Dordrecht: D. Reidel, 1978.

40. Pitt, Joseph C., Pictures, *Images, and Conceptual Change: An Analysis of Wilfrid Sellars' Philosophy of Science*, Dordrecht: D. Reidel, 1981.

41. Quine, W. V., "Main Trends in Recent Philosophy: Two Dogmas of Empiricism", in *The Philosophical Review*, Vol. 60, No. 1, 1951.

42. Quine, W. V. O., *Set Theory and its Logic*, Cambridge: The Belknap Press of Harvard University Press, 1963.

43. Rorty, Richard, *Philosophy and the Mirror of Nature*, Princeton, New Jersey: Princeton University Press, 1979.

44. Rosenberg, Jay F., *Wilfrid Sellars: Fusing the Images*, New York: Oxford University Press, 2007.

45. Sachs, Carl B., *Intentionality and the Myth of the Given: Between Pragmatism and Phenomenology*, New York: Routledge, 2014.

46. Seibt, Johanna., *Properties as Processes: A Synoptic Study of Wilfrid Sellars' Nominalism*, Atascadero, California: Ridgeview, 1990.
47. Stevenson, Leslie, "Review: Science and Metaphysics: Variations on Kantian Themes by Wilfrid Sellars", in *The Philosophical Quarterly*, Vol. 20, No. 78, 1970.
48. Taylor, R., *Action and Purpose*, Englewood Cliffs, New Jersey: Prentice-Hall, 1966.
49. Wittgenstein, Ludwig, *Tractatus Logico-Philosophicus*, C. K. Ogden (trans.), New York: Barnes & Noble, 2003.
50. Wolf, Michael P. & Mark Norris Lance (eds.), *The Self-correcting Enterprise: Essays on Wilfrid Sellars*, Amsterdam: Rodopi, 2006.

塞拉斯的哲学著述

1. ENWW "Epistemology and the New Way of Words", in *The Journal of Philosophy*, Vol. 44, No. 24, 1947①. Reprinted in *PPPW*.
2. PPE "Pure Pragmatics and Epistemology", in *Philosophy of Science*, Vol. 14, No. 3, 1947. Reprinted in *PPPW*.
3. RNWW "Realism and the New Way of Words", in *Philosophy and Phenomenological Research*, Vol. 8, No. 4, 1948. Reprinted, with alterations, in *Readings in Philosophical Analysis*, Herbert Feigl & Wilfrid Sellars (eds.), New York: Appleton-Century-Crofts, 1949. Reprinted in *PPPW*.
4. CIL "Concepts as Involving Laws and Inconceivable without them", in *Philosophy of Science*, Vol. 15, No. 4, 1948. Reprinted in *PPPW*.
5. RC "Review of Ernst Cassirer, *Language and Myth*", in *Philosophy and Phenomenological Research*, Vol. 9, No. 2, 1948.
6. AD "Acquaintance and Description Again", in *The Journal of Philosophy*, Vol. 46, No. 16, 1949.
7. APM "Aristotelian Philosophies of Mind", in *Philosophy for the Future: The Quest of Modern Materialism*, Roy Wood Sellars & V. J. McGill & Marvin Farber (eds.), Macmillan, 1949. Reprinted in *KPT*.
8. LCP "On the Logic of Complex Particulars", in *Mind*, Vol. 58, No. 231, 1949. Reprinted in *PPPW*.
9. ILE "The Identity of Linguistic Expressions and the Paradox of Analysis", in *Philosophical Studies*, Vol. 1, No. 2, 1950.
10. GQ "Gestalt Qualities and the Paradox of Analysis", in *Philosophical Studies*, Vol. 1, No. 6, 1950.

---

① "本文是1947年5月爱荷华市美国哲学协会西部分会会议讲稿的修订。"(参见原书第645页注释)

11.	LRB	"Language, Rules and Behavior", in *John Dewey: Philosopher of Science and Freedom*, Sidney Hook (ed.), The Dial Press, 1950①. Reprinted in *PPPW*.
12.	QMSP	"Quotation Marks, Science, and Proposition", in *Philosophy and Phenomenological Research*, Vol. 10, No. 4, 1950. Reprinted in *PPPW*.
13.	RP	"Review of Arthur Pap, *Elements of Analytic Philosophy*", in *Philosophy and Phenomenological Research*, Vol. 11, No. 1, 1950.
14.	OM	"Obligation and Motivation", in *Philosophical Studies*, Vol. 2, No. 2, 1951.
15.	RCA	"Review of C. West Churchman and Russell L. Ackoff, *Methods of Inquiry: An Introduction to Philosophy and Scientific Method*", in *Philosophy and Phenomenological Research*, Vol. 12, No. 1, 1951.
16.	CHT	"Comments on Mr. Hempel's Theses", in *The Review of Metaphysics*, Vol. 5, No. 4, 1952.
17.	MMB	"Mind, Meaning, and Behavior", in *Philosophical Studies*, Vol. 3, No. 6, 1952②.
18.	OMR	"Obligation and Motivation", in *Readings in Ethical Theory*, Wilfrid Sellars & John Hospers (eds.), New York: Appleton-Century-Crofts, 1952③.
19.	P	"Particulars", in *Philosophy and Phenomenological Research*, Vol. 13, No. 2, 1952. Reprinted in *SPR*.
20.	ITSA	"Is There a Synthetic *A Priori*?", in *Philosophy of Science*, Vol. 20, No. 2, 1953④. Reprinted in *American Philosophers at Work*, Sidney Hook (ed.), Criterion, 1956. Reprinted in *SPR*.
21.	SSMB	"A Semantical Solution of the Mind-Body Problem", in *Methodos*, 1953. Reprinted in *PPPW*⑤.
22.	IM	"Inference and Meaning", in *Mind*, Vol. 62, No. 247, 1953. Reprinted in *PPPW* and *ISR*.
23.	NDP	"A Note on Popper's Argument for Dualism", in *Analysis*, Vol. 15, No. 1, 1954.

---

① 该文是为献礼约翰·杜威 90 岁生日专题论文集撰写的文稿。
② 该文是 1952 年 5 月美国哲学协会安娜堡会议上阅读的论文的修订(原书第 83 页注释)。
③ 该文是 *OM* 的修改和补充。
④ 该文是 1951 年美国哲学协会东部分会关于这个话题的研讨会报告(参见 *SPR* 鸣谢)。
⑤ 该文的早先版本在 1952 年 5 月美国哲学协会安娜堡会议的心身问题专题研讨会上阅读(参见 *PPPW* 第 186 页注释)。

24.	PR	"Physical Realism", in *Philosophy and Phenomenological Research*, Vol. 15, No. 1, 1954①. Reprinted in *PP* and *PPME*.
25.	PRE	"Presupposing", in *The Philosophical Review*, Vol. 63, No. 2, 1954②. Reprinted in *Essays on Betrand Russell*, E. D. Klemke (ed.), University of Illinois Press, 1970.
26.	SRLG	"Some Reflections on Languages Games", in *Philosophy of Science*, Vol. 21, No. 3, 1954. Revised and reprinted in *SPR* and *ISR*.
27.	PSB	"Putnam on Synonymity and Belief", in *Analysis*, Vol. 15, No. 5, 1955.
28.	VTM	"Vlastos and 'The Third Man'", in *The Philosophical Review*, Vol. 64, No. 3, 1955. Reprinted in *PP* and *PPHP*.
29.	CE	"The Concept of Emergence", in *Minnesota Studies in the Philosophy of Science*, Vol. I, Paul Meehl (co-author), Herbert Feigl & Michael Scriven (eds.), University of Minnesota Press, 1956.
30.	EPM	"Empiricism and the Philosophy of Mind", in *Minnesota Studies in the Philosophy of Science*, Vol. I, Herbert Feigl & Michael Scriven (eds.), University of Minnesota Press, 1956. Reprinted in *SPR*. Reprinted in *Empirical Knowledge: Readings from Contemporary Sources*, Roderick M. Chisholm & Robert J. Swartz (eds.), Prentice-Hall, 1973. Published as *Empiricism and the Philosophy of Mind: with an Introduction by Richard Rorty and a Study Guide by Robert Brandom*, Harvard University Press, 1997. Reprinted in *Knowledge, Mind and the Given: Reading Wilfrid Sellars's "Empiricism and the Philosophy of Mind"*, Willem A. deVries & Timm Triplett, Hackett, 2000③.
31.	IIO	"Imperatives, Intentions, and the Logic of 'Ought'", in *Methodos*, Vol. VIII, No. 32, 1956.
32.	LSPO	"Logical Subjects and Physical Objects", in *Philosophy and

---

① 这一期是纪念罗伊·伍德·塞拉斯专题论文集,该文是为此文集撰写的文稿。

② "修订1953年3月6日芝加哥大学哲学系研讨会发言稿发表。"(原书第197页注释)

③ 文集《挑战经验主义》(*Challenges to Empiricism*, Harold Morick ed., Wadsworth, 1972)收录该文第Ⅷ~Ⅸ节;文集《意向性、心灵与语言》(*Intentionality, Mind, and Language*, Ausonio Marras ed., University of Illinois Press, 1972)收录该文第Ⅺ~ⅩⅤ节;选集《认识论》(*Epistemology: An Anthology*, Ernest Sosa & Jaegwon Kim eds., Oxford: Blackwell, 2000)收录该文第Ⅷ节;文集《心灵哲学:哲学中的重要概念》(*Philosophy of Mind: Critical Concepts in Philosophy*, Sean Crawford ed., Routledge, 2010)收录该文第Ⅺ~ⅩⅥ节。

33. SFA "Substance and Form in Aristotle", in *The Journal of Philosophy*, Vol. 54, No. 22, 1957②. Reprinted in *PP* and *PPHP*.

34. CDCM "Counterfactuals, Dispositions, and the Causal Modalities", in *Minnesota Studies in the Philosophy of Science*, Vol. II, Herbert Feigl & Michael Scriven & Grover Maxwell (eds.), Minneapolis: University of Minnesota Press, 1958. Reprinted in part in *Causation and Conditionals*, Ernest Sosa (ed.), Oxford University Press, 1975.

35. ITM "Intentionality and the Mental", in *Minnesota Studies in the Philosophy of Science*, Vol. II, Herbert Feigl & Michael Scriven & Grover Maxwell (eds.), University of Minnesota Press, 1958③. Reprinted in *Intentionality, Mind, and Language*, Ausonio Marras (ed.), University of Illinois Press, 1972.

36. GE "Grammar and Existence: A Preface to Ontology", in *Mind*, Vol. 69, No. 276, 1960④. Reprinted in *SPR*. Reprinted in *The Problem of Universals*, Charles Landesman (ed.), Basic Books, 1971. Reprinted in *ISR*.

37. BBK "Being and Being Known", in *Proceedings of the American Catholic Philosophical Association*, Vol. 34, 1960⑤. Reprinted in *SPR* and *ISR*.

38. TWO "Time and the World Order", in *Minnesota Studies in the Philosophy of Science*, Vol. III, Herbert Feigl & Grover Maxwell (eds.), University of Minnesota Press, 1962.

39. CM "Comments on Maxwell's 'Meaning Postulates in Scientific Theories'", in *Current Issues in the Philosophy of Science*, Herbert Feigl & Grover Maxwell (eds.), Holt, Rinehart and Winston, 1961⑥.

40. LT "The Language of Theories", in *Current Issues in the Philosophy of

---

① 该文是为 1955 年 12 月 5 日杜克大学举办的彼得·斯特劳森专题研讨会撰写的文稿。
② 该文是 1957 年 12 月 28 日美国哲学协会东部分会"亚里士多德的实体与形式"专题研讨会首篇报告,摘录于未修订的 *AMI*(参见 *PP* 鸣谢)。
③ 塞拉斯和齐硕姆的通信专题。
④ 该文是 1958 年 3 月在耶鲁大学的两次讲座(参见 *SPR* 鸣谢)。
⑤ 该文是 1960 年 4 月美国天主教哲学协会圣路易斯会议的讲座(参见 *SPR* 鸣谢)。
⑥ 该文是关于 1959 年 12 月 27 日—30 日美国科学促进会芝加哥会议的评论(参见该书前言)。

		Science, Herbert Feigl & Grover Maxwell (eds.), Holt, Rinehart and Winston, 1961①. Reprinted in *SPR*. Reprinted in *The Problem of Scientific Realism*, Edward A. MacKinnon (ed.), New York: Appleton-Century-Crofts, 1972.
41.	NS	"Naming and Saying", in *Philosophy of Science*, Vol. 29, No. 1, 1962②. Reprinted in *SPR* and *ISR*.
42.	TC	"Truth and 'Correspondence'", in *The Journal of Philosophy*, Vol. 59, No. 2, 1962③. Reprinted in *SPR*. Reprinted in *New Readings in Philosophical Analysis*, Herbert Feigl & Wilfrid Sellars & Keith Lehrer (eds.), New York: Appleton-Century-Crofts, 1972.
43.	PSIM	"Philosophy and the Scientific Image of Man", in *Frontiers of Science and Philosophy*, Robert G. Colodny (ed.), University of Pittsburgh Press, 1962④. Reprinted in *SPR* and *ISR*.
44.	AE	"Abstract Entities", in *The Review of Metaphysics*, Vol. 16, No. 4, 1963. Reprinted in *Universals and Particulars: Readings in Ontology*, Michael J. Loux (ed.), University of Notre Dame Press, 1970. Reprinted in *PP*, *PPME*, and *ISR*.
45.	CAE	"Classes as Abstract Entities and the Russell Paradox", in *The Review of Metaphysics*, Vol. 17, No. 1, 1963. Reprinted in *PP*, *EPH*, and *PPME*.
46.	EAE	"Empiricism and Abstract Entities", in *The Philosophy of Rudolf Carnap*, Paul Arthur Schilpp (ed.), Open Court, 1963. Reprinted in *EPH*.
47.	IILO	"Imperatives, Intentions, and the Logic of 'Ought'", in *Morality and the Language of Conduct*, Héctor-Neri Castañeda & George Nakhnikian (eds.), Wayne State University Press, 1963⑤.
48.	RMSS	"Raw Materials, Subject and Substrata", in *The Concept of Matter*, Ernan McMullin (ed.), University of Notre Dame Press, 1963⑥.

---

① 该文是为1959年12月27日—30日美国科学促进会芝加哥会议撰写的文稿(参见该书前言或 *SPR* 鸣谢)。

② "1961年5月美国哲学协会西部分会会议'指称与使用'专题研讨会首篇报告。"(原书第7页注释)

③ "1961年3月形而上学协会会议'逻辑与实在'专题研讨会的(首篇)报告。"(原书第29页注释)

④ 1960年12月在匹兹堡大学的两次讲座,属于科学史与科学哲学系列讲座(参见 *SPR* 鸣谢)。

⑤ 该文是 *IIO* 的修改(参见原书第215页注释1)。

⑥ 该文是1961年9月5日—9日圣母大学举行的"质料概念"会议报告(参见该书鸣谢)。

		Reprinted in *PP* and *PPHP*.
49.	CMM	"Comments on McMullin's 'Matter as a Principle'", in *The Concept of Matter*, Ernan McMullin (ed.), University of Notre Dame Press, 1963①.
50.	TE	"Theoretical Explanation", in *Philosophy of Science: The Delaware Seminar*, Bernard Baumrin (ed.), 1963. Reprinted in *PP*, *EPH*, and *PPME*.
51.	PHM	"Phenomenalism" in *Science, Perception and Reality*, Routledge & Kegan Paul, 1963. Reprinted partly in *Mind, Matter, and Method: Essays in Philosophy and Science in Honor of Herbert Feigl*, with the title "The Refutation of Phenomenalism: Prolegomena to a Defense of Scientific Realism" (*RPH*), Paul K. Feyerabend & Grover Maxwell (eds.), University of Minnesota Press, 1966. Reprinted in *ISR*.
52.	SPR	*Science, Perception and Reality*, Routledge & Kegan Paul, 1963. Includes *PSIM*, *BBK*, *PHM*, *LT*, *EPM*, *TC*, *NS*, *GE*, *P*, *ITSA*, and *SRLG*. Reissued by Ridgeview in 1991.
53.	PANF	"The Paradox of Analysis: A Neo-Fregean Approach", in *Analysis*, Vol. 24, Supplement 2, 1964. Reprinted in *PP* and *PPME*.
54.	IV	"Induction as Vindication", in *Philosophy of Science*, Vol. 31, No. 3, 1964②. Reprinted in *EPH*.
55.	NI	"Notes on Intentionality", in *The Journal of Philosophy*, Vol. 61, No. 21, 1964③. Reprinted with minor alterations in *PP*. Reprinted in *Intentionality, Mind and Language*, Ausonio Marras (ed.), University of Illinois Press, 1972. Reprinted in *New Readings in Philosophical Analysis*, Herbert Feigl & Wilfrid Sellars & Keith Lehrer (eds.), New York: Appleton-Century-Crofts, 1972. Reprinted in *PPME*.
56.	IAMB	"The Identity Approach to the Mind-Body Problem", in *The Review of Metaphysics*, Vol. 18, No. 3, 1965④. Reprinted in *PP*, *PPME*,

① 该文是1961年9月5日—9日圣母大学举行的"质料概念"会议发言(参见该书鸣谢)。
② "本文的一部分是1963年12月美国科学促进会克利夫兰会议'归纳'专题研讨会的报告。"(原书第197页注释)
③ "1964年12月29日美国哲学协会东部分会第61次年会'意向性'专题讨论会的报告。"(原书第655页注释)
④ "本文是1963年4月10日波士顿科学哲学专家讨论会的撰稿和报告。"(原书第430页注释)

and *ISR*.

57.	ML	"Meditations Leibniziennes", in *American Philosophical Quarterly*, Vol. 2, No. 2, 1965①. Reprinted in *PP* and *PPHP*.
58.	SRI	"Scientific Realism or Irenic Instrumentalism: A Critique of Nagel and Feyerabend on Theoretical Explanation", in *Boston Studies in the Philosophy of Science*, Vol. II, 1965. Reprinted in *PP* and *PPME*②.
59.	TA	"Thought and Action", in *Freedom and Determinism*, Keith Lehrer (ed.), Random House, 1966.
60.	FD	"Fatalism and Determinism", in *Freedom and Determinism*, Keith Lehrer (ed.), Random House, 1966③.
61.	PP	*Philosophical Perspectives*, Charles C Thomas, 1966. Includes *SC*, *VTM* (with a rejoinder to Gregory Vlastos on the Third Man Argument), *AMI*, *SFA*, *RMSS*, *ML*, *PR*, *IRH*, *AE*, *CAE*, *PANF*, *NI*, *TE*, *IAMB*, *SRI*, and *SE*. Reprinted in *PPME* and *PPHP* by Ridgeview.
62.	IRH	"The Intentional Realism of Everett Hall", in *Philosophical Perspectives*, Charles C Thomas, 1966④. Reprinted in *The Southern Journal of Philosophy*, Vol. 4, No. 3, 1966. Reprinted *PPME*.
63.	AMI	"Aristotle's Metaphysics: An Interpretation", in *Philosophical Perspectives*, Charles C Thomas, 1967⑤. Reprinted in *PPHP*.
64.	SC	"The Soul as Craftsman", in *Philosophical Perspectives*, Charles C Thomas, 1967⑥. Reprinted in *PPHP*.
65.	SE	"Science and Ethics", in *Philosophical Perspectives*, Charles C Thomas, 1967⑦. Reprinted in *PPME*.

---

① "本文是 1958 年 5 月美国哲学协会'理性主义'专题研讨会首篇报告的扩充。"(原书第 105 页注释)

② 德弗里斯在《威尔弗里德·塞拉斯》中第 5 章第 32 个注释中说,该文在 *PP* 中较之于《波士顿科学哲学研究》中有明显的错印。

③ 该文修订版的打字稿本也得以传阅(Willem A. deVries, *Wilfrid Sellars*, Bucks: Acumen, 2005, p. 311, n. 6)。

④ 该文是在北卡罗来纳大学哲学系的支持下举办的纪念埃弗雷特·霍尔的讲座系列的报告(参见 *PP* 第 vi 页)。

⑤ 1957 年美国哲学协会东部分会"亚里士多德的实体与形式"专题研讨会首篇报告摘录于该文的未修订稿(参见该书鸣谢)。

⑥ 该文是 1952 年 2 月布朗大学经典与哲学两百周年纪念讲座上的报告,题为"作为造物者的灵魂:解释柏拉图论善"(参见该书鸣谢)。

⑦ "1960 年 1 月 26 日康涅狄克州莱姆镇菲比·格里芬·诺伊斯图书馆协会的报告修订。"(原书第 389 页注释)

66.	SM	*Science and Metaphysics*: *Variations on Kantian Themes*, Routledge & Kegan Paul, 1968①. Reissued by Ridgeview in 1992.
67.	PH	"Phenomenalism", in *Intentionality*, *Mind and Perception*, Héctor-Neri Castañeda (ed.), Wayne State University Press, 1967②.
68.	RA	"Reply to Aune", in *Intentionality*, *Mind and Perception*, Héctor-Neri Castañeda (ed.), Wayne State University Press, 1967③.
69.	FCET	*Form and Content in Ethical Theory*, The Lindley Lecture for 1967, The Department of Philosophy, University of Kansas, 1967④.
70.	KTE	"Some Remarks on Kant's Theory of Experience", in *The Journal of Philosophy*, Vol. 64, No. 20, 1967⑤. Reprinted in *EPH*, *KTM*, and *ISR*.
71.	SRTT	"Some Reflections on Thoughts and Things", in *Nous*, Vol. 1, No. 2, 1967⑥. Reprinted in *New Readings in Philosophical Analysis*, Herbert Feigl & Wilfrid Sellars & Keith Lehrer (eds.), New York: Appleton-Century-Crofts, 1972. Reprinted in *ISR*.
72.	CDI	"Reflections on Contrary-to-Duty Imperatives", in *Nous*, Vol. 1, No. 4, 1967.
73.	KSU	"Kant's View on Sensibility and Understanding", in *The Moinst*, Vol. 51, No. 3, 1967⑦.
74.	MP	"Metaphysics and the Concept of a Person", in *The Logical Way of Doing Things*, Karel Lambert (ed.), Yale University Press, 1969. Reprinted in *EPH* and *KTM*.
75.	SPB	"Some Problems about Belief", in *Philosophical Logic*, J. W. Davis & D. J. Hockney & W. K. Wilson (eds.), D. Reidel, 1969⑧. Reprinted in *Words and Objections*: *Essays on the Work of W. V. Quine*, Donald Davidson & Jaakko Hintikka (eds.), D. Reidel, 1969. Reprinted in *EPH*.

---

① 牛津大学 1965~1966 年度的约翰·洛克讲座。
② 该文是 1962 年 12 月韦恩州立大学心灵哲学专题研讨会的报告(*PHM* 的删减)(参见该书导言)。
③ 该文是 1962 年 12 月韦恩州立大学心灵哲学专题研讨会对布鲁斯·昂评论的回应。
④ 1967 年 4 月 17 日堪萨斯大学哲学系的林德利讲座,作为实质部分转载于 *SM* 第 VII 章。
⑤ "1967 年 12 月 28 日美国哲学学会康德专题研讨会的(首篇)报告。"(原书第 633 页注释)
⑥ 1966 年牛津大学约翰·洛克讲座的第三讲提交的论文(参见 *ISR* 第 470 页)。
⑦ "1966 年春天在牛津的约翰·洛克讲座六讲中的第一讲。《科学与形而上学:康德主题变奏曲》中的第 I 章,承蒙出版公司惠准载于此。"(原书第 463 页注释)
⑧ 该文是为 1967 年 11 月 10 日—12 日西安大略大学哲学系年度秋季专家研讨会撰写的文稿(参见该书导言)。

76.	*LTC*	"Language as Thought and as Communication", in *Philosophy and Phenomenological Research*, Vol. 29, No. 4, 1969. Reprinted in *Language and Human Nature: A French-American Philosophers Dialogue*, Paul Kurtz (ed.), Warren H. Green, 1971. Reprinted in *EPH* and *ISR*.
77.	*NDL*	"Are There Non-deductive Logics?", in *Essays in Honor of Carl G. Hempel*, Nicholas Rescher (ed.), D. Reidel, 1969①. Reprinted in *EPH*.
78.	*BEB*	"Belief and the Expression of Belief", in *Language, Belief, and Metaphysics*, Howard E. Kiefer & Milton K. Munitz (eds.), State University of New York Press, 1970:146–159②.
79.	*KBDW*	"On Knowing the Better and Doing the Worse", in *International Philosophical Quarterly*, Vol. 10, No. 1, 1970③. Reprinted in *EPH* and *KTM*.
80.	*DKMB*	"The Double-Knowledge Approach to the Mind-Body Problem", in *The New Scholasticism*, Vol. 45, No. 2, 1971.
81.	*TTC*	"Towards a Theory of the Categories", in *Experience and Theory*, Lawrence Foster & J. W. Swanson, The University of Massachusetts Press, 1970. Reprinted in *EPH* and *KTM*.
82.	*AAE*	"Actions and Events", in *Nous*, Vol. 7, No. 2, 1973④. Reprinted in *EPH*.
83.	*CC*	"Conceptual Change", in *Conceptual Change*, Glenn Pearce & Patrick Maynard (eds.), D. Reidel, 1973⑤. Reprinted in *EPH*.
84.	*RQ*	"Reply to Quine", in *Synthese*, Vol. 26, No. 1, 1973. Reprinted in *EPH*.
85.	*RAL*	"Reason and the Art of Living in Plato", in *Phenomenology and Natural Existence: Essays in Honor of Marvin Farber*, Dale Riepe (ed.), State University of New York Press, 1973⑥. Reprinted in *EPH*.

---

① 该文是为献礼亨普尔65岁生日文集撰写的文稿(参见该书前言)。
② 该文是1967~1968学年纽约州立大学布罗克波特学院的国际哲学年会议的报告(后并入 *LTC* 和 *MFC*)(参见该书鸣谢)。
③ "本文是1969年在福德汉姆大学的苏亚雷斯哲学讲座的修订。"(原书第5页注释)
④ "本文原是1969年12月在北卡罗莱纳大学同名专题研讨会的报告。"(原书第201页注释)
⑤ 该文是为1970年万圣节前夕西安大略大学哲学系年度秋季专家研讨会撰写的文稿(参见该书导言)。
⑥ "1968年4月5日和6日在俄亥俄州立大学举行的'希腊:批判精神,公元前450~350'会议的报告。"(参见原书第377页注释1)

86.	MFC	"Meaning as Functional Classification: A Perspective on the Relation of Syntax to Semantics", in *Synthese*, Vol. 27, No. 3－4, 1974①. Reprinted in *Intentionality, Language and Translation*, J. G. Troyer & S. C. Wheeler, D. Reidel, 1974. Reprinted in *ISR*.
87.	RDP	"Reply to Dennett and Putnam", in *Synthese*, Vol. 27, No. 3－4, 1974. Reprinted in *Intentionality, Language and Translation*, J. G. Troyer & S. C. Wheeler, D. Reidel, 1974.
88.	IAE	"On the Introduction of Abstract Entities", in *Forms of Representation*, B. Freed & A. Marras & P. Maynard, North-Holland & Elsevier, 1975. Reprinted in *EPH*.
89.	SK	"The Structure of Knowledge", in *Action, Knowledge and Reality: Critical Studies in Honor of Wilfrid Sellars*. Héctor-Neri Castañeda (ed.), Bobbs-Merrill, 1975②.
90.	SSIS	"Science, Sense Impressions, and Sensa: A reply to Cornman", in *The Review of Metaphysics*, Vol. 24, No. 3, 1971.
91.	I	"… this I or he or it (the thing) which thinks …", in *Proceedings and Addresses of the American Philosophical Association*, Vol. 44, 1970－1971③. Reprinted in *EPH*, *KTM*, and *ISR*.
92.	RM	"Reply to Marras", in *Canadian Journal of Philosophy*, Vol. 2, No. 4, 1973. Reprinted in *EPH*.
93.	OPM	"Ontology and the Philosophy of Mind in Russell", in *Betrand Russell's Philosophy*, George Nakhnikian (ed.), Barnes & Noble, 1974④.
94.	GEC	"Givenness and Explanatory Coherence", in *The Journal of Philosophy*, Vol. 70, No. 18, 1973⑤.
95.	EPH	*Essays in Philosophy and its History*, D. Reidel, 1974. Includes

---

① 该文是1973年3月在康涅狄格大学举办的"语言、意向性和翻译理论"会议上的报告（参见这一期第307页前言）。这一期还包含塞拉斯对丹尼特和普特南对此文所做评论的答复，即 RDP。

② "1971年在德克萨斯大学的马切特基金会讲座。"（原书第195页注释）选集《认识论》(*Epistemology: An Anthology*, Ernest Sosa & Jaegwon Kim eds., Oxford: Blackwell, 2000) 收录该文第Ⅲ讲。

③ "1970年12月28日在费城的美国哲学协会第67次东部年会前的主席演讲。"（原书第5页注释）

④ 该文是为1972年3月9日—11日印第安纳大学举办的"罗素百年"专题研讨会撰写的文稿（参见该书前言）。

⑤ 摘录于为1973年12月28日美国哲学协会"知识的基础"专题研讨会撰写的文稿（参见原书第612页注释）。

RAL, KBDW, KTE, I, LTC, RM, SPB, RQ, CC, AAE, MP, EAE, IAE, TTC, CAE, IV, NDL, and TE.

96. NAO *Naturalism and Ontology: The John Dewey Lectures for* 1974, Ridgeview, 1979.

97. SSS "Seeing, Seeming, and Sensing", in *The Ontological Turn: Studies in the Philosophy of Gustav Bergmann*, M. S. Gram & E. D. Klemke (eds.), University of Iowa Press, 1974①.

98. RD "Reply to Alan Donagan", in *Philosophical Studies*, Vol. 27, No. 3, 1975.

99. AR "Autobiographical Reflections", in *Action, Knowledge and Reality: Critical Studies in Honor of Wilfrid Sellars*, Héctor-Neri Castañeda (ed.), Bobbs-Merrill, 1975.

100. ATS "The Adverbial Theory of the Objects of Sensation", in *Metaphilosophy*, Vol. 6, No. 2, 1975.

101. VR "Volitions Re-affirmed", in *Action Theory*, Myles Brand & Douglas Walton (eds.), D. Reidel, 1976②.

102. KTI "Kant's Transcendental Idealism", in *Proceedings of the Ottawa Congress on Kant in the Anglo-American and Continental Traditions Held October 10 – 14, 1974* (*Actes du Congrès d'Ottawa sur Kant dans les traditions anglo-américane et continentale tenu du 10 au 14 octobre* 1974), The University of Ottawa Press, 1976. Reprinted in *KTM*.

103. SRT "Is Scientific Realism Tenable?", in *Proceedings of the Biennial Meeting of the Philosophy of Science Association*, Vol. 2, 1976.

104. MMM "Hochberg on Mapping, Meaning, and Metaphysics", in *Midwest Studies in Philosophy, Vol. II: Studies in the philosophy of language*, Peter A. French, Theodore Edward Uehling, Jr., Howard K. Wettstein (eds.), University of Minnesota Press, 1977.

105. PPHP *Philosophical Perspectives: History of Philosophy*, Ridgeview, 1977. A reprint of Part One of *PP*, including *SC*, *VTM* (with a rejoinder to Gregory Vlastos on the Third Man Argument), *AMI*, *SFA*, *RMSS*, and *ML*.

106. PPME *Philosophical Perspectives: Metaphysics and Epistemology*,

---

① "1971年2月3日—5日德克萨斯大学马切特讲座系列三讲的第一讲。更早的版本是1969年12月1日在圣母大学的报告。"（原书第195页注释）
② 1975年5月9日—11日加拿大温尼伯"人类行动"会议的报告。

		Ridgeview, 1977. A reprint of Part Two of *PP*, including *PR*, *IRH*, *AE*, *CAE*, *PANF*, *NI*, *TE*, *IAMB*, *SRI*, and *SE*.
107.	SRPC	"Some Reflections on Perceptual Consciousness", in *Crosscurrents in Phenomenology*, Ronald Bruzina & Bruce Wilshire (eds.), Martinus Nijhoff, 1978. Reprinted in *KTM*.
108.	IKTE	"The Role of Imagination in Kant's Theory of Experience", in *Categories: A Colloquium*, Henry W. Johnstone, Jr., Pennsylvania State University, 1978①. Reprinted in *KTM* and *ISR*.
109.	BD	"Berkeley and Descartes: Reflections on the Theory of Ideas", in *Studies in Perception: Interrelation in the History of Philosophy and Science*, Peter K. Machamer & Robert G. Turnbull (eds.), Ohio State University Press, 1978. Reprinted in *KTM*.
110.	MGEC	"More on Givenness and Explanatory Coherence", in *Justification and Knowledge*, George Pappas (ed.), D. Reidel, 1979②. Reprinted in *Perceptual Knowledge*, Jonathan Dancy (ed.), Oxford University Press, 1988.
111.	ORAV	"On Reasoning About Values", in *American Philosophical Quarterly*, Vol. 17, No. 2, 1980③.
112.	PPPW	*Pure Pragmatics and Possible Worlds: The Early Essays of Wilfird Sellars*, J. F. Sicha (ed.), Ridgeview, 1980. Includes *PPE*, *ENWW*, *RNWW*, *CIL*, *LRB*, *LCP*, *QMSP*, *SSMB*, and *IM*.
113.	BLM	"Behaviorism, Language and Meaning", in *Pacific Philosophical Quarterly*, 61, 1980④.
114.	SSOP	"Sensa or Sensing: Reflections on the Ontology of Perception", in *Philosophical Studies*, Vol. 41, No. 1, 1982⑤.
115.	FMPP	"Foundations for a Metaphysics of Pure Process", in *The Monist*, Vol. 64, No. 1, 1981⑥.
116.	CPCI	"Conditional Promises and Conditional Intentions", in *Agent*,

---

① 1978年春天为宾夕法尼亚州立大学的多特瑞讲座提交的论文（参见 *ISR* 第471页）。
② "本文修订 *GEC* 的核心论证。"（原书第181页注释）
③ 该文是1978年在莱斯大学查诺夫讲座三讲中第一讲的扩充和修订（参见原书第101页注释）。
④ "1978年4月在密苏里大学（哥伦比亚）论行为主义与哲学的专题讨论会的报告论文的修订。"（原书第24页注释）
⑤ "本文在1976年10月北卡罗莱纳大学专家研讨会上朗读。本文的研究得到国家人文基金会行为科学高级研究中心资助。文中很多想法之前已在其他语境阐述。特别是，参见我的卡卢斯讲座 *FMPP*。"（原书第111页注释）
⑥ 美国哲学协会1977～1978年度卡卢斯讲座。

		Language, and the Structure of the World: *Essays Presented to Héctor-Neri Castañeda, With His Replies*, James E. Tomberlin (ed.), Hackett, 1983.
117.	MEV	"Mental Events", in *Philosophical Studies*, Vol. 39, No. 4, 1981①. Reprinted in *ISR*.
118.	TTP	"Towards a Theory of Predication", in *How Things Are*: *Studies in Predication and the History of Philosophy and Science*, James Bogen & James E. McGuire (eds.), Dordrecht, Holland: D. Reidel, 1985②.
119.	OAFP	"On Accepting First Principles", in *Philosophical Perspectives*: *Epistemology*, James E. Tomberlin, Ridgeview, 1988. Reprinted in *KTM*.
120.	ME	*The Metaphysics of Epistemology*: *Lectures by Wilfrid Sellars*, Pedro V. Amaral (ed.), Ridgeview, 1989③.
121.	KPT	*Kant and Pre-Kantian Themes*: *Lectures by Wilfrid Sellars*, Pedro. V. Amaral (ed.), Ridgeview, 2002④. Includes *APM*.
122.	KTM	*Kant's Transcendental Metaphysics*: *Sellars' Cassier Lectures and Other Essays*, Jeffrey F. Sicha (ed.), Ridgeview, 2002. Includes *OAPK*, *KTE*, *MP*, *KBDW*, *TTC*, *I*, *BD*, *KTI*, *IKTE*, *SRPC*, *OAFP*, and *CLN*.
123.	OAPK	"Ontology, the *A Priori* and Kant", in *Kant's Transcendental Metaphysics*: *Sellars' Cassier Lectures and Other Essays*, Jeffrey F. Sicha (ed.), Ridgeview, 2002.
124.	CLN	"Sellars' Notes for The Ernst Cassirer Lectures", in *Kant's Transcendental Metaphysics*: *Sellars' Cassier Lectures and Other Essays*, Jeffrey F. Sicha (ed.), Ridgeview, 2002⑤.

---

① "1980年4月26日在底特律召开的美国哲学协会(西部)年会同名专题研讨会的撰稿。"(原书第345页注释)
② 该文是为1981年匹兹学院主办的论谓述以及哲学与科学史的工作会议撰写的文稿(参见本书鸣谢)。
③ 塞拉斯在1975年秋教授的形而上学和认识论课程(参见该书前言)。德弗里斯认为,这本书是佩德罗·阿马拉尔——塞拉斯在匹兹堡大学的最后一名助教——基于塞拉斯的知识论课程编辑的,比起塞拉斯的正式专业讲座要简单清楚地多,此书有助于读者深入了解塞拉斯的思想过程,不过可能不能作为权威出处来在细节上引用(Willem A. deVries, *Wilfrid Sellars*, Bucks: Acumen, 2005, pp. 291~292)。
④ 塞拉斯1975~1976年关于笛卡尔、洛克、斯宾诺莎、莱布尼茨和康德的授课(参见该书第 xv 页)。
⑤ 该文是1979年塞拉斯在耶鲁大学的卡西尔讲座的笔记整理。

125.	ISR	*In the Space of Reasons: Selected Essays of Wilfrid Sellars*, Kevin Scharp & Robert B. Brandom (eds.), Harvard University Press, 2007. Includes *IM*, *SRLG*, *LTC*, *MFC*, *NS*, *GE*, *AE*, *BBK*, the Lecture I of *FMPP*, *SRTT*, *MEV*, *PHM*, *IAMB*, *PSIM*, *I*, *KTE*, and *IKTE*.
126.	WSNDL	*Wilfrid Sellars Notre Dame Lectures* (1969–1986), edited with an introduction by Pedro Amaral. Revised edition by David Landy & Pedro Amaral, Ridgeview, 2018.
127.		*The Metaphysics of Practice: Writings on Action, Community, and Obligation*, Kyle Ferguson & Jeremy Randel Koons (eds.), Oxford University Press, 2023. Includes *MMB*, *OMR*, *SE*, *RAL*, *TA*, *MP*, *AAE*, *VR*, *FD*, *RD*, *KBDW*, *IILO*, *CDI*, *ORAV*, *CPCI*, and other manuscripts and correspondence.

塞拉斯的其他著述
（阿马拉尔编制）

哲学信件

1961 To Bruce Aune, October 19, 1961.

  Analysis and explanation of minimal actions and theoretical reduction.

  To Sellars from Aune, *October 23*, *1961*.

1961 To Bruce Aune, November 11, 1961.

1964 To Jack Smart, March 9, 1964.

  A discussion of Theoretical Reduction.

  To Sellars from Smart, *February 27. 1964*.

  To Sellars from Smart, *March 14*, *1964*.

1965 To David Rosenthal, September 3, 1965.

  The origin of the mental in *NI*, *SRLG* and *IM*.

  To Sellars from Rosenthal, *July 6*, *1965*.

1965 To David Rosenthal, September 8, 1965.

  To Sellars from Rosenthal, *October 2*, *1965*.

  To Sellars from Rosenthal, *December 17*, *1965*.

1966 To David Rosenthal, January 4, 1966.

1967 To Ruth Barcan Marcas, August 21, 1967.

  The relation of modality and metalanguage.

1970 To Gilbert Harman, February 26, 1970.

  On Harman's review of *SM*.

  To Sellars from Harman, *March 24*, *1970*.

1970 To Gilbert Harman, November 20, 1970.

1971 To Annette Baier, November 30, 1971.

  A discussion of *SPB*.

  To Sellars from Baier, *November 29*, *1971*.

1972 To Jay Rosenberg, July 25, 1972.

  To Sellars from Rosenberg, *August 29*, *1972*.

1972	To Jay Rosenberg, September 5, 1972.

A clarification of *AE* and the classification of events as objects.

From Rosenberg to Sellars, September 28, 1972.

1972	To Annette Baier, January 12, 1972.

To Sellars from Baier. February 7, 1972.

1973	To Jay Rosenberg, January 16, 1973.
1974	To Roderick Firth, April 16, 1974.
1974	To Roderick Firth, February 12, 1974.
1974	To Roderick Firth, January 22, 1974.

The exchange explores the anti-Cartesian account of sensing and its role in perceiving (*EPM*, *SK*).

To Sellars from Firth, February 22, 1974.

To Sellars from Firth, February 2, 1974.

To Sellars from Firth, January 13, 1974.

1975	To Bruce Aune, June 23, 1975.

On the logic of Ought-to-do's and *CDI*.

1975	To Ausonio Marras, November 26, 1975.

On the theoretical character of common sense: *EPM*, *EAE* and *ITM*.

1978	To Michael Loux, June 23, 1978 (reprinted in *NAO*).
1978	To Michael Loux, November 6, 1978 (reprinted in *NAO*).

To Sellars from Loux, October 6, 1978.

1979	To Bruce Aune, April 30, 1979.

On the concept of dependent implication.

To Sellars from Aune, May 15, 1979.

To Sellars from Aune, June 9, 1979.

1979	To Judith Thomson, June 6, 1979

A discussion of *IIO* and *ORAV*.

To Sellars from Thompson, May 25, 1979.

传阅的文章与讲授

1959 "Inferencia y significado," *Separata de la Revista Universidad de San Carlos*, number 50, Guatemala, C. A. ("Inference and Meaning" translated by Héctor-Neri Castañeda).

1964 "Introduction to the Philosophy of Science," Lectures given at the Summer Institute for the History of Philosophy of Science at The American University, Washington, D. C. , June, 1964.

1966 "'Ought' and Moral Principles," February 14,1966. The predecessor of "Science and Ethics," printed in *PP*, 1967.

1967 "Fatalism and Determinism," a revised version of *FD*, 1966.

1967 "Belief and the Expression of Belief," circulated on December 31,1967, and later incorporated into *LTC*, 1969.

1968 "Reason and the Art of Living in Plato," printed as *RAL*, a paper presented in a conference held at Ohio State University, April 5,1968.

1970 "Ontology, the A Priori and Kant," Part one: introduction, 1970.

1971 "Practical Reasoning Again: Notes for a reversion of Thought and Action," August, 1971.

1976 "Is Scientific Realism Tenable?" July 30,1976, a preliminary draft of *SRT*, 1976.

1976 "Kant and Pre-Kantian Philosophy," university lectures on *The Critique of Pure Reason* and its historical framework: Descartes, Leibniz, Spinoza and Hume. May-June, 1976. (*KPT*)

1977 "Symposium on Materialism," transcripts of a discussion on materialism: Wilfrid Sellars, George Pappas, William Lycan and Robert Turnbull.

后　记

本书是在我的博士论文基础上进行修改和补充完成的。博士论文的写作,至少就我见过的绝大多数哲学专业博士而言,并不容易,而对科研能力不太够的我来说更可谓艰难。对我来说,研究塞拉斯哲学的主要困难在于国内研究成果较少,尤其是译文很少,仅有一篇。尽管早在 20 世纪 80 年代,涂纪亮先生就对塞拉斯哲学进行了研究,但在很长一段时间内,国内学界的研究主要集中在他的科学实在论思想。然而,正如涂先生所言,只要浏览一下塞拉斯著述的题目,就可以看出他的研究范围非常广泛。塞拉斯的著述过百,内容除了科学哲学之外,还涉猎认知哲学、语言哲学、心灵哲学、实践哲学、逻辑哲学以及哲学史,尤其是康德哲学。早年,国内学界将科学实在论看作塞拉斯哲学的核心和主导。但到我准备博士阶段的研究时,这个断言明显已经发生改变。时至今日,塞拉斯哲学在各个方面的价值都正在被不断地挖掘。

在准备博士论文时,我原计划从"所予神话"的话题入手,然后把塞拉斯哲学的全部观点尽可能全面准确地展现出来。因为我在写博士论文之前,仅读过塞拉斯的名篇《经验主义与心灵哲学》,并且围绕此篇完成了我的硕士论文。然而我当时还是太年轻,很惭愧没有认知到自己的无知。这是一个庞大的工程,我到现在也还没有完成它,而只是阶段性地到达了现在这部书的综观。因为,我在随后的研究中发现,要进一步展开这个话题,仅局限于个别文本是远远不够的,还要不断阅读塞拉斯的其他文献,甚至全部文献。在阅读的过程中,我慢慢发现塞拉斯的哲学是一个整体,或者说是一个系统,各个观点相互关联。虽然塞拉斯在他的一些文献中已经提到过这种关联,但我并没有意识到这种关联如此根本,不把握这个整体似乎就没有足够的信心认为自己真正把握了其中任何一个部分。而且我常常面临这样的困境,即在读他的一篇论文时,其中一些核心概念的确切意谓是在他的其他文章中得以阐释的,如果不理解这些概念,那么就会产生很多困惑,从而无法把握这篇论文。因此,我会不停地发现不懂的概念,又会不停地去读他阐明这些概念的其他文章。让人难过的是，即使是读了他作出阐明的文章，也并不会完全明白他的意思。一方面是他的文章很晦涩，这是塞拉斯哲学研究者对他文风的普遍抱怨。另一方面，外语是一个很大的障碍，尤其是对于英语水平不足以直接阅读英文文献的我而言。我一开始是记笔记，后来发现过一段时间连自己也看不懂自己的笔记了，再回溯原文又会得到另一种理解。因此，为了更准确地把握塞拉斯的思想，我开始一篇一篇地全文翻译他的论文，逐字逐句地修改译文。直到现在，我断断续续或精或简地翻译也有十多年了，过不了多久就会把塞拉斯自己发表的论文全部译完初稿了。

能从事塞拉斯哲学的研究，我感觉自己是幸运的，因为他的哲学很有价值，而国内学界研究成果还很少，我只需要顺着前辈们的脚步继续拓展国内塞拉斯哲学研究的范围。我遇到这位哲学家也有很多巧合。2007年，我从母校山西大学的哲学系毕业，来到南京大学哲学系攻读硕士研究生，遇到了我的恩师陈亚军教授。在钟灵毓秀、虎踞龙盘的南京，我跟随陈老师学习英美哲学，特别是美国实用主义，参加的第一门课程便是阅读塞拉斯最著名、最有影响的著述《经验主义与心灵哲学》。虽然这门课程是面向博士生的，但很多硕士同学都来旁听，大家对新鲜的哲学思想都充满了兴趣。陈老师当时在研究美国新实用主义哲学家罗蒂的哲学思想。罗蒂非常推崇塞拉斯，因此陈老师就开了一门研究生课程，专门阅读塞拉斯的这一名篇。当时我刚刚进入研究生阶段，对科研十分陌生，正巧遇到了塞拉斯，就着手研究他的哲学思想。2010年，我完成了关于他的硕士论文《差异与游戏：论塞拉斯的内在片断及其认知意义》，2016年，我完成了关于他的博士论文《语言、行动与形而上学：威尔弗里德·塞拉斯哲学研究》，直到现在，我仍在围绕他展开研究。

同当代英美哲学家一样，陈老师不论授课还是科研都学风严谨、内容前沿、见地深刻、思路清晰。他的著述说理透彻、表达明晰，又不乏宽容和浪漫的气息。他的讲课同样如此，深刻又清晰，语速和节奏刚刚好使听课同学的思路顺着他的讲授绵延不断地展开，让人受益匪浅，也让人享受其中。所以他的课程不仅深受哲学系同学的喜欢，还吸引了很多其他院系的同学慕名前来旁听学习。我有幸聆听了他在南京大学时期的很大一部分课程，从2007年到2010年的硕士阶段，还有从2011年到2016年的博士阶段。除了阅读塞拉斯的这部经典，陈老师还开设课程阅读了普特南的《理性、真理与历史》、罗蒂的《哲学和自然之镜》、麦克道威尔的《心灵与世界》、布兰顿的《阐明理由：推论主义导论》等，只有2010年至2011年，当时我在南京大学图书馆工作，很遗憾没能参加他开设的阅读维特根斯坦《逻辑哲学论》的课程。除了这些博士研究生的课程,他每年还会开设硕士研究生的课程"美国实用主义研究",内容是阅读皮尔士、詹姆斯、杜威、蒯因、古德曼、普特南、罗蒂等著名实用主义哲学家的经典选篇。恩师博学睿智、温文尔雅,始终是我学习的榜样,他的指导也犹如春风化雨,尽管我能力平平,当时又轻狂无知,但在他的包容和教导下,我的学习和研究仍然在一点一点地进步。假如我在塞拉斯哲学研究领域取得任何成绩的话,可以说,完全得益于他。也愿我可以继续追随恩师的脚步不断提高自己,尽我的微薄之力为他减轻一些繁忙的工作。

  我要感谢南京大学外国哲学教研室的老师们,感谢顾肃老师、王恒老师、方向红老师、戴晖老师等。自我 2007 年进入南京大学以来,我从他们那里收获了太多,来自各个方面,难以一一道出。顾老师在课上讲授"西方政治法律哲学"课程,也介绍和点评国内外的时事,他心怀天下冷暖,我也由此意识到每个人都有对他人以及社会的责任,从而开始了去关注人的"应当"。王恒老师不太爱说话,至少在我看来是这样,而且我见了他也有些许紧张不太会说话。就我在南京大学九年的时间而言,我们的交流其实不算多,但他的帮助总是默默就在身后,总是让人情不自禁地有所感悟。我想包括我在内的很多南大外哲的同学都会赞同,他深沉的善良似乎可以无限分有,既让人沉浸,也让人潜移默化地变得良善,再加上他高大、帅气、有才情,更是极具魅力。我与方向红老师的交流要更少,我甚至没有真正上过他的课,这是我读研期间极为遗憾的事。在我硕士入学面试的时候他还在学校,但我刚入学他便去德国做为期两年的洪堡学者研究项目了,后来我读博士时也把精力集中在了英美方向。尽管如此,方老师在我求学期间也给予了我莫大的帮助,他也是一位对学生很有爱的老师。记得在读硕士期间,我有件事情向方老师提了一下,方老师便在之后帮助了我,当时我心里很紧张,因为他刚从德国回来不久,我和他还没有什么交流。我修过戴晖老师的"近代西方哲学"课程,但表现不好。因为刚刚开始读硕士,还不会搜集和整理资料来做报告。当时,我要作关于霍布斯的报告,我在课上说可以找到的材料很少,所以报告内容讲得也很少。戴晖老师在课上批评我没有认真尽力去搜集材料,但在课下与我谈论却特别温柔,而且她还在下一次课帮我找了很多关于霍布斯的材料。然而遗憾的是,那次课我因为一件不重要的事情没有来。遗憾总是让人难以忘怀,但这也使我铭记严肃认真的学术态度,感受到了另一种爱的方式。戴晖老师知性、优雅、温柔、不乏幽默,她的课程总是会吸引到哲学系之外甚至校外的听众。

  我还要感谢南京大学科学技术哲学教研室的戴建平老师。戴老师也是

后　记

河北人,心地善良,为众人抱薪,他阳光且热爱运动,尤其善于长跑,我也与他打过很多次篮球。在写博士论文的时候,戴老师曾把他的办公室借给我使用,而且也曾在学业上给予我很大的帮助。感谢我在南大读硕士研究生时期的同窗陈刚、王琨、刘风云、吴楼平、林华敏、颜鸿、谢晓川、肖楚良、徐志君、张一旦、杨秀、徐南启、郭美星,等等。现在他们一些人在国内各地,一些人在海外异乡,感谢他们的真挚、善良、勇敢、博学给我带来美好的校园生活,其中充满了数不清的欢喜回忆,也塑造了我现如今的生活态度。虽然我们硕士毕业已经有十多年了,但我们之间依然联系密切、抱朴含真,在校园外续写着校园内的时光,希望未来我们还可以常相见。也感谢我在南大读博士研究生时期的同窗,他们人数太多,而且不少同学是在职攻读博士学位的,只有第一年完全在校,从第二年起就不再常驻校园了,所以相处的时光非常有限,但同学们之间互助互爱,在科研的道路上携手同行,愿他们未来的发展越来越好。这里我想特别提到我的室友赵精兵博士,他本是理科出身,却对人文思想极为热衷。至少就现在而言,他的生活纯粹、质朴、有趣、拮据,他关心人间疾苦,也很爱买书,主要是人文社科类的书籍,尤其是哲学书籍。他看此类书籍的速度和广度让人羡慕,他对此类图书的把握让人佩服,我也很喜欢听他介绍他买的书,增加了我的见识。我还要感谢南京大学哲学系的师兄、师姐,他们在学习上帮助我,在生活上关心我,还在我每一阶段的关键时刻热心帮我介绍工作,特别是朱进东老师、姬志闯师兄、董山民师兄、段丽真师姐、孙小龙师兄、陈四海师兄、王增福师兄、李林师兄,还有敖安娜师姐,十分感谢!

感谢学妹刘雨琦。

我还要感谢美国印第安纳大学(布鲁明顿)哲学系的盖瑞·艾伯思(Gary Ebbs)教授,感谢他给我提供机会到美国交流一年以拓展我的视野。不过非常遗憾的是,虽然我也去听了他的"逻辑哲学"课程,但我把更多的时间用在了去熟悉这个陌生的新环境,而当我感觉自己已经熟悉并融入了这个环境时,一年的时间很快就到了。尽管如此,我还是有非常多的收获,有生活上的,也有学术上的,很希望能有机会与盖瑞老师再次相见,深入细致地研究他的哲学思想,也希望有机会可以邀请他到国内讲学。我还要感谢我的母校山西大学的老师,宋炳延老师、毕富生老师、乔瑞金老师的精彩课程让人难忘。感谢胡瑞娜老师、王航赞老师,以及现在在北京师范大学的李红老师——我在读本科时修习了李红老师的专业课,之后不久她调任到了北京师范大学执教,后来她受邀来南开做关于匹兹堡学派的讲座,当时我在南开从事博士后研究,再次从她那里收获学识——还有当时教授我英语的武晋耕老师,在我对自己未来的学术研究很茫然的时期,以及在我后来工作之后,他们都给予了我支持和指导。感谢滕雁学姐、赵晓聘学姐、陈敬坤学长曾经给予我的帮助。感谢我在南京大学图书馆工作时的同事们。他们教我业务技能,我先是在借阅台负责书目查询以及借还书工作,后被调入了综合办公室图书馆负责勤工助学工作,最后又进入了采访部负责人文社科类中文图书的选购工作,虽然只工作了一年,却是一段十分美好的回忆。特别感谢图书馆的任亚肃和陈远焕两位老师,他们对我这样一名刚毕业从未参加过工作的新馆员非常照顾,这照顾不仅是在同事之间,更是在充满爱心的长辈和得到关爱的晚辈之间。

2016年9月,我从南京大学博士毕业。当时的情境和氛围有些消沉,也由于我的不成熟导致了很多遗憾。我快要离开南京时没有向陈老师的爱人安娜老师道别,安娜老师知道我即将离开南京,匆匆打印了德国诗人赫尔曼·黑塞的一首诗《阶段》送给了我。在我看来,整首诗都是在讲述人生总是在不断告别过去,开始新的旅程,见识更广阔的世界。同年12月,我来到南开大学哲学院从事博士后研究。渤海之滨,白河之津,允公允能,日新月异,我在南开度过三年,也是回忆满满。我首先要感谢我的合作导师李国山教授。在我博士毕业之后不久,陈亚军老师询问了李老师,希望我可以到南开从事博士后研究,李老师欣然接受,并帮助我顺利进站。李老师不仅是国内著名的维特根斯坦哲学研究专家,而且还翻译了国内第一篇塞拉斯哲学译文,即塞拉斯的名篇《经验论和心灵哲学》。因此,能找到李老师作为我的合作导师是一种奇妙的学缘。在站期间,我聆听了李老师的维特根斯坦哲学课程,系统学习了《哲学研究》和《逻辑哲学论》,很有收获。李老师还热心指导过我的文章和项目申请,使我的学术能力有了提高。他爱自然的美,也爱人情的美,并常常把这美融到诗歌当中。此外,感谢外国哲学教研室的贾江鸿老师、王建军老师、郑辟瑞老师、钟汉川老师、安靖老师,他们都在一些不同的方面给予了我热心的帮助。2017年,郑老师从爱尔兰都柏林大学学院访学归来,他曾在那里与著名的塞拉斯哲学专家德弗里斯和奥谢学习交流了塞拉斯哲学,回到南开后组织了塞拉斯读书小组,我有幸参加了这个活动。我还要感谢王南湜教授,他给我机会让我就我的研究与哲学院的研究生进行了交流。感谢当时还是南开大学哲学院博士研究生的杨晓军、邓彦昌、马鸿奎,还有唐诗韵、马芳芳,等等。在我看来,他们温暖、善良,帮助我在科研的压力下放松了心情,也帮助我在焦虑的生活中稳定了情绪。

虽然安娜老师把黑塞的《阶段》送给了我,但这首诗似乎适用于每一个人。诗的最后一句说"要不断告别,辞行",但我想还再加一个"遇见"。2019

年,我从南开大学哲学院出站进入浙江大学当时的人文学院哲学系从事第二站的博士后研究。陈亚军老师和安娜老师已经于前一年分别从复旦大学和南京大学调动到这里,我继续跟随陈老师学习和工作。有缘的是,据我查阅,国内第一篇塞拉斯哲学研究博士论文《W. 塞拉斯哲学思想研究》(黄少青,1997 年)就出自这里,更确切地说,是出自原来的杭州大学,此文由夏基松先生指导,而且陈亚军老师也参与了这本论文的评阅。2021 年底,浙江大学人文学院分为了文学院、历史学院、哲学学院,在经过一年的筹备之后正式成立,我也有幸见证了浙江大学哲学学科的这一历史性发展。这里的师生同心协契,浙大的哲学万里可期。我在哲学学院的学习和工作受到了各位领导以及众多老师同事的关心和帮助,也收获了成长。未来我还将继续在这里工作,唯有更努力的工作来回馈大家。

感谢复旦大学出版社以及出版社的编辑老师们,特别是陈军老师。一直以来,陈军老师在塞拉斯著作出版上都给予了我极大的支持和帮助。目前已经出版的塞拉斯的三本译著《经验主义与心灵哲学》《自然主义与存在论》《纯粹过程形而上学奠基》都是在他的支持和帮助下才出版的。其中有好几次我都是匆匆有了出版的想法,又匆匆去询问陈军老师,而陈老师每次都是耐心又及时地帮助了我。正是因为陈军老师的帮助和支持,塞拉斯哲学的译著出版才会这样顺利地得以传播,我也才能在此基础上申请到了国家社科基金后期资助项目来出版此书。我的文字表达能力不太好,再加上塞拉斯的思想深邃又晦涩,编辑老师们对我的译稿作出了细致又全面的校改,在样稿上作出了密密麻麻的标识,付出了很多。

说到这,我还想感谢德弗里斯教授。我与他最早的通信是在 2016 年,当时第一本翻译《经验主义与心灵哲学》正在校对准备出版,封底需要一些推荐文字。我当时想到了罗蒂对此书的描述,也想到了罗森伯格对此书的描述,但找不到第三位学者的可以当作此书推荐语的文字。我就给德弗里斯教授写信寻求帮助,他找了泰勒·伯吉的一段文字发给了我。同时,因为伦敦讲座的内容很多地方不好理解,我也请他看了一下我给此书写的内容简介(我翻译成了英文给他看)。接着我还问了在此书原文第 VII 节"我们的赖尔祖先"中有一处"prediction"可能是错印,德弗里斯把这个问题转发给了其他塞拉斯哲学学者,有了一次简短的邮件讨论。两年之后,《自然主义与存在论》准备出版,当时难以找到一些文字作为此书的推荐语,我便请德弗里斯教授写了一段文字,附在了此书的封底。除此之外,德弗里斯教授还非常热情地向我介绍国外有塞拉斯哲学研究的院校,帮助我开展对外学习和交流,十分感谢他,期待不久与他会面。

最后我要感谢我的家人，他们一直很辛苦。这里，我本想继续展开说，但又发现一旦开始便无止境，所以，我想这些感谢就留在我的心底。同样留在心底的，还有感谢我在家乡石家庄的亲人、朋友、老师、同学，太多人了，难以列出。我离开家乡已经太久，有时候，甚至很多时候，爱已经无法回馈，这让人心生遗憾和愧疚，不过还好，爱还可以传递，这至少让人略有慰藉。

王　玮
2023 年 12 月 24 日
于浙江大学紫金港校区哲学学院

图书在版编目(CIP)数据

塞拉斯哲学综观/王玮著.—上海:复旦大学出版社,2024.5
ISBN 978-7-309-17361-1

Ⅰ.①塞… Ⅱ.①王… Ⅲ.①塞拉斯-哲学思想-研究 Ⅳ.①B712.59

中国国家版本馆 CIP 数据核字(2024)第 069185 号

塞拉斯哲学综观
王 玮 著
责任编辑/陈 军

复旦大学出版社有限公司出版发行
上海市国权路 579 号 邮编:200433
网址: fupnet@fudanpress.com http://www.fudanpress.com
门市零售: 86-21-65102580   团体订购: 86-21-65104505
出版部电话: 86-21-65642845
上海盛通时代印刷有限公司

开本 787 毫米×960 毫米 1/16 印张 17.25 字数 300 千字
2024 年 5 月第 1 版
2024 年 5 月第 1 版第 1 次印刷

ISBN 978-7-309-17361-1/B·806
定价: 88.00 元

如有印装质量问题,请向复旦大学出版社有限公司出版部调换。
版权所有 侵权必究